西安石油大学优秀学术著作出版基金
西安石油大学油气资源经济与管理研究中心
资助出版

赵选民 ○ 著

石油上市公司
会计政策研究

中国社会科学出版社

图书在版编目(CIP)数据

石油上市公司会计政策研究／赵选民著．—北京：中国
社会科学出版社，2009.3
ISBN 978－7－5004－7598－9

Ⅰ．石…　Ⅱ．赵…　Ⅲ．石油工业—上市公司—工业
会计—经济政策—研究—中国　Ⅳ．F426.22

中国版本图书馆 CIP 数据核字(2009)第 022382 号

责任编辑　罗　莉
责任校对　刘　娟
封面设计　王　华
技术编辑　李　建

出版发行　**中国社会科学出版社**
社　　址　北京鼓楼西大街甲 158 号　　　邮　编　100720
电　　话　010—84029450(邮购)
网　　址　http://www.csspw.cn
经　　销　新华书店
印　　刷　北京新魏印刷厂　　　　　　装　订　丰华装订厂
版　　次　2009 年 3 月第 1 版　　　　印　次　2009 年 3 月第 1 次印刷
开　　本　880×1230　1/32
印　　张　10.625　　　　　　　　　　插　页　2
字　　数　255 千字
定　　价　26.00 元

目　录

第 一 章

导　论

第一节　选题背景

　　会计作为一个信息系统，利用其自身特有的方法和一定的程序，将企业发生的大量经济业务通过确认、计量、记录和报告，形成有用的会计信息，向会计信息使用者客观地反映企业的财务状况和经营业绩，供企业的投资者、债权人、经营管理当局实行正确的决策和有效的管理控制。会计信息是会计活动的产品，其质量优劣的重要方面在于它的决策相关性，即能否满足决策者决策的需要。就像商品需要按照客户的要求生产一样，会计信息的提供也要符合信息使用者的需求，而信息使用者的需求，决定着信息的收集、加工、存贮及输出的全过程，也就是说，企业生产过程的特征及企业会计信息使用者需求的变化，影响着企业会计核算的确认、计量、记录及报告全过程。然而，会计信息的生成过程是靠会计政策来规范的，不同的会计政策规范会导致完全不同结果的会计信息。可见，会计政策对整个会计活动过程有着重要的导向和约束作用。

　　会计活动形成的会计信息是多方面的，将其全部无选择地提供给使用者，会导致信息过量，使会计信息使用者选择工作量加大，工作效率降低，干扰决策过程，因此，如何将最具决策相关性的会计信息提供给使用者，一直是会计学界研究和探讨的问题，即会计信息的披露问题。会计政策对会计信息的披露内容和披露方式起着决定性的作用，反而会计信息使用者对会计信息披露的要求又影响着会计政策的制订和实施。因此可以说，会计政策和信息披露制约着会计的过程和结果。研究企业会计政策问题，是企业会计问题研究的核心内容，也是探索解决我国目前会计工作失范和会计信息失真问题的措施的重要方面。

石油天然气生产是一个特殊行业，涉及的许多会计问题是一般工商业企业所没有但必须要解决的问题，开展这方面的研究，对于丰富我国的会计理论体系和解决石油行业会计工作规范问题都是十分必要的。笔者选择石油上市公司的会计政策问题作为研究对象，主要是基于以下几个方面的考虑：

第一，石油天然气会计核算过程的特殊性，客观上需要，并且初步形成了其特殊会计政策组合，研究并改进这些组合的内容与结构，是规范会计核算工作，提高会计信息质量的前提。

石油天然气行业是为国民经济提供战略物资的流体采掘行业，生产对象是不可再生的油气资源，生产活动所依赖的主要是埋藏于地下的油气储量，其生产过程包括探矿权的获取、油气勘探、采矿权的取得、油气田开发、油气开采等项内容。由于较为特殊的生产过程，引致了其生产经营活动的高投入、高风险、投资回收期长、油气储量的发现成本与发现储量的价值之间不存在相关关系等特点，由此形成了石油天然气行业的特殊性。石油天然气行业的特殊性，决定了反映和监督这一生产经营活动过程的石油天然气会计（以下简称油气会计）核算内容与一般工商企业不同，也就是说石油天然气生产企业会计信息收集的内容不同于工商企业，从而导致了油气会计核算的内容、模式与方法等也不能等同于其他行业的会计核算，客观上要求研究和建立适应油气生产经营活动过程的油气会计核算的政策与方法。然而，石油天然气行业尽管有其特殊性，但同其他工业生产过程又有着共性的部分，其生产经营过程的价值运动总体上是相同的，这又决定着国家颁布的用于规范一般企业会计核算的企业会计准则及会计制度同样对油气会计核算具有指导作用。国家颁布的会计法律、法规及规章属于宏观的会计政策，油气会计核算过程具体需要遵循的原则、程序及采用的方法属于微观会计政策。在国家宏观会计政策的统驭下，石油上市公司应当建立符合企业会计核算特点的一系列微观会计政策，才能具体规范会计核算工作，提高会计信息质量。另外，研究石油会计政策，将石油上市公司作为对象，是因为我国石油行业经过两次大的重组改制以后，油气的生产活动主要集中在上市公司，所要研究的油气会计核算的特殊问题也主要集中在上市公司，对于石油未上市企业，则主要是在重组改制过程中剥离出的专业服务性企业，它们已不再从事直接的油气生产经营活动，其会计核算问题基本和一般施工及技术服务企业相同，在本研究中不作为重点。

第二，我国石油工业体制的改革，已经形成了油气会计信息使用者的特殊群体，并对会计信息的披露提出了更高的要求，客观上需要加强石油上市公司会计政策问题的研究。

石油天然气行业在原计划经济体制下，从投入到产出都严格受国家计划控制，企业的目标就是完成国家规定的石油、天然气产量，满足国民经济的需求。企业的投资者只有国家，会计信息的使用者也主要是国家有关管理部门，石油企业实质上是国家政府的附属物，而国家管理部门对会计信息的需求比较单一，会计信息披露（实质上是上报）的重点是国家投资的使用情况，成本的升降情况及各项经济指标的完成情况，企业只需按照国家统一的会计制度进行核算和编制报表，就可以基本满足国家管理部门对会计信息的需求，因而没有从理论和实践上形成相对独立的油气会计体系。然而，作为流体矿的采掘与加工，油气行业有其特殊的生产经营特点，为了完成国家油气生产计划，促进石油工业发展，我国石油企业采取了多种多样的生产组织及管理模式，在会计核算上也结合石油天然气生产的特点进行了由理论到实务的多方面的探索，形成了一些适合油气生产经营特点的，与国家经济体制相适应的会计核算方法与模式，积累了丰富的理论研究及实务运作方面的经验。但是由于特定的经济体制约束及会计信息的需求状况，都不鼓励将油气会计核算作为一个重要的会计领域进行研究，尽管国外尤其是美国，会计理论及实务界对石油天然气勘探开发活动的会计核算规范及会计信息的揭示问题的研究作了几十年的努力，制定了一系列的会计准则与规范，形成了相对规范的油气会计核算理论与实务体系，而我国还未全面展开研究。改革二十多年来，我国石油工业在组织、管理及经营制度上实现了由传统的工厂制度向现代企业制度的转换，企业不再是政府的附属，投资主体及资金供应的渠道呈现多元化。尤其是在1998年实施了石油、石化两大集团的改制和重组，2000年以后又相继组建了中国石油天然气股份有限公司（下称中国石油，CNPC）、中国石油化工股份有限公司（下称中国石化，SIN-OPEC）、中国海洋石油总公司组建了中国海洋石油有限公司（下称中海石油，CNOOC）。三大石油公司先后于2000年、2001年成功地在境外上市，中国石化和中国石油又分别于2001年和2007年在国内上市，这一系列的改革，使得油气生产企业会计信息的使用者由单一的国家管理部门演变成为由境内外股东（包括国有股东）、债权人及与企业利益相关者组成的群体，这些会计信息使用者更关心石油天然气生产企业的经营发展状况，更关心自身的利益是否得到保障，对油气生产经营活动会计信息的披露质量要求越来越高，披露内容要求越来越全面，尤其是境外的投资者及会计中介机构，要求我们会计信息的披露必须同国际接轨，这就促使我们不得不面对现实，对中国油气会计核算实施全面的改革与规范。研究油气会计政策，既有利于对国家制定相关的会计准则和专业会计核算办法提供理论依据和实务方面的建议，也有利于进一步改善石油上市公司会计工作质量，满足国内外会计信息使用者的需求，增强石油上市公司的市场竞争力。

第三，石油天然气会计核算及信息披露内容的特殊性，需要对其会计政策展开研究，以增强会计信息的决策有用性。

随着市场经济的发展，石油生产经营的外部环境发生了深刻的变化，由此而导致的会计核算内容及信息披露要求也发生了很大的变化。1998 年 2 月 12 日国务院发布了《矿产资源勘查区块登记管理办法》、《矿产资源开采管理办法》、《探矿权、采矿权转让管理办法》，其中规定油气资源勘查、开采实行有偿取得制，国家允许油气资源勘查权、开采权转让。由此探矿权及采矿权的流转交易就必然纳入会计核算的内容。油气资源资产的管理，引出许多新的会计政策需要研究，如储量资产的确认及计价问题，矿权交易的核算问题，联合权益核算问题，长期资产的减损问题，勘探费用的处理问题，以及特殊油气资产的折耗问题等。不研究解决这些问题，石油上市公司的会计核算工作就得不到很好地规范，所提供的会计信息的相关性也就会大大降低。另外，由此而产生的会计信息披露内容和方式也需要研究改进，如增加储量变化的披露，矿区废弃及环境恢复问题的披露以及相关会计政策的披露等。

我国石油公司在国内和国外资本市场的同时上市，对其会计信息的披露标准也提出了不同的要求，在香港资本市场上市的企业，要按照国际股东的要求，以国际会计准则为标准披露会计信息；在美国纽约资本市场上市的企业，则需要以美国会计准则为标准披露会计信息；而国内资本市场或国内大股东则要求按照我国颁布的企业会计准则和《企业会计制度》进行会计信息披露，这些又引出我国石油会计同国际惯例的接轨与协调问题，在这方面又有许多问题需要深入地研究和解决。通过对会计政策和信息披露的研究，建立符合我国石油上市公司特点的，满足国际国内资本市场及股东需要的会计政策体系和信息披露方式，对于促进石油企业利用国际国内"两种资源"、"两个市场"，吸引国内外投资者，拓展石油国际市场，解决中国的石油安全问题是非常重要的。

鉴于上述原因，本书选定石油上市公司的会计政策作为对象展开研究，研究石油上市公司会计政策发展变化的过程以及现状，分析会计政策与信息披露同国际国内资本市场的适应程度，比较国内外石油上市公司在运行体制和会计理论与实务方面的差异，提出我国石油上市公司在组建、运行过程中的会计政策及信息披露模式与内容，为进一步改进石油公司专业会计核算提供理论参考，并为规范我国石油上市公司会计核算工作实务，提高会计信息的质量提供依据。

第二节　选题目的和意义

一　选题的目的

针对石油天然气行业的特殊性研究会计问题，近几年才刚刚开始，而对石油上市公司的会计政策问题展开研究，目前国内还为数不多，未见系统性的研究成果。本书选择石油上市公司的会计政策问题展开研究，主要是这部分研究内容反映了石油天然气会计问题的核心部分，是目前所需要研究和解决的关键性问题。

本研究的目的主要体现在以下几个方面：

（1）揭示我国油气会计政策发展的轨迹及促进其变革的动因，找出油气会计政策及信息披露改革的切入点。

（2）比较分析我国三大石油上市公司会计政策及信息披露内容、方式及所面临的资本市场环境差异，并对其进行总体评价。

（3）比较分析中外石油上市公司会计政策的差异，研究产生差异的原因，寻求改革的路径。

（4）从理论与实践的结合上，研究我国石油上市公司会计政策的内容体系，为规范石油上市公司会计工作提供依据。

（5）研究石油上市公司信息披露的特殊性，结合现代信息技术条件下会计信息披露方式改革的趋势，探索石油上市公司信息披露的模式与方法。

二 选题的意义

研究石油上市公司会计政策，具有以下重要意义：

（1）有利于规范石油上市公司会计核算工作，提高会计信息质量。

会计核算工作的质量最终反映为会计信息的质量。为了使会计信息使用者得到高质量的会计信息，就必须对会计工作进行规范，使会计核算符合国家的法律、法规和准则、制度的要求，符合企业的生产经营特点，保证会计信息的可比性和决策有用性。通过研究，探索我国石油天然气会计的基本理论与方法，构建我国石油上市公司会计政策体系的基本框架，一方面为国家制定油气企业会计准则和石油天然气行业会计专业核算办法提供理论与实务参考，同时为石油上市公司会计政策的制定与选择提供依据，规范我国油气会计核算实务，改进各石油上市公司的内部会计制度和会计政策，做好会计信息披露同国际国内资本市场要求的协调，满足会计信息使用者的需求。

（2）有利于带动相关会计问题研究，丰富我国的会计理论。

石油上市公司会计政策及信息披露问题的研究，需要有关学科理论研究成果的支持，同时也可以促进相关学科研究的展开，如油气成本控制过程及方法的研究，油气生产环境会计问题研究，油气税收会计问题研究，石油天然气会计制度变迁及发展过程研究，油气生产企业管理会计问题研究，石油上市公司产权理论及资本市场问题研究，会计计量方法及现值会计研究，会计报告改革研究等，可以拓展我国会计研究领域，探索新的会计理论空间，丰富我国的会计理论研究内容，推进会计科学研究的进展。

（3）有利于推动我国采掘业会计问题研究工作的展开，为我国采掘业会计研究作出贡献。

根据国际会计准则委员会采掘业筹划委员会的定义："采掘业是涉及发现和移动位于地壳内或地壳附近的递耗自然资源的行业"，"简言之，采掘业是由众所周知的石油业（油和气）和采矿业构成的行业"。① 石油天然气生产属于流体矿采掘，同其他固体矿的采掘有相似之处，都是以递耗自然资源（不可再生资源）为生产对象，其会计特点问题也都有相似之处，如都要确认储量资产，核算递耗资产的折耗，以及核算采掘后的环境恢复等。在我国还没有关于采掘业的会计准则与会计制度，国家颁布的于 2007 年 1 月实施的《企业会计准则第 27 号——石油天然气开采》，也仅适用于油气生产企业会计。生产企业的会计政策也

---

① 石油大学（北京）经济管理系译，国际会计准则委员会采掘业筹划委员会发布：《采掘业会计问题文本》，2001 年 6 月，第 13 页。

不尽统一，而现在国际上发达国家及国际会计准则委员会早已经开始或者正在开始这方面的研究，形成反映采掘生产特征的采掘业会计是将来这一行业会计发展的目标。开展石油上市公司会计政策问题研究，可以为除石油天然气生产以外的采掘业会计问题提供研究的思路和经验，推动我国采掘业会计问题研究工作的开展，使其发展同国际该领域的研究同步。

（4）有利于改革会计信息披露模式，促进国际间会计协调。

石油上市公司执行的会计核算及信息披露标准，在国际资本市场以美国会计准则或国际会计准则为依据，国内资本市场则以我国颁布的具体会计准则为依据，实际工作中，会计人员需要将在国内报出的会计报告转换成为国际标准要求的会计报告形式，耗费了大量的人力和财力，这说明我国的标准同国际标准还有差距。为了减少会计报告转换过程中的工作量，提高工作效率，降低会计信息转换成本，就需要研究国际通用的会计信息披露的模式和内容，不断改进我国的会计报告标准。本书的研究，就是通过国际国内会计政策和信息披露规范的对比，寻找我国同国际标准的结合点，促进企业和国家相关部门改进油气会计核算规范，加强我国石油上市公司会计信息与国际资本市场需求的会计信息的协调，推动上市公司会计工作的改善。

第三节 国内外研究综述

一 国外研究动态

19 世纪 50 年代末期美国宾夕法尼亚州德雷克油井的商业性开采成功，标志着世界石油工业的产生，也带来了全球的石油时代。油气工业的产生与发展是石油天然气会计发展的直接动因。油气会计最早产生发展于美国，后随着世界石油工业的发展及各国对石油公司经营活动的重视及管制，美国及世界主要产油国都相应地出台了各种关于石油公司会计核算的政策及规范。然而，从总体上，各国油气会计政策和规范体系的建立都源于或参照美国的会计政策体系，因此，目前油气会计政策研究的重心仍然在美国的会计界。

（一）美国石油天然气会计政策

1. 美国石油天然气会计的发展及政策研究现状

20 世纪 50 年代中期以前，美国没有公认的石油天然气会计规范，几乎所有的石油公司都采用"成果法"（SE）处理矿区的取得成本、勘探成本和开发成本费用支出，以是否找到油气储量作为将这些成本费用支出资本化还是费用化的标准。在这一期间人们对成果法概念的运用上也存在着多种差别。例如在地质和地球物理勘探费用的会计处理，未开发矿区费用的处理，以及干井的钻井费用的处理等问题上就存在不同的会计政策，没有相同的会计原则可依据，因此各公司之间的财务信息缺乏应有的可比性。

50 年代中期以后，石油天然气会计核算出现了一种全新的方法，即"完全成本法"（FC）。从概念上讲，完全成本法要求公司资本化所有发现与开发成本，即使这些成本是干井成本，理论上认为一定的失败比例是油气行业的经营特征。① 在完全成本法概念的运用上，也存在着多种计算方法，其核心问题是成本中心的确定。在最广义的完全成本法下，将一个公司在全球范围的石油和天然气作业都作为一个成本中心处理，因此全部取得、勘探和开发费用都作为一个总额予以资本化，并认为这适用于公司所有的石油和天然气储量，不管是何时何地发生这些费用支出，也

---

① Joel L. Recd, Exploring for Information on Oil and Gas Companies. Financial Analysts Journal, November-December 1978, p. 43.

不管是何时何地发现的储量，只要生产任何储量，那么就要按照相应的比例摊销这些资本化的费用。然而，多数应用完全成本法的企业采用某一国家或某一大陆中心作为成本中心。通常，在全部成本计算中采用某种与一个成本中心的石油和天然气矿物资产价值有关的"上限"做法，称为完全成本限额测试（The-Cost Ceiling Test），以防止一个成本中心资产成本的累计值超过他们适用的资产价值。完全成本限额测试是指较低的成本，或计算出限额，修正的限额测试会使财务报告更具相关性、可靠性和可比性。[①]

　　到 20 世纪 60 年代中期，已有许多会计师和财务分析人员开始关心石油公司采用的各种会计方法。因为各个石油公司不仅在遵循成果法和完全成本法方面有所不同，而且这两种方法在业务处理方面还存在着许多差别，致使各石油公司之间的财务报表缺乏可比性。1964 年，美国会计原则委员会（APB，美国财务会计准则委员会的前身）委托罗伯特·E. 菲尔德（Robert E. Field）对石油工业财务会计报告进行调查研究。1969 年 APB 将菲尔德的研究报告刊登在第 11 期《会计研究论文集》上。菲尔德建议取消完全成本法，接受成果法。1969 年 APB 指派了一个委员会审查了该报告，并负责向 APB 权威性的《意见书》推荐石油和天然气工业财务会计报告准则。直到 1973 年成立财务会计准则委员会（FASB）取代 APB 作为民间制定会计准则的机构。FASB 最初的议事日程项目并没有包括为石油天然气工业制定专门的会计和报告准则。

　　1973 年的阿拉伯国家石油禁运使美国公众和国会变得十分关心石油和天然气生产行业。这种关心在《1975 年能源政策和保护

---

　　①　Ronald S. Adams, Daniel L. Bach etc., The Full-Cost Ceiling Test. Journal of Accountancy, April 1994. p. 70.

法案》达到了顶点。这一切催生了 1977 年 12 月 FASB 第 19 号财务准则"石油和天然气生产公司的财务会计和报告"（SFAS No. 19）的颁布，该准则从成本会计处理到信息披露等多方面对石油天然气公司的报表信息作了规范，并明确规定在那些费用应该资本化时就遵循成果法。SFAS No. 19 的出台，在美国会计理论及实务界引起了广泛的争论，西彻斯特州立学院（West Chester Sate College）教授艾利·纳加尔（Ali Naggar）博士通过广泛的问卷调查分析，以及对石油天然气会计程序方法选择、投资者在制定会计准则时真正意义上的需要等问题进行研究，发现"油气财务分析家非常趋向于成果法，并且他们推崇的会计程序一致"。① 研究表明，与那些保留成果法的企业相比，由成果法转为完全成本法的企业具有较高的财务风险和进取于勘探活动。② 然而 SFAS No. 19 遭到了许多人士的反对，Frelinghusen 等人认为，如果采用完全成本法的公司转向采用成果法，则负债/权益比例将提高，影响其筹资能力，从而影响其竞争力。③ 1978 年 11 月到 12 月，柯林斯、邓特和奥康纳（Callins, Dent and O'conno）在财务分析家杂志（Financial Analysts Journal）发表文章得出结论，认为当 APB 和 FASB 取消完全成本法时，使用这个方法的企业投资者对企业会产生消极的评价，并批判了没有发现这一效应的早期的研究。④

---

① Ali Naggar, Qil and Gas Accounting: Where wall Street Stands, The Journal of Accountancy, September, 1978, p. 77.

② W. Bruce Johnson, Ramachandran Ramanan, Discretionary Accounting Changes from "Succersful Efforts" to "Fullcost" Method: 1970—1976, The Accounting Review, January 1988.

③ Frelinghuysen, Joseph, DireTesting Regarding Statement No. 19 of the Financial Accounting Standards Board, Before the Department of Energy, February 21. 1978.

④ Thomas R. Dyckman, Market Effects of the Elimianation of Full cost Accounting in the Oil and Gas Industry, Another View, Financiul Analysts Journal, May-June 1979, p. 75.

1979 年 10 月，爱德华·B. 迪肯（Edward B. Deakin）在《会计评论》上发表了题为《使用完全成本法和成果法的非综合型石油企业之间的差异分析》的文章，指出：在 FASB 发布的 SFAS No. 19 中指定在石油天然气行业采用成果法后，众多的采用完全成本法的公司向 SEC 呼吁允许采用完全成本法。其争论的观点是采用完全成本法的公司集中于勘探，是新公司，比采用成果法的公司更需要外部资金，这些公司使用了较高的杠杆。①

由于会计界对 SFAS No. 19 的出台争论较大，该准则在信息披露方面也不完善，又加上还与 1978 年美国证券交易委员会（SEC）颁布的相关文件相冲突，SEC 允许使用完全成本法，"在这篇文章撰稿时，SEC 已指出两种方法将继续使用，除非更具意义的方法被开发出来"。② 接受完全成本法作为一种可代替的核算方法，因而这也导致了 1979 年的 SFAS No. 25 和 1982 年 SFAS No. 69 的出台，这两个准则对 SFAS No. 19 作了大量的修正和补充，从而进一步完善和规范了财务报表信息报送，同时也允许完全成本法与成果法并存，作为企业可选择的一种会计政策，90 年代以后，FASB 又颁布了一些相关准则，如 SFAS No. 121 要求对长期资产诸如资本化的石油和天然气矿区的取得、勘探和开发成本要进行减损测试。至此，随着有关准则的相继发布，石油天然气行业财务信息的报送变得日益规范和完善。

1978 年 8 月，SEC 在《第 253 号会计文集》中宣布，它将力求通过制定一种称为"储量认可法"（Reserve Recognition Ac-

---

① Edward B. Deakin Ⅲ, An Analysis of Differences Between Non-major Oil Firms Using Successful Efforts and Full Cost Methods, The Accounting Review Vol. LIV, No. 4 October 1979, p. 722.

② Joel L. Reed, Exploring for Information on Oil and Gas Companies, Financial Analysts Journal, November-December, 1978, p. 43.

counting RRA）的会计核算方法，来寻求消除全部成本法和成果法的局限。这一文件出台，也引起了学术界的广泛争论。约瑟夫·E. 康纳（Joseph E. Connor）发表了题为《储量认可法，是事实还是虚构?》的文章，指出 SEC 不应当要求企业在规定机构进行可靠性测试时公开储量认可数据。① 但也有人认为储量认可会计政策或其他相似政策可以成为一种有效披露油气企业经营状况的有效补充披露政策。② 学术界的争论，使得 SEC 进行了深入的论证和分析，1981 年 SEC 认为储量认可法（RRA）并不是很好的核算方法，再次请求 FASB 提出解决石油天然气会计核算这个难题的办法。经过多次讨论，FASB 颁布了第 69 号财务会计准则委员会文件，规定了石油公司的揭示要求。

美国油气会计核算的现状是根据第 257 号"会计系列文件"或者 SFAS No. 19 采用成果法，根据第 258 号"会计系列文件"采用全部成本法，这两个方法是被 FASB 和 SEC 都接受的核算方法。此外，根据 SFAS No. 69 规定的揭示，在财务报表中作补充资料展示出来。

尽管美国权威机构已将完全成本法（FC）和成果法（SE）都作为可供选择的会计政策，但时至今日，美国会计理论界围绕着这两种方法展开的研究并没有终止，尤其是采用实证研究的方式研究在成果法和完全成本法情况下企业会计信息的质量及资本市场的反映等更为多见。例如萨蒂·P. 班德雇佣帕德维（Sati P. Bandrgopadhyway）于 1994 年 10 月发表了题为《市场对石油天然气行业成果法与完全成本法企业盈利公告的反应》的文章，

---

① Joseph E. Connor, Reserve Recognition Accounting: Fact or Fiction, The Journal of Accountancy, September 1979, pp. 78—99.

② Richard C. Adkerson, Can Reserve Recognition Accounting Work? The Journal of Accountancy, September, 1979, p. 81.

实证研究了成果法下和完全成本法下的"盈利质量"（guality of earnigs）。研究结果指出，成果法较完全成本法会产生出较高质量的盈利。[①] 密西西比州州立大学教授杰夫·布恩（Jeff Boone）通过对1984—1996年整个期间和1984—1988年更细化的时间段前人的研究进行了系统的实证检验，发现计量油气资产的不利差异采用现值量度要比相应地采用历史成本量度要低。[②] 关于油气会计政策的实证研究还包括完全成本法和成果法产生的会计数据对市场风险的解释效果[③]；油气资产边际成本的核算[④]；石油行业长期资产折旧核算政策[⑤]；私有石油企业会计制度结构分析及说明体系[⑥]；油气企业的人工神经网络和会计方法选择[⑦]等，这些研究大多数是在比较成果法和完全成本法选择的基础进行实证分析，并得出相应的结论。

---

① Sati P. Bandryopadhyway, Maket Reaction to Earnings Announcements of Successful Efforts and Full Cost Firms in the Oil and Gas, The Accounting Review, October 1994.

② Jeff P. Boone, Revisting the Reportedly Weak Value Relevance of Oil and Gas Asset Present Values: The Roles of Measurement Error, Model Misspecification and Time-Period Idiosyncrasy, The Accounting Review Vol. 77, No. 1, January, 2002, p. 99.

③ Jeo-Bon Kim and Roland Lipka, Effects of Accountirg choice of the Explanation of the market Risk in the Oil and Gas Industry, Journal of Business Finance & Accounting, 18 (1), January 1991, pp. 61—82.

④ John R. Livernois, Estimates of Marginal Discovery Cost for Oil and Gas, Canadian Journal of Economics Review, Candienne d' Economique XXI No. 2 May 1988, pp. 379—393.

⑤ Mimi Alciatore, Peter Easton, Nasser Spear, Accounting for the Impairment of Long-Lived Assets: Evidence from the petroleum Industry, Journal of Accounting & Economics 29 (2000), pp. 151—172.

⑥ Lynne Corad, A Structuration Analysis of Accounting Systems and Systems of Accountability in the privatized Gas Industry, Critical Perspectives on Accounting 16 (2005), pp. 1—26.

⑦ Nasser A. Spear, Marp Leis, Artifical Neural Networks and Accounting Method choice in the Oil and Gas Industry, Accting, Mgmt, & info, Tech, Vol. 7, No. 3, 1997, pp. 169—181.

笔者认为，美国关于油气会计政策的研究，在已有规范体系及理论研究的基础上，更加注重对政策的市场效应、企业会计信息的影响等方面的研究，其研究的范围、内容及研究的方法值得我国油气会计政策研究借鉴。

2. 美国石油天然气会计政策

美国石油天然气会计涉及该行业的各个方面，核算内容及采用的会计政策较多，主要包括以下几个方面：

（1）矿权取得。根据相关准则，无论采用成本法还是采用成果法，为取得矿权而发生的一切费用一律予以资本化，列入资本资产。

（2）勘探开发。在美国，勘探成本和开发成本是分开来的，是两个独立的会计科目，且在成果法和在完全成本法下，其会计处理是有差别的。在成果法下，根据相关准则规定：a. 与勘探有关的"地质和地球物理勘探"成本，置存和保留未开发矿区财产的成本以及干井井底贡献应于发生时记入费用。b. 对于勘探井和勘探型实验井的钻探成本要分情况考虑。在发现探明储量之前，所有的相关费用支出予以资本化，如果该矿井已发现探明储量，则该成本作为相关资产的一部分，如果未发现探明储量，则钻探成本扣除相关残值后的净额记入费用。c. 依据合同，一企业进入另一方拥有的矿区进行相关的研究和勘探活动，且依据合同规定，如果发现探明储量可获得该矿区的某项权益，如未发现储量可获得相关已发生成本的赔偿，那么，如果是前者的话，已发生成本则作为一项资产处理，如果是后者，则有关成本作为一项应收款进行会计处理。至于开发成本，在成果法下，不论矿井成功与否，所有相关的费用支出一律予以资本化。

在完全成本法下，在一个成本中心里，无论勘探成功与否，所有的勘探成本和开发成本等费用支出只要一发生，即予以资本化，列作该成本中心资产的一部分。在完全成本法下，会计处理相对较简单。

（3）油气开采。对于油气开采过程发生的生产成本的会计处理，在完全成本法和成果法下基本是一样的，即将那些发生于采油（气）生产过程中的作业成本和维护成本以及已资本化的矿区取得、勘探和开发成本的折旧、折耗摊销一起计入油气产品成本。

（4）资本化成本折耗。在成果法下，对已探明矿区财产的资本化取得成本以及已资本化的勘探、钻探及开发成本，根据单位产量法进行折耗，以便尚未摊销的取得成本按比例分配给每一生产单位。而在完全成本法下，在某一成本中心里，相关所有的资本化费用，在该成本中心矿产储量生产时，就按单位产量法予以摊销，同时设一个限定，即资本化成本不能超过上述储量的价值。

（5）废弃的处理。在成果法下，当某一未探明矿区被废弃或其被认为无价值时，与其相关的资本化取得成本应当冲减相关的已提取的减值备抵，如果前期提取的备抵不足，应当确认为一项损失。一般而言，如果已探明矿区财产的一部分被废弃，且剩余部分还能继续生产石油和天然气，则该被废弃的部分就不能确认损失或利得。如果废弃的是整个某一单独矿区财产（且此矿区财产是摊销基数）或一组矿区财产，则应确认损失或利得。并且由于非常情况造成的相关已探明财产部分的废弃也应确认一项损失。

而在完全成本法下，废弃的矿区财产，只有在某一成本中心的活动终止前，才会对某些异常的或重要的损失进行确认。否则的话，在某一成本中心正常生产活动期间，是不会进行损失的确认的，即使该成本中心发生了相关矿区财产的废弃。

（6）收入的确认。美国财务会计准则委员会规定：收入应包括销售到非附属企业和销售或转移到企业其他经营的收入。向企业的其他部门销售或转移的收入，应按照生产井交货点所决定的市场价格进行定价，转移时确认收入。而向非附属企业销售产品时，应该在产品的财产权已转移至买方，或产品最终由卖方的实质性控制转移至可执行的销售合同时，确认收入。

（7）信息披露。根据 SFAS No. 69 的相关披露规定，所有从事石油天然气生产活动的公司都必须在它们的财务报告中披露石油天然气业务已发生成本的会计处理方法，和与此业务相关的资本化成本的会计处理方法。同时还要求上市公司在它们的年度财务报告中将以下信息作为补充信息，而不是作为财务报告的一部分进行揭示：a. 已探明石油天然气储量数量；b. 与石油天然气生产活动有关的资本化成本；c. 石油天然气资源的取得，勘探和开发发生的成本；d. 石油天然气生产活动的经营成果；e. 与已探明石油天然气储量相关的未来净现金流量折现的一项标准化计量；f. 分析当期标准化计量变化的原因组成。同时还要求对有关石油天然气生产业务涉及少数权益和权益性投资进行简要的信息披露。

（二）英国、加拿大等国的石油天然气会计政策

1. 英国的石油天然气会计政策

为在英国一般公认会计原则框架下增进从事石油天然气勘探、开发与生产活动的公司财务报告的一致性，英国石油工业会计委员会于 2000 年 1 月颁布了一份实务建议公告，即《石油天然气勘探、开发、生产和废弃活动会计》（SORP）。该公告同时认可完全成本法和成果法两种会计核算方法。在完全成本法下，凡是与石油天然气储量的勘探和开发相关的成本都应当资本化，不管其中一部分勘探活动成功与否。同时成本按成本中心归集，

且该成本中心所发生的成本都从其储量的生产收入中扣除。对以资本化的相关成本按单位产量法计提折旧。

在成果法下，勘探支出应当直接费用化，同时起初已资本化的与未成功的钻井活动相关的支出也应予以注销，记入费用。只有那些与特定的具有商业价值的石油天然气储量的发现和开发直接相关的成本才能资本化，并在这些储量的寿命期限内计提折旧。折旧的计提同样根据储量数量以单位产量法为基础进行。

同时，SORP 还对石油天然气开发活动的会计处理，如处置、废弃、使用到期和其他权益变动等方面的会计处理，以及财务报表列报和披露作了规定，并且还规定，无论是完全成本法还是成果法都应对资本化成本进行最高限额测试。[①]

2. 加拿大的石油天然气会计政策

加拿大特许会计师协会（CICA）于 1988 年发布了相当于采矿业会计指南的研究报告《小型矿业公司的财务会计与报告》，主要涉及矿产的勘探，而较少涉及开发。研究报告建议，因为勘探和开发是发现储量所必需的成本，所以应当予以资本化。报告还建议，在部分销售矿产权益时，矿产权益的账面价值仅仅是累积成本，而不再体现其潜在价值的则应当只确认损失。部分销售的利得应从成本中扣除。

1990 年 CICA 发布了一项主要涉及完全成本法在石油天然气勘探、开发和开采活动应用的会计指南，名为《石油天然气行业完全成本会计》，该指南的发布缩小了完全成本法应用的可选范围。

该指南对资本化及摊销方法，矿区转让收入的确认以及最高

---

① 吴杰、邱艳、张自伟：《各国采掘业会计准则比较》，《中国石油财会》2005年第 3 期，第 9 页。

限额测试等做了相关的规定。其中会计指南规定，与矿区权益取得，以及勘探和开发活动相关的所有成本都予以资本化，但与开采活动、一般管理或类似活动相关的任何成本都不应资本化。在对已资本化的成本进行摊销时，可以将未探明矿区的取得和评价成本以及某些开发成本从中扣除。同时还规定，在矿区的转让收入的过程中不得确认损失或利得，除非当冲减成本的结果导致折耗率发生 20% 或更高的变化时，才确认利得或损失。

3. 印度尼西亚的石油天然气会计政策

印度尼西亚会计师协会发布的用于规范石油天然气会计核算的会计准则主要包括：第 29 号《石油天然气行业会计》和第 33 号《一般矿业会计》。第 29 号会计准则说明，对石油天然气行业勘探、开发、开采、加工、运输和销售活动的会计问题进行了规范，规定开发成本既可以采用完全成本法也可以采用成果法进行处理。所有开发成本都作为石油天然气资产的一部分予以资本化。与开采活动有关的所有费用都在其发生时予以费用化。

第 33 号会计准则声明，涉及勘探、开发和建造、开采以及环境管理等活动的会计核算及其披露和列报。该声明规定了勘探和评价成本费用化的条件，即在满足：（1）资产负债表日，勘探活动还没有进行到确定发现探明储量的阶段而且重要的勘探活动仍在继续；（2）能够证实支出能通过开采或将矿区销售给另一方而得以补偿这两个条件之一时，一个矿产权益区块的勘探和评价成本应予以费用化。

第 33 号会计准则声明对矿产权益区块进行了定义，即矿产权益区块是一个地理区块，寄期望于有潜力产生通常情况下的矿产储量或经证实具有生产矿产储量的能力。该声明还对摊销方法作了规定，即某些开发成本按照单位产量法进行递延并分期摊销。

4. 尼日利亚的石油天然气会计政策

尼日利亚会计准则委员会于 1993 年发布了会计准则说明第 14 号《石油行业会计：上游活动》，于 1997 年发布了会计准则说明第 17 号《石油行业会计：下游活动》两项公告，规范油气会计核算。

第 14 号准则规范了上游活动的会计政策，即原油和天然气矿产权益的取得、勘探和钻井、开发以及开采等活动的会计处理。该准则特别涉及成本资本化、矿区权益转让利得或损失的确认，油气资产废弃和恢复成本准备的计提及披露问题。该准则还允许公司选择使用完全成本法和成果法。选用的方法应保持一致并加以披露。

第 17 号会计准则涉及下游活动的会计处理问题，包括石油天然气及其派生物的运输、炼制和销售活动。该准则还特别关注短期的催化成本、维护成本、厂场设备折旧、连接成本（bridging costs）及披露问题。[①]

5. 澳大利亚的石油天然气会计政策

澳大利亚 1989 年发布了被称为《采掘行业会计》的澳大利亚会计准则委员会（ASSB）1022 号和澳大利亚会计准则第 7 号（AAS No. 7），但这两项准则的应用主体不同，ASSB1022 号应用于公司企业，而 ASS No. 7 应用于非公司报告主体及公营部门的商业企业。这两项准则对勘探和评价成本的处理、开发成本的处理、资本化成本的摊销、存货的确认，以及收入的确认进行了相关的规定。2004 年 12 月，澳大利亚会计准则委员会发布了

---

① 吴杰、邱艳、张自伟：《各国采掘业会计准则比较》，《中国石油财会》2005 年第 3 期，第 8—9 页。

AASB 6《矿产资源的勘探和评价》,① 与 IASC 的国际财务报告准则（IFRS6）等，其内容也基本趋同。

（三）国际会计准则委员会（IASC）石油天然气会计政策研究现状

1. IASC 研究机构及《采掘业会计问题文本》的出台

石油在经济发展和能源安全中的地位日益上升促进了石油天然气会计的研究，采掘行业的财务会计与报告问题，长期以来一直困扰着国际会计理论界与实务界，IASC 于 1998 年建立了一个采掘业筹划委员会，对采掘行业的财务会计与报告问题进行研究，并在 2000 年 11 月发布了《采掘行业问题报告》，或称为《采掘业会计问题文本》②。整个报告内容庞大，共分为 16 章内容：（1）范围；（2）上游活动的描述；（3）储量估计和估价；（4）投产前活动的历史成本会计概念；（5）投产前活动及储量会计的价值概念；（6）投产前成本的历史成本会计；（7）资本化成本的折旧；（8）废弃与恢复；（9）与矿物相关的资本化成本的减损：执行国际会计准则第 36 号（IAS36）；（10）收入核算；（11）存货的确认和计量；（12）风险和成本分成合同的形成；（13）矿权区的购买、出售和报废；（14）采掘业的财务报告披露：储量数量和价值；（15）采掘业的财务报告披露：其他披露；（16）关于储量确认和披露的研究。

2. 国际会计准则委员会筹划委员会的暂行观点

《采掘业会计问题文本》是一份征求意见报告，该报告除分析各种不同观点外，还整理出了 119 个基本问题和 36 个子问题，

---

① AASB6. Exploration for and Evaluation of Mineral Resources, For Consideration By the AABB At Its, 11, November, 2004 Meeting, Agenda Paper 92.

② Summary of Issues: Extractive Industries, Issued for comment by the IASC Steering Committee on Extractive Industries, November, 2000.

请求全球各专业会计机构、准则制订机构以及其他相关的个人和机构进行讨论并提出意见。IASC 筹划委员会同时还发布了一个简要的文本：《采掘业会计问题总汇》，将筹划委员会的暂行观点和 119 个基本问题及 36 个子问题进行汇总，以方便评审者阅读和提出意见。筹划委员会已经就问题文本中的一些重要问题提出了暂行观点，但强调其意见是项目早期的具有试验性的。筹划委员会的暂行观点共有 33 项，涉及准则的制订、范围等问题。以下重点介绍部分主要观点：①

（1）有关储量的数量和价值及其变动的信息是衡量采掘业企业绩效的一个关键指标，应该作为补充信息披露。应分别披露证实储量和概算储量，对于证实储量，分别披露证实已开发储量和证实未开发储量。

（2）筹划委员会希望能够采用一种与成果法概念而不是与其他概念较一致的会计方法。

（3）所有的开发成本应被确认为一项资产。

（4）只与某一个矿产成本中心有关的建设成本应该作为该成本中心资本化成本的一部分（如果资产的寿命与矿物储量的寿命一致，通常采用单位产量法折旧；如果资产的经济寿命的矿物储量寿命短，则采用直线法折旧）。与不止一个矿产成本中心有关的建设成本的核算应该遵循 IAS16 的要求，按照与其他的财产、厂房和设备相同的方式进行处理。

（5）投产后的勘探和开发成本应该按照与其他勘探或开发成本相同的方式进行处理。

（6）筹划委员会不主张成本恢复，即不主张在已知发现商

---

① 石油大学（北京）经济管理系译，IASC 采掘业筹划委员会发布：《采掘业会计问题总汇》，2001 年。

业可采储量时，将前期确认的费用转回。

（7）对所有资本化的投产前成本采用单位产量法折旧，（4）中的规定例外。

（8）成本应该按有利区域或小于一个有利区域的地质单元（如矿区）进行归集。

（9）储量估计的变动应该预见性地反映出来，即应该在确定变动期和未来时期的净损益时包括进去，并与IAS8"当期净损益、基本误差和会计政策变化"的要求相一致。

（10）采掘业发生的拆除和恢复成本及承担的相应义务应执行IAS37"备抵、或有负债和或有资产"；采掘业资产减损应执行IAS36"资产减损"；采掘企业收入应执行IAS18"收入"的一般条款，并且应该对IAS18进行修订，取消其有关适用范围的限定。

（11）用现金支付的矿区使用费，用实物支付的矿区使用费以及采掘税应全额包括在生产者的总收入中，并作为一项费用进行抵扣。

《采掘业会计问题文本》是IASC关于采掘业——采矿业和石油业会计项目的第一阶段，筹划委员会提出的暂行观点及征求各方面意见是为制定更为完善的规则而做准备。筹划委员会认为，有必要对采掘业制订统一的财务报告的国际会计准则，用以规范采掘业上游活动中的会计问题。

3. 国际会计准则理事会（IASB）第6号国际财务报告准则发布背景及主要内容

2001年4月新的国际会计准则理事会（IASB）完成了改组，正式取代了IASC并开始运作。IASB的目标是制订一套全球通用的会计准则。IASB继承IASC，继续将石油天然气等采掘业会计问题作为自己的研究项目。在《采掘业会计问题文本》的基础上，IASB 于 2004 年 1 月发布第 6 号征求意见稿《矿产资源的勘探与评价》 （ED6 Exploration for and evaluation of mineral resources），于 2004 年 12 月 9 日发布了《国际财务报告准则第 6 号——矿产资源的勘探和评价》（IFRS6），并于 2006 年 1 月 1 日或以后日期开始的会计年度生效。该准则首次对采掘业石油和天然气的主体所发生的勘探评价成本的会计处理提供了指南。

IFRS6 不是规范采掘业活动的全部，而是对部分会计问题提供了初步指南。其主要内容可分为三部分：（1）相关定义，包括矿产资源的勘探与评价，勘探与评价支出，勘探与评价资产等。(2) 勘探和评价资产的计量，包括确认时的计量，规定了勘探和评价资产应以成本计量以及勘探和评价资产成本的构成要求等；确认后的计量，应采用成本模式或重估模式对勘探和评价资产进行计量；减值，准则规定应每年进行减值评估并确认相应的减值损失。（3）列报和披露，准则将勘探和评价资产分为有形资产和无形资产两类，并规定应对下列信息进行披露：第一，关于勘探和评价支出的会计政策，包括勘探和评价资产的确认。第二，勘探和评价矿产资源所产生的资产、负债、收益和费用，以及经营和投资活动的现金流量的金额。

IFRS6 仅仅是 IASB 规范采掘业活动项目的初步阶段，其对勘探和评价资产的定义及内容划分，以及计量方法和披露的内容，对我国进一步完善油气会计准则，指导我国石油上市公司会计政策的择定具有重要的借鉴作用。

国外油气会计政策研究，主要集中在对会计核算和信息披露的相关政策研究上，重点研究石油会计的原则、程序和方法，如矿权流转的会计核算、储量资产的确认与计量、勘探费用的会计处理、石油天然气生产活动的价值基础揭示和非价值揭示以及联合作业和联合权益会计的核算等，为本研究的展开提供了较好资料基础和思路启示。

二　国内研究动态

自新中国成立至 20 世纪 80 年代中期，我国会计理论界一直未将油气会计问题作为专题进行研究，尽管在油气会计核算方面，实务界结合石油天然气生产经营的特点，对一些特殊的会计问题进行了研究与探索，形成了许多切合生产经营实际的会计核算方法与模式，如对探井费用按有效井段资本化问题、油田内部核算体制及核算方法、油田维护费的提取及支出的核算、油气产品开发及生产的成本核算办法等，对规范油气生产企业的会计核算工作起到了非常重要的作用。然而对这些特殊的会计问题，一般都是实务界提出，经石油行业主管部门报国家会计管理部门认可，在企业的会计业务中予以实施，实质上是在国家严格的统一会计制度统驭下的一种方法变通，根本谈不上形成系统的理论与实务方法体系。进入 20 世纪 80 年代后，随着我国石油天然气行业对外合作的开展，海洋石油工业在会计核算上采用新的体制和方法，如联合经营权益会计核算、合作矿区联合账簿的会计处理等，率先引入了国际通行的油气勘探与生产联合经营的会计核算模式，国内油气会计实务界对学习和吸收国外先进的管理经验和学习国外油气会计的核算方法给予了高度重视。

我国油气会计研究，主要是以研究和吸收以美国为主的油气会计核算理论和方法。20 世纪 80 年代中后期，石油工业出版社先后出版了《石油勘探开发会计》、①《石油和天然气工业会计基

---

① H. P. 布罗克、J. P. 克林斯特德、D. M. 琼斯著：《石油勘探开发会计》，崔越阿、徐小鲁、王国梁译，石油工业出版社 1986 年版。

础》① 等译著，将国外油气会计理论及实务系统地介绍到我国，可以说是我国从理论上研究油气会计的开始。此后一些石油院校会计专业的教授、专家也开始从事油气会计问题研究，偶尔在《国际石油经济》、《石油企业管理》杂志上发表相关的文章，但研究的内容缺乏系统性且较为肤浅。进入90年代中期以后，随着我国企业会计制度及会计准则的改革与完善，中国石油、中国石化两大集团公司的重组及股份制上市公司的组建，以及我国油气矿业权管理体制的改革和油气资源资产化管理的推进，我国关于油气会计问题的研究才全面展开。1996年中国石油会计学会恢复工作并创办了《中国石油财会》杂志，于1997年9月召开了"中国石油会计学会会员大会暨学术讨论会"，制定了研究规划，对石油行业执行具体会计准则问题、石油集团财务与会计问题等进行了立项研究，取得了相应的研究成果。1997年和1999年由王国梁等分别翻译并由石油工业出版社出版了《石油天然气会计学基础》和《石油会计——原则、程序和问题》等美国权威人士的最新著作，在《国际石油经济》、《石油企业管理》、《中国石油财会》等与石油有关的刊物上经常发表关于石油天然气会计问题研究的文章，油气会计问题的研究已蓬勃开展。在中国石油、中国石化、中海石油三大集团先后组建股份公司并在国外上市的情况下，三大股份上市公司都依据我国最新的会计制度与准则和国际惯例，制定了各自的内部会计核算制度，在实践上进行了系统的探索。

为了全面展开对石油天然气会计问题的研究，财政部于1999年以重点课题的形式，对石油天然气会计问题进行招标立

① 丽贝卡、A. 盖伦、约翰·W. 史蒂文森：《石油和天然气工业会计理论》，施鸿熙译、王国梁校，石油工业出版社1989年版。

项研究。中标立项研究的有中国石油集团公司和西安石油学院组成的课题组和东北财经大学课题组。中国石油集团公司在此基础上，将《油气会计问题研究》课题划分为多个子课题，立项展开了研究。在此基础上，课题组向财政部提交了《石油天然气会计问题研究》的研究报告并附有"油气会计准则"文本和"石油天然气会计专业核算办法"文本，作为财政部颁布油气会计准则和专业会计核算办法的参考。在油气会计研究成果的基础上，财政部又于2002年出版了由两个课题组分别撰写的《石油天然气会计问题研究》著作，总结了国内关于此项研究的成果。近年来，研究油气会计的学者越来越多，先后在《会计研究》等重要期刊上发表10余篇有影响的研究论文。财政部会计准则委员会也加强了这方面的研究，吸收许多研究成果，并于2005年8月发布了油气会计准则征求意见稿，于2006年2月修改完成并发布了我国第一个石油天然气会计准则《企业会计准则第27号——石油天然气开采》，这标志着我国石油天然气会计及政策研究将步入一个新的发展阶段。

第四节　研究思路及方法

一　研究思路

本书研究的基本思路是通过分析石油天然气生产企业的特征和基本会计问题，理出石油上市公司会计政策研究的重点和难点，包括油气会计政策范围的界定，油气资产的定义界定，会计计量模式的选择，会计核算方法及信息披露模式和内容等。进一步考察石油上市公司会计政策变迁的轨迹，分析影响其变迁的各种因素及规律性，比较国外石油上市公司的会计政策体系及信息披露模式，研究我国石油上市公司这方面的合理性及存在的问题，改进并完善会计政策体系。在此基础上，研究会计政策同会计信息披露的相互关系，分析现代信息技术条件下会计信息披露发展的趋势，探索新形势下石油上市公司应采取的信息披露方式和内容，为国家规范石油会计核算工作，促进石油天然气会计改革提供依据。

二 研究范围界定

1. 以研究会计问题为主，将与会计密不可分的部分财务问题也纳入研究范围

从理论上讲，财务管理与会计是两个不同的概念，两个不同的学科，实践上往往也划分为两个不同的部门，应当分别予以研究，但在几十年的计划经济体制下，石油企业的主要目标是完成国家油气生产计划，资金上实行统收统支，企业不用过多地考虑其本身的理财问题，在财务与会计上主要集中在管好资金报好账，实践上将财务管理工作和会计工作合为一体，其制度的设计、实施及基层财务会计工作都是合并为一体考虑，如国家对石油企业实行的储量有偿使用费制度，勘探开发基金的形成及使用制度，以及油气田企业实行资金集中管理和结算等制度，无法理清什么是财务问题，什么是会计问题，因此，在对油气会计问题的研究方面，尤其是对石油会计政策的发展过程研究时，不能抛开财务问题。事实上，在我国近几年的会计改革和发展中，企业会计准则和会计制度的研究与制定，并没有单独考虑会计问题，而是将其归并于一体研究的，如《企业财务会计报告条例》对会计要素的重新定义，新颁布的会计准则及会计制度中的内容，已经取代了1993年颁布的《企业财务通则》和财务制度的部分内容。考虑到石油上市公司会计实务的现实情况及我国在会计改革中对财务与会计问题的处理方法，本书也将部分财务问题

（不是全部）与会计问题都界定在石油上市公司会计政策研究的范围之内。

2. 以广义的会计政策作为研究对象

广义的会计政策包括宏观会计政策和微观会计政策。对石油上市公司会计政策的研究，既涉及其具体的子公司，又涉及公司总部，从地域范围来说涉及全国海洋、陆地大部分地区，不像一般企业仅仅局限于一特定地区的企业范围内。石油上市公司总部是行业的领导机关，往往代表着国家制定行业会计规章和制度，并且直接影响着国家宏观会计政策的制定。因此，研究石油上市公司会计政策问题，不能仅限于对基层石油企业的研究，还要研究石油天然气生产行业总的会计政策问题，不可将两者孤立或分开。因此，本书研究的对象将界定在同石油天然气生产会计核算有关的微观会计政策和宏观会计政策范围内。

3. 将石油天然气生产上游活动的会计问题作为研究范围

石油天然气行业，是指从事石油天然气勘探、开发、开采和运销业务的行业。根据国际上通行的划分，将石油天然气采掘业分为上游活动（upstream activities）和下游活动（downstream activities）两部分。上游活动是指勘探、发现、取得和开发石油天然气储量直到储量能够开始被销售和使用之前的各种活动，利用开采设施将石油天然气从井下提升到地面并进行必要的处理后销售给用户的过程也列入上游活动范围之内；下游活动是指对石油天然气进行炼制、加工、分配和销售的过程。石油天然气行业的上游及下游活动都涉及会计问题，但上游活动的生产经营特征明显区别于其他行业，而下游属于加工业，与其他行业（如化工行业等）区别不十分明显，因此，国际会计准则委员会及美国财务会计准则委员会对油气会计核算规范的研究和制度都集中于上游活动，即石油天然气生产活动，其公布的 SFAS No. 19、SFAS No. 25、SFAS No. 69、IFRS6 等准则和美国第 257 号、第 258 号"会计系列文件"等,都是用于规范石油天然气生产活动。为了同国际油气会计惯例取得一致,突出石油天然气行业会计的核算特点,本研究将范围界定在对上游活动会计问题研究。

三　研究方法

石油上市公司会计政策研究是一个较新的研究领域,需要系统分析和考察我国油气生产企业会计政策的发展过程,找出会计政策变化与选择的规律及影响因素,分析石油上市公司现阶段会计政策及信息披露所面临的市场环境和背景,探寻符合石油上市公司会计核算规律和特点的会计政策体系和最佳的信息披露模式。达到这一目标,就必须以马克思主义的历史唯物主义和辩证唯物主义的基本分析方法为指导,以中国石油工业发展及会计实务的演变为基础,以国外发达国家油气会计基本理论及方法为重要参照,以经济学的分析方法为依据来完成这一研究。本研究的具体方法包括:

1. 历史方法

历史方法是按照历史的真实进程来研究事物现象及发展过程。本书在研究中,应用此方法主要是对中国油气会计的历史进行研究,考察会计政策的演变过程,找出其影响因素及规律性。

2. 比较分析法

本书研究是采用国际比较,主要选择美国等市场经济国家油气会计政策及信息披露的发展历史及现状,分析我国同国际的差异,在比较中解决社会主义市场经济条件下和中国现有的资本市场管制背景下中国石油上市公司采用的会计政策构成和信息披露方式,解决油气会计的国际协调问题。

3. 归纳和演绎相结合的方法

即将实际调查所得到的事实进行系统分析归纳，找出其规律性的东西，同时又将其向前扩展，推出未来趋势，以归纳作为演绎的前提，以演绎为归纳的基础，在演绎中归纳，在归纳中有演绎，结合运用，互为促进。

第五节　研究的创新点

本书以全面系统与重点突破相结合作为研究方式，对我国石油上市公司会计政策的发展过程、重组上市后三大石油公司会计政策的构成现状及特点以及公司间会计政策的差异进行了全面的考察和分析，对同石油、天然气生产经营活动密切相关的、具有重要油气会计特征的会计政策进行了较深入的理论分析和重点探讨，对多项会计政策提出了进一步的改进意见。本书的主要创新点如下：

1. 对我国石油生产企业会计政策的历史变迁过程进行了系统的归纳与分析

在深入石油企业进行调研的基础上，结合我国会计制度变迁的历史，划分了油气会计发展的标志性的阶段，总结了历史上最具石油会计特色的几种主要会计政策，分析了其产生的背景及原因，并进行了理论分析和评述。

2. 对三大石油公司现行会计政策进行了比较研究

在系统比较三大石油公司现行会计政策构成内容的基础上，分析其存在的差异及形成的原因，即国际国内财务报告披露会计政策的差异，三大石油公司之间会计政策的差异等，指出消减会计政策差异的途径就是率先实现国际会计规范趋同，缩小信息转换成本，增强会计信息的可比性。

3. 有重点地研究了石油上市公司组建中的会计政策

提出了石油上市公司组建应区分切块改制上市和整体上市采用不同的会计政策，以及资产剥离中要重视社会保障的观点，给出了将离退休职工安置费用一次性拨给政府，由政府接管的思路，并提出了筹集社会保障金的具体测算模型。

4. 对油气资产范围进行了界定

分析了目前理论界对油气资产定义的各种观点，提出油气资产应当是一个相对宽泛的概念，包括部分勘探与评价资产和开发活动形成的资产。并且指出，在会计信息的表内披露项目中，油气资产应作为长期资产，单独在固定资产项目之外进行列示。

5. 提出了油气资产减值测算及判断的方法

分析了油气资产的特征，认为油气资产减值测试只能以资产组，即现金产出单元进行，不适合以单项资产测试，其测试的计量标准是油气资产的在用价值，测试的方法是计算油气资产的未来现金流量现值，并且推出了适合油气资产特点的计算模型。对于油气资产减值的判断，提出分为二步进行的方法。

6. 提出了纳税筹划的新策略

通过分析石油公司理财活动中税收筹划的实践，提出了有别于一般性税收筹划的新观点，即政策性税收筹划。指出税收筹划不是仅仅着眼于在现有税收法规及政策范围内进行技术性筹划（利用会计政策选择等筹划），还要将税收筹划拓展到更高层次，同税收法规制定机构进行博弈，最终使其修正税收制度实施细则，达到节税的目的。本书提出了政策性税收筹划的概念、理论依据，分析了其存在的合理性，指出了其适用的范围及筹划的操作方法。

7. 提出了石油上市公司信息披露的改进意见

通过对三大石油上市公司国内外财务报告信息披露内容分

析，认为石油上市公司现行信息披露方式的改进应当在表内增加与油气资产相关的项目，表外应加强储量信息，非财务数据，前瞻性信息以及社会责任履行情况信息等方面的披露内容。

第二章

石油上市公司会计政策基本理论

　　研究石油上市公司会计政策，必须了解会计政策的基本理论含义及我国企业会计政策研究情况，认识石油天然气生产的行业特殊性及其对会计政策的影响。本章将以此为基础展开论述，主要包括会计政策的基本概念、分类以及研究现状；石油天然气生产及会计核算的基本概念，石油天然气生产活动的特殊性以及其对会计政策的影响。

第一节　会计政策的一般理论

一　会计政策的理论解释

（一）会计政策的概念

　　"政策"一词，从汉语的字面意思解释，应为"为政之策"。一般解释为"国家、政党为实现一定历史时期的路线和任务而规定的行动准则"。① 由这一定义可以看出，政策是由政策主体为实现一定目标而提出或规定的；政策是一种行动准则，即政策主体为实现特定目标而规定的行动准则，用以指导实现目标的实施过程。政策作为一种行动准则，既包括总体的、概括性的原

---

① 《辞海》缩印本，上海辞书出版社 1989 年版，第 1653 页。

则，也包括具体的方法、规定和措施等。通俗地讲，既包括大政方针，也包括具体规范。

会计政策是政策在会计中的具体应用。会计政策具备政策的基本特征，既有总括的原则，如会计准则、制度等，也包括具体的方法和措施，如会计确认、计量、核算的方法。对于会计政策的定义，国内外有关机构、学者有着不同的表述。

国际会计准则委员会（IASC）在《国际会计准则第 8 号——当期净损益、重大差错和会计政策变更》中，对会计政策的定义是：企业编制财务报表时所采用的特定原则（specific principles）、基础（basis）、惯例（conventions）、规则（rules）和做法（practices）。①

美国《会计原则委员会意见书第 22 号——会计政策的披露》对会计政策的定义是：企业管理部门依据一般公认会计原则，为公允地反映企业财务状况、财务状况变动以及经营成果，在编制财务报表过程中所采用的特定会计原则以及为遵循这些原则而采用的方法；《加拿大特许会计师手册第 1505 号——会计政策的披露》对会计政策的定义是：企业所采用的、最适合于当时情形的特定会计原则，以及体现这些原则的方法；英国会计准则对会计政策定义是：企业所选定并且一贯采用的、适合于企业实际情况，最能公允地反映企业财务状况和经营成果的会计基础；《澳大利亚会计准则第 1001 号——会计政策的披露》对会计政策的定义是：在编制和列报会计和集团会计过程中采用的特定会计原则、基础或方法；中国香港《会计实务准则第 1 号——会计政策的披露》中对会计政策的定义是：一家企业所选择及一贯依循的特定

---

① 财政部会计准则委员会译：《国际会计准则 2002》，中国财政经济出版社 2003 年版，第 105 页。

会计基准，在管理阶层看来，这些特定会计基准适合该企业的情况，并能最公允地呈列其业绩及财务状况。①

通过比较定义，可以看出，国际会计准则所定义的会计政策包含的内容比较广泛，包括了特定会计原则、会计基础、会计惯例、会计规则和会计方法等。国际会计准则对会计政策的内容界定，并不意味着一个国家或企业的会计政策都包含这些内容，而是国际会计准则考虑了各国各地区会计准则制定体制及语言习惯方面的差异，照顾到不同国家或地区会计政策的具体定义和表述。美国和加拿大对会计政策的定义较为类似，都是指特定的会计原则以及为遵循这些原则所采用的方法。英国、澳大利亚、中国香港的会计准则对会计政策的定义基本相似，都是指会计基础、会计基准和方法，并且以"会计基础（会计基准）"代替会计政策。对于会计基础，英国标准会计惯例说明第 2 号（SSAP2#）以列举的方式予以说明，包括：折旧方法、库存商品消费转出时的方法及无形资产的摊销、租赁、出租和分期付款协议如何在报告中反映；外币的折算；维修和更新费用的补偿方法及特约条款的处理方法等。各国或地区对会计政策定义措辞的差异，主要是由于各国或地区会计准则的制订背景和机构不同，不管措辞如何，从以上的比较可以看出，世界各国或地区（包括国际会计准则委员会）对会计政策的定义既包括总的、指导性的会计原则，也包括相对具体的、体现会计原则的会计惯例和方法。

我国从新中国成立至 20 世纪 80 年代，由计划经济体制下的会计管理体制决定，企业无权制订和选择会计政策，会计人员没

---

① 《关于企业会计政策的探讨》，中国论文下载中心，http://www.lunwen 86.com。

有职业判断的空间，会计政策研究没有什么实际意义，因此会计理论和实务界几乎没有人对会计政策的定义进行研究。随着90年代初期我国会计的改革，引入了市场经济条件下的会计管理体制，对于适合市场经济的会计理论和实务的研究也逐步展开。我国会计政策的研究，开始于90年代初期，逐步繁荣则在90年代中期以后。① 对会计政策有代表性的定义主要包括以下几种：

徐政旦、龚清浩等编写，1992年出版的《会计辞典》对会计政策定义为："亦指会计方针，指企业为编制财务报表而对会计原则、会计方法和会计程序的选用所作的决定。"

林钟高对会计政策给出的定义为："会计政策，是指在编制财务报表时（由此追溯到各种会计业务的日常处理），会计人员所采用的原则、基础、惯例、规则和程序，它是按会计准则要求，就本企业生产经营特点和市场体制下对企业会计核算的要求所作出的规定。"②

黄菊波、杨小舟对会计政策进行了较系统的阐述，他们将会计政策分为不同层次进行定义，③ 即会计政策的一般定义，宏观会计政策、企业会计政策。会计政策的一般定义，是指某一政策主体为指导会计工作，实现会计工作目标而制定的有关会计核算和编制会计报表的原则、程序和方法。宏观会计政策，是指政府或有权制定会计准则的机构通过制定和发布会计准则，对企业会计核算和会计报表编制的原则、程序和方法所作的规范。企业会计政策，是指在宏观会计政策的指导和约束下，企业依据本单位的实际情况，经过成本与效益的权衡后选择的最能恰当地反映其

---

① 据笔者初步统计，1990年以后至2005年12月，我国发表研究会计政策的论文500余篇。

② 林钟高：《会计政策的制订原则与揭示》，《广西会计》1994年第5期。

③ 黄菊波、杨小舟：《试论会计政策》，《会计研究》1995年第11期。

财务状况和经营成果的会计原则、程序和方法。

曲晓辉在比较了国际会计准则委员会、英美会计准则委员会以及我国企业会计准则对会计政策所给出的定义的基础上，认为会计政策是由企业管理当局作出的选择，是为企业对外编报财务报表的目的服务的，具体表现为一系列具体的会计原则和方法。① 在此基础上，她将会计政策概括为："企业编报财务报表所采用的具体会计原则、方法和程序。"②

王文彬、林钟高、龚明晓在 1998 年出版的《企业会计政策选择——面向政策绩效的分析》一书中对会计政策的定义是："企业会计政策是企业按照宏观会计政策（即会计准则）的要求，依据本企业的理财环境、生产经营特点和市场经济体制下对企业会计管理的要求，对财务报表的编制（由此追溯到各种会计业务的日常确认、计量和记录处理）所采用的原则、基础、惯例、方法、规则及程序所作出的规定，以正确反映其财务状况和经营成果。"③

我国新颁布的第 28 号企业会计准则将会计政策定义为："会计政策，是指企业在会计确认、计量和报告中所采用的原则、基础和会计处理方法。"④

比较我国学者及权威机构对会计政策给出的定义，可以看出其共同点都在于认定会计政策是对经济业务的会计处理原则、方法和程序。然而所不同的是，有的学者是从会计政策所包含的宽

---

① 曲晓辉：《关于会计政策的几个问题》（上），《上海会计》1999 年第 11 期，第 3 页。

② 同上。

③ 王文彬、林钟高、龚明晓：《企业会计政策选择——面向政策绩效的分析》，上海三联书店 1998 年版，第 2 页。

④ 财政部：《企业会计准则 2006》，经济科学出版社 2006 年版，第 137 页。

泛的角度定义的（如黄菊波、徐政旦等），而有的学者则是从会计政策的具体实施者——企业的角度进行定义的（如曲晓辉、王文彬等）。《会计辞典》对会计政策的定义较早，其实质趋向于会计政策是一种决策行为，注重于会计政策的选择，而其他学者对会计政策的定义尽管角度不同，但实质上都认为会计政策都是会计业务处理的原则、方法和程序，这同国际会计准则委员会及其他各国或地区会计准则给出的会计政策的定义及内容基本一致，也可以说是符合国际惯例的。笔者认为，会计政策属于经济政策的一部分，具有政策的一般性质，在其意义上也必须包括政策的制定主体、政策的预期目标和政策的具体规定（准则、规章、方法、程序等），会计政策是一个概括性的表述，其中既包括会计政策的宏观层面，又包括会计的微观层面。宏观层面是统驭整个国家及地区会计工作的总规范、总要求，包括国家及地区主管部门颁布的各种法规和规章、制度等，微观层面主要包括各级各类的会计主体，不仅包括企业，而且还应包括政府机构、非盈利组织等的会计政策。显然，单纯从企业的角度对会计政策定义是不十分恰当的。因此对于会计政策的定义应当有会计政策的一般定义，如同有关政策的定义一样，而不去区分是行政政策、经济政策等；而对于研究和制定某一层面的会计政策，则要区分宏观政策和微观政策，以便于划分会计政策的制定权限、执行层面及权限等，如会计基本法规、规章由国务院及主管部门制定，企业、事业单位等则主要是会计政策的执行层，并且在宏观会计政策的总体要求和统驭下选择，或者制订本会计主体的会计政策，这同我国会计工作的统一领导，分级管理的体制相一致，实践中有利于操作。

（二）会计政策的本质

虽然会计政策有宏观和微观之分，但会计政策的执行则是在微观层面，即由会计主体具体执行会计政策。企业财务会计的目标是向企业外部会计信息使用者提供决策有用的信息，而这些信息来源于会计这一信息系统对经济业务信息的输入、加工处理和输出过程，也就是取决于会计确认、计量、记录、报告这一整个会计过程。随着国家会计改革的不断深入和完善，我国将逐步建立起以会计准则为核心的会计规范体系，用以规范企业会计政策。在这种模式下，企业执行会计准则不同于执行具体会计制度，在对经济业务事项进行会计处理时有着多种备选的会计处理方法，这就为企业进行会计政策选择留下了较大的空间，由此而导致同样的经济业务事项可能会产生不同的会计信息，因此会计过程的最终产品——会计信息多半是主观判断的产物，是各个利害关系集团如股东、债权人、政府、企业管理当局等各方利益博弈平衡的结果。[1]

会计政策的制定、选择和执行，看似是技术问题，实际上其结果都会涉及各方的经济利益。例如我国在颁布了非货币性交易、债务重组具体会计准则后，有些企业就利用准则中规定的有关条款，利用其关联方交易过程中的转移价格以及债务重组的让步政策，在资产置换和债务重组中，提高资产置换价格，不合理地确定债务重组条件，增加企业的营业外收入和债务重组收益，达到操纵利润的目的，造成许多上市公司会计信息失真。此后，国家又及时地对这两项具体会计准则进行了修订，遏止了这些现象，这实质上就是国家投资者和企业内部人员控制各方力量的博弈。已出台的会计准则大都是各方利益均衡与妥协的产物。从某

---

[1] 张为国、徐宗宇：《实证研究、会计选择、证券市场》，《会计研究》1997年第10期。

种意义上说，会计准则的制订过程是一个政治过程，[①] 所以我们可以得出一个结论：会计政策在形式上表现为对会计主体的一种规范，但其本质是一种经济和政治利益的博弈规则和制度安排。

二 会计政策的选择及动机

（一）会计政策选择

会计政策选择是会计主体在当前环境下，在有关法规和会计准则的约束下，所选择的最能实现其目标或管理当局自己目标的各种原则、程序、方法的总称。会计政策选择的主体应包括两个层次：一个主体是会计规范（准则、制度）的制订者，他们在宏观层面上对会计政策进行初始选择，另一个主体是企业，企业界在会计规范制订者对会计政策进行初始选择的范围内，对会计政策再次选择，这一选择，形成企业的会计政策。我们讨论会计政策选择，主要是将讨论对象界定在企业这一微观层面上。企业会计政策的选择不是个别原则、程序、方法的简单汇集，而是要根据企业目标要求，在进行利弊分析的基础上的一种整体优化。企业会计政策选择，还可以看作是一个动态的过程，即企业在对企业政策选择以后，不是一成不变的，还可能再重新选择，即会计政策变更，以达到对会计政策选择的目的。

会计政策选择是会计政策的灵魂，"只有那些多种原则、程序、方法等可供选择时，才称其为会计政策"。[②] 产生会计政策选择的原因主要包括：（1）会计主体的经济业务性质。会计主体，尤其是企业的经济业务复杂，涉及各行各业，它们各自都有

---

① 龚光明：《油气会计准则研究》，石油工业出版社 2002 年版，第 61 页。
② 杨成文、王洪漠：《会计政策的定义与内容辨析》，《中国农业会计》2002年第 5 期，第 29 页。

其自身的生产经营特点，无论是从会计确认、计量、记录、报告等的整个会计核算过程，还是从会计管理、控制等方面，都不可能按照统一的原则、程序和方法进行规范，应当在统一原则的基础上，允许企业结合生产经营实际选择适当的会计核算、管理模式，才能达到会计信息的输出客观、真实，提高会计工作效率。

（2）会计政策本身的特点。会计政策本身就是多种会计原则、惯例、规则、程序、方法等的集合，而不是单一的会计规范，这为会计主体在结合自身核算特点的前提下，进行具体业务处理方法的选择提供了条件，如固定资产折旧方法就有直线折旧法和加速折旧法可供选择等，企业在发生某项经济现象时，可以从允许的会计原则和会计处理方法中选择适合本企业特点的会计政策。

（3）会计选择主体的主观意向或偏好。会计政策选择主体就企业而言是企业管理当局。既然企业的生产经营活动多样化，复杂化，会计政策本身又有可选择性的特点，就不可避免的会出现企业管理当局按照特定的目的或者经营方式的偏好来选择会计政策。例如为了平衡各方利益，促进企业达到既定的经营目标，改进报表结构，均衡不同时期的企业收益，或者出于自身的利益，企业管理当局都会在规定的政策空间内进行会计政策的选择。上述三方面的原因，构成了会计政策选择的必然性，也使会计政策选择成为了会计工作的重要组成部分。

随着我国市场经济的不断发展，企业的会计环境发生了较大的变化，会计处理的对象也日益复杂化和多样化，同时会计处理的技术手段日新月异，尤其是电子计算机在会计中的广泛应用及信息网络的开发利用，极大地提高了会计人员的工作效率和会计信息的生成速度。在此基础上，资本市场对会计信息的质量及数量不断提出新的要求，国家对会计工作规范的管制更加趋于宏观化和原则化。会计准则体系的建立，为会计工作者提供了越来广泛的职业判断余地和会计政策选择空间，会计政策选择已经成为会计人员的主要工作。因此做好会计政策选择不仅成为考核会计人员工作质量的重要依据，而且对企业也有着重要的意义。会计政策选择有利于企业在国家会计法规、规章的统一规范下，合理确定自身的会计政策，保证会计法规的贯彻执行，从而促进企业会计行为规范化；会计政策选择是企业财务信息揭示的基础，正确的会计政策选择，能够保证经济业务事项的会计确认和计量以及再次确认和计量都在会计准则（制度）的范围，做到会计信息的相关性与可靠性的统一，满足会计信息使用者进行正确经济决策的要求，促进资本市场的有序运作和健康发展，为企业营造良好的经营环境；正确选择会计政策，还可以确保企业收益的合理分配，协调企业内部及外部各利益团体的关系，约束企业内部各管理主体的会计行为，强化公司治理，提高企业的管理水平和运行效率。

（二）会计政策选择的动机

会计政策选择动机问题研究，一直是会计政策选择研究的焦点问题，也是实证会计理论研究的重心。西方学者对会计政策选择动机的研究是建立在契约理论上的。其理由是在市场经济中，任何经济组织都是一种或一组自愿的契约。瓦兹和齐默尔曼在所著的《实证会计理论》一书中指出："企业并非独立存在的主体，它只不过是一种若干契约的结合。"[①] 按照契约理论，企业生存和发展的一个重要条件，就是降低契约成本。契约成本是指围绕着契约的订立执行和监督所产生的成本，从内容上包括交易成本（如佣金）、代理成本、信息成本、契约的复审成本以及破

---

① 瓦兹、齐默尔曼：《实证会计理论》，陈少华、黄世忠译，东北财经大学出版社 1999 年版，第 173、222—252 页。

产成本。出于降低契约成本的目的，在现代企业经营的不确定性以及错综复杂的契约关系的情况下，契约各方都寻求建立一种沟通、协调和激励机制，对契约进行监督。事实证明，大量契约的订立和监督是建立在契约各方所接受的会计数据的基础之上，使得各方更关注这些会计数据的计算和报告。在会计数据的计算和报告过程中必然涉及会计政策的选择。西方实证会计理论具体考察了在特定契约中会计政策对经济后果①的影响，提出了会计政策选择动机的三大假设，并对其进行了实证检验，形成了研究会计政策选择的一个经典范式。这三大假设包括：

1. 分红计划（Bonus Plan）假设

西方实证会计研究者认为，作为契约的一个部分，企业管理当局与股东之间都签有管理报酬计划、奖金计划及业绩计划，而事实表明大部分的奖金计划都建立在会计收益的基础上，这为研究管理当局有关会计政策选择的行为及潜在动机提供了可能。为了实现管理者和股东间的奖金计划，管理者通常倾向于选择增加报告盈利的会计方法和程序。但是管理者也不是总存在着增加会计收益的动机，在一些特殊情况下，如企业亏损、奖金计划中包括了管理人员的认股权等，管理当局还存在着提前确认损失、平滑收益，提前确认收益等动机，以此来选择会计政策，操纵能够纳入奖金计划的收益总值来提高他们的报酬现值。

2. 债务契约（Debt Covenant）假设

该假设认为，企业为了保持一种恰当的资本结构，通常是要

---

① 经济后果（Economic Consequence），是指会计报告将影响企业、政府、股东、债权人、雇员等的决策行为，受影响的决策行为反过来损害其他利益相关者的利益（Stephen. A. Zeff, 1978）。Stephen A. Zeff, The rise of economic consequences, Journal of Accountancy, December 1978, p. 63.

通过举债来实现的。为了降低经营风险和代理成本，债权人和管理者之间要签订债务契约，并在债务契约中规定一些限制性条款，如最低限度的流动比率、规定利息保障倍数等，这些限制条款都是依据会计数据订立的，并且对条款是否违反所进行的监督，都是通过会计数据测算而得出结论的，因此，企业管理当局就具有通过选择会计政策降低违约可能性的动机。

3. 政治成本（Political Cost）假设

该假设认为，政府也是企业签约团体中的一个重要组成部分，其本身也是一个利益集团，通过制定各种管制性的规章，将社会资源的控制权转移到自己的手中，而这些管制性规章的制定，将会加大企业的经营成本。政治成本概念包括税收、收费管制等成本，这些成本会直接导致企业整体财富的减少而使政府的可控社会资源增加。政府制定各种管制性的规章，往往都是以会计数据（如利润或成本）作为依据的。例如美国 20 世纪 70 年代大石油公司急剧增长的利润，被用作石油公司进行垄断的证据，并成为 1980 年开征巨额利润税的依据。

根据政治成本假设，企业为了避免或降低政治成本，就存在着利用会计政策选择来避免高利润，减少报告盈利的动机。公司规模越大，政治敏感性越强，越有可能选择将现在的盈余递延到将来的会计政策。西方实证会计研究还证实了一种现象，即大的企业集团在对政府制定有关管制性规章如税收、收费管制以及准则等时，有可能通过院外游说来干预政府政策的制定过程，以降低其政治成本。

从西方实证会计理论对以上的三大假设的验证分析，我们可以看出，会计政策成了连接或调节契约关系的枢纽。会计政策选择的直接动机主要是通过报告收益最大化，各期利润均衡化，或降低企业收益等目标的实现，保证契约在有利于企业管理当局的前提下履行。

近年来我国学者对会计政策选择动机也进行了广泛的研究，已经取得了一系列成果。研究成果普遍认为，西方会计学界关于会计政策选择动机的研究，其研究的环境背景及企业实际情况同我国有较大的差异，"正如'理性经济人'假说西方学术界被广为接受但却未必完全适合我国企业的情形一样，西方关于会计政策选择动机的现有研究成果，也只能作为我国会计政策研究、规范和信息披露管制的借鉴"。①

我国学者对我国企业会计政策选择动机，有的采用实证分析的方法，也有采用规范分析方法。实证分析方法主要用于对我国上市公司会计政策选择动机的研究，而规范分析方法往往用于一般非上市企业。新夫等在《我国上市公司会计政策选择的经济动机》一文中指出，西方实证会计研究学者所提出的"三大假设"，并不适合我国国情，所谓的"三大假设"是影响我国上市公司会计政策选择的经济动机的说法并不能成立。② 同时提出了上市公司会计政策选择的两大经济动机："壳资源"契约假设和"配股生命线"契约假设。

"壳资源"契约假设：上市公司为了保住上市资格这一稀缺的"壳资源"，在可能亏损的会计年度会选择调增收益的会计政策以避免亏损的出现或将亏损延迟；在亏损出现的年度会选择调减收益的会计政策，加大当年亏损，为以后调高利润埋下伏笔；而在扭亏为盈的会计年度则会做出调增收益的会计政策选择。"配股生命线"契约假设：上市公司为充分发挥资本市场融资的

---

① 曲晓辉：《关于会计政策的几个问题》（下），《上海会计》1999 年第 12 期，第 12 页。

② 新夫、陈纪南、徐青：《我国上市公司政策选择的经济动机》，《江苏大学学报》（社会科学版）2004 年第 2 期。

优势，达到证监会规定的配股要求（即所谓的"配股生命线"），在我国企业融资渠道相对狭窄，股权融资成本过分偏低情况下，可能会选择能增加收益的会计程序或方法来操纵净资产收益率。[①]

除上述上市公司会计政策选择的两大经济动机外，我国学者研究认为企业会计政策选择动机主要包括以下几种：

1. 企业管理当局自身利益实现的动机

企业管理当局为了完成绩效挂钩指标，谋取自身利益，或者向政府部门报告经营业绩，取得职位的升迁，获得某种荣誉称号，往往选择增加当期利润的会计政策，改善或提高业绩考核指标的完成情况。

2. 为企业筹措资金的动机

企业向银行等金融机构申请贷款时，需要提交会计报告，以证明企业的偿债能力，而金融机构也以申请贷款企业提供的会计数据及财务指标作为考察企业能力的重要依据。为了顺利地筹集到资金，企业管理当局就会选择包装利润提高其资信的会计政策。

3. 包装上市的动机

许多非上市的企业，为了从证券市场募集资金，并且树立自己的企业形象，都有着上市的强烈愿望，而国家证监会对上市企业的资格要求很严且上市指标有限，企业上市比较困难。为了保证企业连续三年盈利，达到上市公司的资格要求，企业管理当局往往需要进行财务包装，选择平滑利润的会计政策。据有关资料调查显示，有67%的投资者认为，企业上市前的利润操纵比上

---

① 新夫、陈纪南、徐青：《我国上市公司政策选择的经济动机》，《江苏大学学报》（社会科学版）2004年第2期。

市后更为严重。

4. 税收筹划的动机

在我国现行税收管理体制下，许多企业为减少纳税成本，利用关联方转移价格等方式，选择减少当期利润的会计政策，达到节税目的。

综上所述，我们可以看出，我国会计政策选择的动机比较复杂，这主要是因为我国目前还处于经济转型时期，会计环境相对比较复杂，企业治理还不完善，企业管理当局经营的目标取向不一，导致各种会计政策选择动机的产生。然而，会计政策选择动机决定会计政策的择定，会计政策的择定又会涉及财务会计信息质量，进而影响到投资者的决策和我国资本市场的健康发育，影响社会经济秩序和社会经济资源的合理配置。因此，国家应当从宏观上强化对会计政策选择的管制，利用宏观会计政策及法规，将微观层面的会计政策选择限定在一定的范围内，防止企业滥用会计政策或随意变更会计政策，既给会计工作者以较为灵活的职业判断和会计政策选择空间，又要遏制会计政策的不良选择，保证会计信息的真实性、客观性，从而达到相关性与可靠性的统一。

三　会计政策的分类

会计政策涉及的内容十分广泛，包括原则、基础、惯例、方法、规则及程序等，是一个完整的政策体系。为了进一步研究、认识和运用会计政策，就需要对会计政策进行分类。

（一）会计政策按重要程度分类

会计政策按其重要程度分类，可分为重大会计政策、特殊会计政策和一般会计政策。

重大会计政策，是指对形成会计报表和促成会计信息使用者进行决策具有重大影响的会计政策。如企业合并政策、外币业务政策、资产估价政策等。

特殊会计政策，是指那些特殊行业、特殊业务以及不同寻常的会计政策，如石油天然气行业的勘探费用资本化政策、油气资产减值政策、矿权交易政策等。

一般会计政策，是指那些不必要在会计报表中加以揭示，只是在日常的会计活动起作用的会计政策，如财务会计组织机构、会计科目及账户设置等政策。

（二）会计政策按反映的内容分类

会计政策按其反映的内容分类，可分为综合性会计政策和具体性会计政策。

综合性会计政策，是指对本企业中某一类或某一方面的工作所规定的会计政策，它通常是企业会计工作管理中的各个类别、各个方面的综合性政策，具有协调、控制企业各个领域、各个部门会计工作和谐发展的功能。

具体会计政策，是指为解决特定时期和范围内的某个具体会计问题所确定的会计政策，如固定资产折旧方法、存货计价方法等。

（三）会计政策按揭示的范围分类

会计政策按其揭示的范围分类，分为对内会计政策和对外会计政策。

对内会计政策，是指向企业管理当局提供经营决策、内部控制所需要的会计信息时所采用的会计政策，如成本计算方法、投资控制政策、内部会计控制等。

对外会计政策，是指为企业外部的使用者提供关于企业财务状况和经营成果等数量化信息所采用的会计政策。如会计处理方法及其变更等会计政策。

（四）会计政策的其他分类

会计政策的其他分类包括按不同的使用者分类、按规范的功能分类、按决策功能分类等。

会计政策按不同的使用者分类，可以分为国家需要的会计政策、相关利益集团需要的会计政策和企业内部需要的会计政策。

会计政策按规范的功能分类，可分为确认性会计政策、计量性会计政策、记录性会计政策和报告性会计政策。

会计政策按决策功能分类，可分为全球中心会计政策、家族中心会计政策和多中心会计政策。[①]

四　会计政策研究本书的定位

会计政策研究的领域很广泛，不仅涉及基本理论（如概念、选择动机、选择原则等）研究，而且还包括具体会计政策研究。在具体会计政策研究领域，又分为不同行业、不同经济业务事项的会计处理方法等。由于受作者研究能力，涉猎资料及时间因素等的限制，本书将会计政策研究做如下定位：

1. 研究重点放在石油天然气生产公司的会计政策研究方面

石油天然气生产公司是属于油气生产企业，在会计业务活动中，既要受国家会计法律、法规的约束，具有一般企业会计政策的共性，但同时又是一个特殊行业，需要结合行业特点制定和执行特殊的会计政策。本书在吸收我国其他学者研究一般企业共有的会计政策成果的基础上，对其进行扩展，重点研究石油天然气生产企业特有的特殊会计政策，尤其是行业的重要的会计政策。

[①]　王文彬、林钟高、龚明晓：《企业会计政策选择——面向政策绩效的分析》，上海三联书店1998年版，第15—22页。

2. 研究的重点放在具体会计政策方面

会计政策有综合性和具体性之分，本书将研究重点放在石油天然气生产企业的特定经济业务事项的会计处理原则和方法方面，借鉴发达市场经济国家的经验及国际惯例，结合我国油气生产行业的特点，探讨在石油天然气生产这一特殊行业特殊业务处理的会计政策。

3. 研究的重点放在对外会计政策方面

财务会计的基本特征就是对外会计，其目标就是向信息使用者提供决策有用的会计信息。本书的研究属于财务会计的范畴，主要研究石油上市公司对外披露有着重要影响的会计政策，为提高石油上市公司会计信息质量服务，为国家制定油气会计准则实施细则及石油行业专业会计核算办法提供参考依据。

第二节　石油公司生产活动及油气会计的基本概念

一　石油天然气生产活动的有关基本概念

石油、天然气（简称油气），是存在于某些地下岩层细小且相互连通的孔隙空间中的氢和碳原子以不同分子结构形状和大小的碳氢化合物的混合物。它们通常被认为是数百万年前的植物和动物，主要是海洋小生物的残留体。

石油、天然气的发现和生产是通过向下钻透到油藏中的井来实现的。石油天然气生产活动是指从矿权取得起到油气从地下开采出地面的全过程，也称为石油天然气采掘业的上游活动（upstream activies），而对采出的石油天然气进行炼制、加工，进而进行分配和销售的过程称之为下游活动（downstream activies）。根据美国财务会计准则委员会（FASB）第19号财务会计准则公告的概念，石油天然气生产活动被划分为矿权取得、勘探、开发和生产四个阶段。

（一）矿权取得阶段

矿权取得是指一个可能含油地区被探明以后，某个石油天然气生产公司获得在该矿权进行勘探、开发和生产地下矿产的权力。这种权力可以通过取得其经济权益而实现。经济权益表明相应地下矿产所有权，它能给所有者分享采出矿产的权力，或者分享采出的矿产销售收益的权力。①

矿权取得阶段具体包括：

（1）对有兴趣的地区进行大面积的地质及地球物理勘测，经常采用航空摄影及航空重磁力勘测的方法，随之进行地震普查；

（2）分析普查结果和有关商业情报；

（3）签署矿区租赁协议；

（4）签署矿权分享协议。

应当指出，以上关于矿权取得的内容是西方国家惯例。在西方国家，土地所属的矿产随着土地走，土地所有者往往也是地表和地下矿产的所有者，因此，石油天然气公司要获得矿权，就必须根据矿权的获得手段和谈判结果签署矿区租赁和矿权分享等协议，才能实现对矿权的所有。我国目前的矿权管理还处于改革时期，矿权的边界划分及交易都不规范。中国石油、中国石化以及中海石油三大公司集勘探、开发、开采于一身，国家作为矿产资源所有者，由国家资源委员会统一管理矿产资源。三大公司（或地质矿产部）在地质普查过程中，发现可能含油的地质区块，由三大公司向国家资源委员会申请办理勘探许可证，取得勘探权。②

---

① Rebecca A. Gallun, John W. Stevenson 等著：《石油和天然气会计学基础》，王国樑等译，石油工业出版社 1997 年版。

② 我国个别油气田归地方管理，如陕西延长油矿，则由地方油气生产企业在其地域范围内通过向国家申请勘探许可证，进行勘探取得矿权。

国家对矿权的让渡则采取收资源税、矿区使用费,以及矿产资源补偿费的形式实现其矿权收益。

（二）勘探阶段

勘探阶段是油气生产企业在取得勘探权的基础上,对有可能含有油气储量的地区进行地质和地球物理勘探研究,采集和评价该地区的地质构造数据。这一阶段往往是进行较大密度的地震详查,并钻探井,包括勘探性参数井。当完成一定数量的探井而没有发现油气储量或发现不是有商业开采价值的油气储量,就应该放弃该矿区,通常在未探明区域（不知有无油气藏的区域）钻井的成功率低于15%。当发现了具有商业开采价值的油气储量,石油天然气生产就可转入开发阶段。

（三）开发阶段

开发阶段是取得采矿权的石油天然气企业①在探明具有商业开采价值的地区进行产能建设,为石油天然气的开采准备物质条件。具体包括:

（1）钻开发井（包括开发性参数井）;

（2）矿区道路、桥梁建设;

（3）矿区集输管线建设;

（4）天然气净化处理厂建设等。

（四）开采阶段

开采阶段是指将石油天然气从地下采出地面并送往集输站以备销售的过程。主要包括:

（1）将油气采出地面;

---

① 油气田的开发,在我国需要向国家有关部门（资源委）办理采矿许可证,获得采矿权,才能投入油气田开发。对于具有勘探权,并经过勘探过程探明油气储量,但没有获得采矿权的企业,可将其储量进行有偿转让。

（2）油气去除杂质；

（3）油气在矿区内的输送；

（4）油气开采设施的维护。

对以上油气生产活动的四个阶段，美国证券交易委员会 SX 4－10 条例的解释是，石油和天然气生产活动包括：（1）"寻找原油，包括凝析油和天然气液体，或者是在其自然状态和原始状态下的天然气（石油和天然气）；（2）为了进一步进行勘探活动，和/或为了把石油或天然气从那些矿区中的现有储层移开之目的，矿产权益或矿区的取得；（3）把石油和天然气从其天然储层中回收的必要建造、钻井和生产活动，以及油田集输和储存系统——包括把石油和天然气提升至地面和集输、处理加工、野外预处理（如为提炼液态烃而加工天然气）和砂场储存的取得、建设、安装和维护。①

二　石油天然气会计的基本概念

（一）取得成本

取得成本是发生于购买、租赁或取得一个矿区（或矿产权）的成本。它们包括租赁定金、购买或租赁矿区选择权、购买租地和矿产权时的手续费、经纪人手续费、记账手续费、法律费用和取得矿产权时发生的其他成本，它们也属于矿产成本的组成部分。②

（二）勘探成本

勘探成本是那些发生于（1）识别可以保证调查的地区和

---

① Horace R. Brock 等著：《石油会计——原则、程序和问题》，王国梁等译，石油工业出版社 1999 年版，第 464 页。

② 同上书，第 37 页。

（2）调查可能含有石油和天然气储量的特定地区，包括钻探井和勘探型参数井的成本。勘探成本可以发生在取得有关矿区之前和取得矿区之后，也就是说可以发生在前述石油天然气生产活动的第一阶段和第二阶段。

（三）开发成本

开发成本是发生于为了获得探明储量和提供于采集、处理、聚集和储存石油和天然气的设施而发生的成本。包括开采探明储量的开发井和生产设施的成本，这些生产设施诸如矿区输油管、分离器、处理器、加热器、储罐、提高采收率系统和附近的天然气加工设施。①

（四）生产成本（开采成本）

生产成本包括在油田把石油和天然气提升到地面，并对其进行聚集、处理加工和储存活动的成本。从广义来看，生产成本应当包括取得、勘探、开发和生产的所有成本。但是由于在会计核算上对于地质和地球物理勘探费用以及探井费用在其资本化方面有差异，所以，"生产成本"一般采用狭义的界定，即指那些操作和维护油气井及有关的设备和设施所发生的成本。生产成本包括作业于井和设施的人工费用、修理和维护费用、消耗的材料和供应品、矿区的税收和保险以及单位生产税（Severance Taxes）和暴利税（windfall Profit Tax）。

（五）成果法

成果法（successful efforts method），是石油天然气行业广为采用的一种以历史成本计量采出石油天然气的会计方法。它的基本特点是，与探明储量相关的成本费用才予以资本化（capitali-

---

① Horace R. Brock 等著：《石油会计——原则、程序和问题》，王国梁等译，石油工业出版社 1999 年版，第 37 页。

zation），再按照一定的标准以折旧、折耗和摊销的方式计入采出的石油天然气成本中。如果发生的成本费用不能直接导致探明储量，这些成本费用就要作为当期费用处理。

（六）完全成本法

完全成本法（Full cost method）是石油天然气行业广为采用的另一种以历史成本计量采出石油天然气的会计方法。完全成本法认为，石油天然气生产过程中矿区取得、勘探和开发的所有成本，对储量的找到和最终采出石油天然气都是必要的，因此，所有成本费用都应该由探明储量来负担。全部取得成本、勘探成本和开发成本在发生时都应该予以资本化，然后在石油天然气开采时，采用一定的方法折旧、折耗和摊销记入已采出的石油天然气生产成本。完全成本法和成果法是美国乃至许多石油公司在石油天然气会计核算中普遍采用的两种重要的方法。

第三节　石油天然气生产活动的特点及其对会计政策的影响

会计是以价值的方式记录和反映会计主体的经济活动过程，并向信息使用者提供相关会计信息。由于会计主体所处的行业及生产经营过程不同，对会计所反映和提供的会计信息有着不同的要求。石油天然气生产经营有着不同于一般工业生产过程的特点，就难免影响着油气生产企业会计核算的内容、会计政策的制定与选择，从而形成具有特色的石油天然气会计体系。

一　油气资源的不可再生性，致使油气会计政策范畴具有宽泛性

油气生产的基础是油气储量资源，它是特定地质条件下的地

壳运动和高温高压，逐渐形成的天然资源，由于其生成条件相当
特殊，因而它属于不可再生资源。由于油气资源的不可再生性，
致使它是一种稀缺资源，而这种资源又是当今世界经济发展必须
的生产要素，所以成为各国及经济利益集团争夺的主要对象，并
且导致油气产品价格变化多端，近年来，油价历创新高就说明了
这一点；油气资源的不可再生性，客观上存在着产量递减的规
律。为了维持油气产量的稳定，往往是以寻找新的后备储量来弥
补储量的消耗，因而石油天然气生产客观上存在着边生产边勘探
的特点；油气资源的不可再生性，又决定着一个矿区必然资源越
采越少，最终废弃。这些特征，使得油气会计政策的制定及选择
范围较一般企业具有宽泛性，如油价的不稳定，需要应用物价变
动会计模式；由于边生产边勘探，需要会计政策既适用于油气勘
探、油田地面建设，又适用于油气生产；由于油气井及矿区的废
弃，在会计核算上需考虑油气资产废弃、环境恢复、环境保护等
内容和方法，致使油气会计政策内容更为丰富，范围更为宽泛，
同时也为油气会计研究拓展了许多新的领域和内容。

二 油气生产经营的高风险性，决定了油气生产企业特殊的会计计量政策

油气生产的对象是地下的石油和天然气，受科学技术水平的
限制，油气勘探的成功率很低，企业为了获得油气储量进行投资
有可能未发现商业可采储量。"基于通常的风险因素表明，这些
储量的价值可能包括 50% 的可能探明储量和 25%—30% 的探明
储量。"[1] 尽管近年来有所提高，但与其他行业取得资产的成功

---

① Ronald S. Adams, Daniel L. bach, Kenneth R. Bickettetc. The Full-cost Ceiling Test, Journal of accountancy, April 1994, p. 70.

率相比，新的石油勘探和开发项目的成功率是相当低的。油气生产经营的高风险还体现在政治风险上，如石油天然气跨国经营中所在国的政治是否稳定，有无如海湾战争等战乱的形势，同时油气产品价格的不稳定性也是构成油气生产经营高风险的重要因素。油气生产经营的高风险，决定了对这一过程要进行周密的安排、科学的管理，将风险降低到最小限度。为了适应高风险这一特点，在会计计量及信息披露政策上就有了特殊的要求，如对前期勘探所发生的费用如何资本化，何时资本化，在计量油气资产的折旧、折耗及摊销时采用什么样的方法，是运用成果法还是完全成本法，是按产量进行折旧、折耗，还是采用直线法进行折旧等，是否对发现的储量进行正确的计量和披露等，这一系列的会计政策都需要研究、制订及选择，这也就形成了油气会计特有的会计计量和披露政策。

三 油气生产的资金密集性和技术密集性，影响着会计政策的选择动机

石油天然气属地层深处的流体矿藏，其采出需要借助于大量的物质手段，需要采用多种技术，装备大量的设备，导致其投资成本巨大，加之油气产品稀缺，世界各国在石油开采中都将最先进的技术用于油气生产中，使其成为一个技术密集型行业，而技术密集又促成和加剧了资金的密集。仅就钻井成本而言，塔里木油田 1993 年平均探井成本每米为 5850.37 元，平均井深为 5035米，平均每口井投资为 2946 万元。一个油田的勘探和开发需要钻各种类型的井数十口，甚至数百口，可见投资额之巨。油气生产巨额的投资需求导致筹资更为重要。随着我国投资体制的改革及市场经济模式的建立，国家已改革了以国有独资向石油工业投资的体制，通过推行现代企业制度，逐步建立起了以国家投资为

主体，吸引外资及社会资本为补充的股份制资本组合体制，以便分散投资风险，满足油气生产对巨额投资的需求。

近年来，我国几大石油公司吸收外部资本已先后在海内外资本市场上市，引入了世界跨国石油公司先进的管理制度和经营方式。石油公司的上市，使企业的会计目标发生了重要的变化，石油公司会计信息提供的对象不再是原来唯一的投资者——政府，而是要服务于众多的股东和会计信息使用者。会计目标的改变，引起了对会计信息内容、披露方式等方面的变化，必然导致会计政策发生变化，如同国际会计惯例接轨，采用国际通用的会计准则等，同时也导致了会计政策选择动机发生了变化，如会计政策的选择更注重谨慎性、相关性原则，会计计量也更加注重以现值或公允价值计量，打破了以往单一的历史成本计价原则。

四 油气生产成本递增、产量递减的特性，使得油气会计政策更具特殊性

油气田投入开采后，由于地层压力逐渐减弱，油气储量减少，导致生产能力自然递减。为了稳定产量，石油生产企业可以采取注水、注气、酸化、压裂等二次采油甚至三次采油工艺，但产量的递减不可避免，由于不断地要采用先进的采油工艺，导致开采成本也呈递增趋势，如采取注水工艺驱油，导致注水、脱水费用等上升，从而导致开采成本上升。

产量递减和成本的递增，使油气田经济效益下降，成本的补偿加大并呈递增趋势，在会计上就要考虑油气资产折旧、折耗方法的选用、收益与成本的匹配等问题。在我国，油气开采成本补偿就曾采用过加速折旧和提取油田维护费等会计政策，使油气会计核算中会计政策的选用和制定必须结合油气生产实际，具有石油会计的特殊性。

五　油气生产经营不同阶段的重叠性，导致了油气会计政策的复杂性

油气生产经营过程尽管可以简单地划分为上游经营和下游经营，但事实上很难精确决定一个事项或一项成本到底发生在哪一个阶段，经营阶段经常重叠，不容易完全区别开来，相同的资产可能用于上游活动的多个阶段，有时同样的资产还可以用于下游活动；就上游活动而言，为了弥补产量递减，每年需要在原有油气田进一步勘探获取储量，打加密井，并建设相应的地面设施，这就使油气生产过程是简单再生产和扩大再生产的结合。经营阶段或特定活动的性质在一定程度上影响会计政策，对会计确认带来了许多困难，一项费用发生后要首先判断是资本性支出还是收益性支出，一项成本发生后应考虑在不同经营阶段如何分配，比如油田维护支出，虽然发生在生产阶段，属于简单再生产范畴，又是列计成本的，但也可能用于打扩边井、加密井等用于开发性投资支出，这些都使会计政策的选择和运用更具复杂性。

第四节　石油天然气会计政策梳理

本书导论中已经述及，世界主要产油国对石油天然气会计政策的研究，重点集中在会计核算及信息揭示政策方面。尽管各国的油气会计政策不十分相同，但总体基本理论和会计处理规范无根本差别。为研究的方便，现以美国及国际会计准则委员会的相关研究和规范为主，对石油天然气会计政策以及主要性质进行归纳和梳理。

一　石油天然气基本会计政策

（一）石油天然气会计计量政策

会计计量是以货币为计量尺度，对会计要素的某种属性进行量化的过程。会计计量是会计记录和报告的基础，是会计核算系统中的最重要的环节，正如井尻雄治所指出的"会计计量是会计系统的核心职能"。[①] 因此，会计计量政策也是会计政策中的核心组成部分。

石油天然气会计计量政策，主要是针对石油天然气勘探开发成本及储量资产等进行计量和核算的方法。根据美国财务会计准则委员会（FASB）列举的可供选择的会计方法，主要包括完全成本法、成果法、发现价值会计和现值会计。

1. 完全成本法（FC）

前已叙及，完全成本法是将全部矿区取得成本、勘探、开发成本等所有费用都由探明储量负担，在发生时都予以资本化，在其后的油气开采时，采用一定的方法折旧、折耗和摊销记入采出油气生产成本。这种摊销以无论何时何地发现的全部油气储量的产量作为基础按比例计算，并且以资本化成本不超过储量的价值为限。完全成本法有时以整个企业范围作为成本中心，但大多数采用一个国家或某一大陆作为成本中心。如果采用的完全成本法是以小于整个企业范围的成本中心为基础，每个成本中心应采用不同的资本化限额。在完全成本法下，取得、勘探及开发成本有时包括在发生时与成本中心相关联的资本化成本集合体内，如果该成本中心开始生产，这些成本就应立即进行摊销。在完全成本

---

① Yuji Ijiri: Theory of Accounting Measurement. Stedies in Accounting Research, No. 10, AAA. 1975, p. 29.

法以及成果法（如摊销额的基数由许多矿区财产组成）的许多
情形下，与放弃、废置或处置某一矿区财产有关的未摊销成本，
作为累积摊销额的一项调整，而不是作为一项利得或损失记入净
收益，直到构成摊销基数的所有矿区财产都被处置，才确认利得
或损失。

在完全成本法下，已资本化成本的摊销是以探明储量为基
础，并将未来预计开发成本一并予以考虑的。其资本化成本与未
来开发成本的摊销公式为：

$$(FC)\text{年摊销额} = \frac{\text{年产量}}{\text{年初储量}} \times (\text{年末资本化成本} + \text{未来开发成本})$$

$$= \frac{\text{年产量}}{\text{年末储量} + \text{年产量}} \times (\text{年末资本化成本} + \text{未来开发成本})$$

2. 成果法（SE）

在成果法下，除了矿区财产的取得成本，在成本被确认为资
产之前，发生的成本与发现的特定储量之间要求存在直接的相互
关系。取得的矿区财产，在其确定不含石油和天然气储量或废弃
之前作为资产处理。与生产性矿区财产有关的资本化成本应当作
为基于这些矿区财产生产的储量予以摊销。

在成果法下，成本中心的选择是以摊销成本为目的，成本中
心是一个租赁矿区、一个油田或者一个储层。对矿区财产取得前
或取得后发生的地质和地球物理成本（G & G）可采用不同的方
法核算。一是对于矿区取得前的 G & G，在发生时全部作费用处
理；二是对于矿区取得前的 G & G，与获得的矿区财产相关联的
成本，予以资本化，而所有其他成本作为费用处理。关于取得后
的 G & G，可选择的方法包括：（1）当取得矿区财产的成本部
分与 G & G 成本相关联，取得后的 G & G 全部予以资本化；
（2）其在发生时的全部支出作为费用处理；（3）发生时的所有

支出作为费用处理，但复原那些与发现储量相关的成本。

在成果法下，对于钻井成本，在发生时作为费用处理，但是在恢复与发现储量有关成本时，作资本化处理。至于钻勘探井和勘探型参数井的支出，在没有确定是否发现探明储量之前，应该视同企业未完成井、设备和设施加以资本化。如果经过评价所钻的井发现了具有商业开采价值的储量，它就会作为生产井加以完井，在会计上转为生产井，并按一定的方法折旧或折耗计入所采出的油气生产成本。如果经过评价没有发现具有商业开采价值的储量，它就应该作为当期费用核销。

在成果法下，所有开发成本都应该作为企业井及相关设备和设施的成本予以资本化；所有开采成本都直接或间接地进入当期所采出油气的生产成本。

在成果法下，已资本化的成本将分别使用探明储量和探明开发储量来摊销（折耗），即对于取得成本的摊销使用探明储量，而对开发成本的摊销使用探明开发储量。资本化成本的摊销公式为：

$$（SE）年摊销额 = \frac{年产量}{年初储量} \times 年末资本化成本$$

$$= \frac{年产量}{年末储量 + 年产量} \times 年末资本化成本$$

3. 对完全成本法与成果法的评述

（1）完全成本法与成果法的区别。

完全成本法与成果法是美国等西方国家石油天然气公司普遍使用的两种方法。在会计实践中，两种方法一直存在着争论，由于各自都存在着较强的理论依据，并且在实践中都可行，因此这两种方法在实践中并行使用。完全成本法与成果的共同之处在于，它们都是以历史成本作为会计计量的基础，都遵循历史成本原则。但它们也存在着明显的差异，主要表现在如下几个方面：

1）理论观点的差异。支持成果法的观点认为，资产是能够带来未来经济利益的经济资源，而不能带来经济利益的支出，或者是否具有未来经济利益具有很大不确定性的支出，应该在发生时作为当期费用处理，不能资本化，只有直接导致探明储量发现的成功勘探成本，才是发现石油和天然气成本的一部分，并且能被资本化。支持完全成本法的观点认为，由于没有已知的方法来避免勘探石油和天然气过程的非成功成本，因此发生在这个勘探过程中的成功成本和非成功成本与发现储量之间没必要有直接的关系，其目的都是为了寻找地下的石油天然气储量，最终是通过采出油气产品获取经济利益，所以成功成本和非成功成本都应被资本化，即使非成功成本没有未来经济收益。

2）会计处理上的差异。完全成本法和成果法在会计处理上的差异主要在于对地质和地球物理勘探成本、勘探干井成本费用化和资本化问题，以及成本中心的确定等。其会计处理差异可见表2—1。

表2—1　　　　　　　　**完全成本法和成果法对比**

项　目	完全成本法	成果法
地质和地球物理勘探成本	资本	费用
取得成本	资本	资本
勘探干井	资本	费用
成功的勘探井	资本	资本
开发干井	资本	资本
成功的开发井	资本	资本
生产成本	费用	费用
摊销成本中心	国家	矿区、油田或储层

3）处理结果的差异。① 由于理论观点的差异，使得完全成本法和成果法在会计处理结果方面存在着很大的差异。一般来讲，油气生产公司采用完全成本法，企业的油气资产账面价值较高，净收益较大，采用成果法，企业的油气资产账面价值较低，净收益较小。在会计处理结果上的差异主要是成果法确认费用额较大，而完全成本法确认费用额较小，从而导致其净收益差异较大。

（2）完全成本法与成果法的优缺点。

完全成本法的优点在于：1）完全成本概念反映了企业寻找、取得以及开发矿物资源的方式。在完全成本概念下，所有在一个成本中心任何时间、任何地点为增加商业储量而发生的成本都是该成本中心增加的储量成本的基本部分，这些成本作为该成本中心油气资产的组成部分，反映了寻找、取得储量的完整耗费。2）完全成本概念提供了收益与费用的更好配比。如果所有成本在一个大的成本中心生产的所有矿藏中按比例折旧，收益和费用的配比更加均衡，而在许多小的成本中心进行费用摊销或折旧，则往往会出现矿产收益同当期费用配比不均衡的情况。3）完全成本概念类似于加工存货的吸收成本法。矿产资源类似于一种长期存货项目，与不成功活动相关的成本类似于生产过程常见的正常废品成本，而按照吸收成本法，正常废品成本应作为生产的正常成本。4）完全成本概念避免了对报告盈余的歪曲。采用成果法，由于每年的发现和开发新储量不成功的成本变化很大，将其作为费用会导致财务报告的盈余数发生较大的波动，导致报表的歪曲，而采用完全成本法就会消除这

---

① 龚光明著：《石油天然气资产会计论》，石油工业出版社 2002 年版，第 39—43 页。

种对报表的歪曲。

完全成本法的缺点在于：1）在完全成本法下，许多资本化的成本不符合国际会计准则委员会（IASC）框架对资产的定义；2）完全成本法推迟亏损的确认；3）完全成本法不利于衡量企业勘探开发活动的效率和效益。

成果法的优点在于：1）成果法成本核算反映了资产的传统概念。根据 IASC 对资产的定义："一项资产就是作为过去经济事项的结果由企业控制并且预期可以为企业带来未来经济利益的资源。"也就是说，当支出的成本被认为能够为企业带来未来经济利益时，就可以确认为资产，当支出的成本被认为不能为企业带来未来经济利益时，就应当确认为费用。在成果法下，将那些与企业未来经济利益不相关的支出（不成功的、与探明储量无关的支出）不作资本化处理，符合关于资产的定义。2）成果法反映了勘探矿物储量的内在不确定性。成果法将与探明储量相关的成本予以资本化，反映了采掘业的风险性和矿物储量取得的不确定性，因为它将不成功的成本在发生时作为费用处理，避免了将不成功的勘探成本资本化而导致资产增加，并以此计提折旧，将末期费用在开采过程中递延，平滑收益，掩盖了勘探过程的不确定性。3）成果法概念与传统配比概念相一致。国际会计准则第 1 号：财务报表列报（Presentation of Financial statement）中指出："根据发生的成本与特定收益项目的盈余之间的直接关系（配比），可以在利润表中确认一项费用。但是，配比原则的应用同样不允许不符合资产负债定义的项目在资产负债表上得到确认。"① 在成果法下，将不成功成本作为费用处理，而不划归资产，符合国际会计准则的要求，因为不成功成本不能给企业带来

---

① 财政部组织翻译：《国际会计准则 2002》，中国财政经济出版社 2003 年版。

未来经济利益，不符合资产的定义，只能作为当期费用在利润表中列示。4）与其他基于成本的会计方法相比，成果法会计更能够反映管理者在发现新储量过程中的成功和失败的业绩。

成果法的缺点在于：1）由于将不成功的投产前成本费用化，对于一个具有成功勘探且勘探工作不断增加的成长中的企业，成果法通常会过低报告其资产和净收益。2）成果法提供了一个"管理盈余"的手段。3）成果法概念评价一个项目是成功或是失败的时间太早。4）成果法会计没有认识到支出的所有投产前成本都是为了发现和开发储量，不成功的投产前项目的成本应当视为成功勘探项目所获得储量的成本的一部分，因此客观上不鼓励管理者对寻找新矿产储量而制定勘探计划和进行资源分配。[①]

（3）完全成本法与成果法的总体评价。

完全成本法与成果法都是在历史成本原则的基础上，对勘探开发费用的处理，其本质区别在于对不成功地质勘探及开发支出的会计处理，从理论方面分析，都有着令人信服的理论基础，并且会计处理结果各有利弊，往往成果法的优点恰恰是完全成本法的缺点，而完全成本法的优点又是成果法所不及的。因此，这是两种不同的会计政策，就如同存货会计中先进先出法和后进先出法一样，选择哪一种会计政策都有理由，也同样都存在着不同的缺陷。由此也说明了这两种会计政策能得以在许多国家都同时实行而不被相互取代的理由。

4. 发现价值法

发现价值法是指在矿产储量被发现时，或者在储量开发时按

---

① 林金高等著：《石油、天然气会计问题研究》，东北财经大学出版社 2003 年版，第 23—28 页。

其估计价值记账的一种会计方法。① 在发现价值法下，矿产储量在发现时或开发时以估计价值记账，矿区财产取得成本及其他发现前的成本一般进行递延和冲销。发现储量并估价入账之后，若价格发生变化，储量的账面价值不作调整；若对储量的估计数量进行修订，储量账面价值需要进行调整。

在发现价值法下，储量的发现价值将作为企业石油天然气勘探活动的收益，在会计核算上作为储量的入账价值（或储量的成本）。然后，根据矿产生产及销售取得的收入，对储量发现价值进行摊销。

根据美国财务会计准则委员会第19号财务会计准则（SFAS No. 19）列出计算储量价值的方法主要有四种估价方法：（1）现时成本，是指当前取得相同的资产必须支付的现金或现金等价物的数额。（2）正常变现的现时销售价值，是指正常清算销售资产当前所能获得的现金净额。以现时销售价值为基础的矿产储量价值，等于自愿出售者将地下储量出售给自愿购买者的价格。（3）预期企业资产处理价值，是指企业在正常行为下，预期某一资产兑换为现金或其等价物减去进行此兑换必要的直接成本后的非贴现金额。在此基础上矿产储量价值等于缘于此储量的净现金流量预计数额。（4）预期现金流量的现值，是指一项资产在持续经营中预期转换的未来现金流入量的现值，减去为获取这些现金流入时所必需的现金流出量现值的余额。现值计算要求取得有关信息，包括未来现金流入量和流出量估计数额，预计现金流量的时期以及适当的贴现率等。

发现价值法在美国会计界引起了持久的争论，其支持者认为

---

① FASB：Statement of Financial Accounting Standards No19，Financial Accounting and Reporting by Oil and Gas Producing Companies，December 1977，para 120.

它提供了关于勘探活动成败的较好信息，这些勘探活动是石油天然气生产中最重要的活动。而发现价值法反对者则认为，发现价值会计违反了传统的历史成本计量基础，发现储量的当时发现价值需要根据储量数量、开发储量的成本及时间、储量生产的时间、生产成本及所得税、销售价格，反映利息要素和风险因素的适当贴现率等因素进行估计，而这些因素是不断变化的，其估计与预测具有不确定性，由此不能作为编报财务报表的基础。其反对者还认为发现价值法与收入确认原则不一致，一般情况下，只有收益完成或者实际上完成时，并且只有在交易已发生后收入才予以确认，而发现价值法是在储量发现时就对勘探活动收入进行确认，而矿区财产的开发、生产和油气销售可能要持续很多年，收益过程远未完成，并且在储量发现及有关收入的最终实现之间存在许多的不确定性，因此不符合收入确认原则。美国财务准则委员会（FASB）对历史成本计量基础的各种可选方案作为其概念框架项目的一部分进行了考察，发现对发现价值法的支持十分有限。① FASB 得出结论：“估计的发现价值并没给石油天然气生产活动会计处理提供满意的基础，理由如下：（1）开始记录时价值是当前的，很快就变成过时；（2）在不同的发现时期计量矿产价值混合物，既缺乏历史成本的可验证性又缺少现值会计的相关性。”②

5. 现行价值法

现行价值法是指在每个资产负债日计量资产的现时价值的一种会计方法。在现行价值法下，储量价值每年都要调整，以便在

---

① FASB：Statement of Financial Accounting Standards No19, Financial Accounting and Reporting by Oil and Gas Producing Companies, December 1977, para 138.

② Ibid..

资产负债表上反映报表当日的储量价值。与发现价值法不同的是，发现价值法只在发现日做一次计量，在日后矿产价值变化时不再做调整。在现行价值法中，要求单独提供下列单独数据：（1）新发现储量导致储量价值的增加；（2）储量数量的调整带来价值的变化；（3）为反映该时期单位价值的变化而重新评估期末储量数量产生的持有资产利得和损失。

现行价值法同样也引起了会计界的争论，其支持者认为，矿物储量的现行价值比历史成本和发现价值更有用、更相关，统一采用现行价值会计法将增加不同采掘业企业之间的可比性；其反对者认为，石油天然气的现行价值法要求对储量的价值进行估计，这些估计中与生俱有的不确定性使其倾向于在为石油天然气生产企业提供据以编制财务报表的根本基础时作出主观的和相对不可信的估计，现行价值法是对传统的以历史成本为基础编制财务报表的一种挑战。另外，对石油天然气储量采用现行价值法计量要求重新考虑收益会计概念。对现行价值法，国际会计准则委员会 1998 年成立的采掘业筹划委员会也持反对观点，主张"石油企业主要财务报表应该以历史成本概念为基础"。①

二　石油天然气会计揭示政策

（一）以历史成本为基础的报告模式

历史成本报告模式是在传统财务会计概念框架下的基本报告模式，也是会计揭示的最常用的政策。在历史成本模式下，企业的资产按流动性强弱排列，将流动性强的资产排在前面，如货币

①　国际会计准则委员会采掘业筹划委员会发布：《采掘业会计问题文本（讨论稿）》，石油大学（北京）经济管理系译，2001 年 6 月，第 81 页。

资金、应收账款、存货等流动资产，而将流动性弱的资产排在后面，如长期投资、固定资产等。资产按流动性分类排列，实质上是按资产的风险大小及收益大小进行排列，以便于报表使用者评价企业资产的变现能力及财务风险的状况。

历史成本报告模式，是一般企业普遍采用的一种会计揭示政策，但对石油天然气生产企业资产的披露相对比较简单，忽视了石油天然气生产过程的特殊性，如储量资产的披露仅采用历史成本作为计量基础是不够的，是不能客观地反映石油天然气生产企业资产真实信息的。

（二）以价值为基础的报告模式——储量认可法

储量认可法（Reserve Recognition Accounting，RRA）也称为储量认可会计，是以发现石油天然气储量为关键事件的，以价值为基础的油气储量资产计量与报告的方法。储量认可法是美国证券交易委员会（SEC）提出的一种新的核算方法，其内容是，发现储量时，收入应该得以确认；资产应该作为探明储量未来净现金流量的现值而被确认（折现率10%）。储量认可法是SEC反对采用FC和SE而提出的新的会计核算方法，其理由是FC和SE的资产负债表中提供的资本化费用信息与油气公司最重要的资产（油气探明储量）无关，一般来说是低于或等于油气储量价值；在FC和SE的收益表中反映的净收益信息不包括油气探明储量增加而产生的发现价值，这样实际上是低估资产、隐匿收入的会计信息失真。SEC认为，它所建议的储量认可法（RRA）在计量油气公司新增储量的成功方面较历史成本优越。但储量认可法最终仍没有在油气公司推行。1981年，SEC宣布，RRA并不是很好的油气会计核算方法，否定了RRA的应用，原因是RRA引起了会计理论和实务界的广泛争议。许多学者认为RRA是以现行的油气价格、现行的生产成本、现行的法定税率、管理当局对未来开发和开采时间分布的估计以及 10% 的折现率为假设前提，是一种以折现价值为基础的计量模式，其中"价值"的含义具有多义性，而且更主要的是这些假设过分主观估计，带有很大的不确定性，使会计信息的可靠性和相关性受到了影响。另外，从形式上看，RRA 遵循了会计理论的充分披露原则（Full Disclosure），但由此否定了诸多根本性会计原则，如历史成本原则、收入实现原则等，为了保证财务会计信息的可靠性，以历史成本为基础的财务报告模式不能取消。

（三）"历史成本 + 储量数量"模式

按"历史成本 + 储量数量"报告模式是指对石油天然气储量资产进行报告时，资产负债表内按历史成本报告储量的历史成本，同时在资产负债表附注中报告石油天然气储量的数量。这一披露模式，既坚持了会计的历史成本原则，又避免了价值计量过程中的大量主观人为估计，且储量数量的提供还增强了会计信息质量，在会计信息的可靠性和相关性之间找到了一个平衡点。这一揭示政策，是美国 FASB 和 SEC 共同努力的结果，是美国从 1982 年一直延续至今的储量信息披露模式。

"历史成本 + 储量数量"模式来源于美国 SFAS No. 69。SFAS No. 69 要求有重大油气生产活动的股票上市公司，在其年度财务报表中揭示有关下列项目的补充资料：

历史基础：（1）探明储量数量资料；（2）有关油气生产活动的资本化成本；（3）发生在矿区取得、勘探和开发活动的成本；（4）油气生产活动的经营成果。

价值基础：（1）标准化计量的有关探明油气储量的未来净现金流量现值；（2）标准化计量的有关探明油气储量的未来净

现金流量现值的变化。①

要求公开上市或非公开上市的公司揭示两项资料：（1）油气生产活动的核算方法；（2）资本化成本的处理方式。

三　油气矿权转让的会计政策

油气矿权②的转让是指任何种类的矿产权益的所有权从一个实体向另一个实体的转移。矿权所有者进行矿权转让的原因很多，主要包括分散风险，与受让方共同承担勘探与开发成本，筹集资金，提高作业效率或保护资源以及分享由矿权带来的收益等。

SFAS No. 19 在第 42—47 条，对矿区财产转让问题进行了讨论，按照其是否确认损益，可分为三类：（1）非货币交换和资产的联合；（2）货币交换，不包括涉及产品支付权益的销售；（3）产品支付权益，包括借款。

国际会计准则委员会采掘业筹划委员会在 2001 年 6 月所发布的《采掘业会计问题文本》讨论稿第 12 章和 13 章中将矿权转让从交易方式上进行了分类，主要分为分成协议、矿区的购买和出售等，并以此为基础研究其中的有关会计问题。

（一）美国财务会计准则委员会（FASB）第 19 号会计准则有关的会计政策

关于油气矿业权转让会计政策，FASB No. 19 第 42—47 段进行了较为详细的规定，其核心问题是发生矿区财产的转让及相关

---

①　标准化计量是建立在现行的油气价值、现行的生产成本、现行的法定税率、管理当局对未来开发开采时间分布的估计、10% 的折现率等五项主要假设基础上的。SFAS No. 69 中所要求的标准化计量实质上是 RRA 的翻版。

②　油气矿权也称油气矿业权，是指油气资源所有权及其派生的各种权利的总称，包括经营权、收益权及处置权等。

交易时损益的确认。FASB No. 19 对转让业务按照是否需要确认损益分了三类。①

第一类，转让交易时不应确认利得或损失，包括以下两种情况：

（1）转让在石油天然气生产活动中使用的资产（包括已探明矿区财产和未探明矿区财产），以交换同样在石油天然气生产活动中使用的其他资产。

（2）一个联合体中的共同资产，其目的是从某一特定矿区财产或矿区财产组中发现、开发或生产石油天然气。

第二类，转让时不应确认利得，包括以下两种情况：

（1）出售拥有数量的一部分，并且剩余数量成本的回收存在很大的不确定性。这种情况所指的通常是未探明矿区。

（2）出售拥有权益的一部分，并且出售方对未来业绩负有很大的义务。比如有义务钻一口井或经营此矿区，已出售的部分权益相应的钻探成本或经营成本没有按比例得到补偿。

第三类，应确认损益，是指某种转让不属于上述两类业务。第三类转让应是出售全部或部分探明矿区权益，出售未探明矿区的全部权益，以及一定的产品支付权益。

将 FASB No. 19 中按照是否需要确认损益将矿权转让分为的三类情况，具体可从以下几个方面具体说明：

1. 油气矿权的非货币性转让

油气矿权的非货币性转让是某一主体为了得到其他油气资产而进行的油气资产的交换、联营。在这种交换的情况下，由于交换是相似资产的买卖，交换换入的新资产是以旧资产为代

---

① 王世定、李海军主译：《美国财务会计准则（上册）》，经济科学出版社 2002 年版，第 212 页。

价，是按照旧资产的账面价值进行记录的，因此，不应确认损益。而对于联营而言，由于转让的每一方提供的资产可以看作是向联合体做贡献的资产联合，因此也不应确认损益。油气矿权的非货币性转让，主要存在未探明矿区的非货币性转让和联营、未探明矿区和探明矿区的相互交换、探明矿区的非货币性转让三种情况。

（1）未探明矿区的非货币性转让和联营。

未探明矿区的非货币性转让，可能产生几种情况：1）经营权益的转移是为了得到钻井、开发和作业的回报；2）部分经营权益的转移是为了得到免费井的回报；① 3）将部分经营权益转化为结转权益。

转让未探明矿区中的作业权益，保留非作业权益（实际上是出让经营权益而保留非经营权益），以换取受让者在矿区进行钻井、开发和作业。这是一个联合体的资产联合。在这种情况下，出让者不应该确认损益。出让者的原始权益成本应该成为保留权益成本。受让者应该按照 SFAS No. 19 第 15—41 条款中的规定记录发生的全部成本，不应向取得的矿区权益分配这些成本。

转让未探明矿区中的一部分作业权益以交换免费井，是一种各方联合体的资产联合，转让者不应记录义务井的成本，受让者不应记录取得经营权益的成本。各方发生的全部钻井、开发和作业成本应该按照 SFAS No. 19 第 15—41 条款中的规定进行记录。

---

① 免费井（free-well）是指以矿产中的一些经济权益作为交换，一方给另一方钻一口或多口井完全无须另一方承担成本的井。王世定、李海军主译的《美国财务会计准则》一书中将其译为"自由井"（经济科学出版社 2002 年版，第 213 页）我们认为不妥。

为得到权益的结转即结转权益的回报，转让一部分经营权益，保留一部分经营权益。SFAS No.19 第 47 条第 4 款对此有如下说明："可能转让未探明矿区中的一部分经营权益，达成一种协议，称作'结转协议'，受让方（权益转入方）同意支付该矿区全部钻井、开发和作业费用。除了任何第三方之外，受让者有权取得该矿区全部产量收入，直到其全部成本回收为止。受让者回收完其全部投入成本后，出让者将分担生产成本并相应分享产量。这种协定代表了由出让者和受让者参加组成联合体的一种资产联合。在转入方补偿（回收）其全部结转成本之前，转出方不应核算任何成本和收入。转入方回收后，转出方应该核算其分成的收入、分担的作业费用以及（假如协议规定以后分担成本，而不是结转权益）以后的开发成本。在补偿（回收）期，转入方应记录全部成本，包括在第 15—41 条款中规定的所有结转成本，同时就该记录该矿区财产的全部收入，包括相应回收的结转成本。转出方应该报告其在补偿（回收）期之后拥有剩余估计探明储量，在回收期结束之前不应该按照单位产量法进行转出方矿区成本的摊销。在回收期结束之前，转入方的估计储量和产量资料应该包括属于补偿结转成本的数量（第 50—56 条）。"

总之，未探明矿区的非货币性转让和联营，由于没有货币支付发生，一方接受了一部分经营权益，权益转移方不应作分录，接受部分经营权益方发生的钻井成本应作分录。转移未探明矿区的经营权益，或保留部分经营权益或非经营权益，都不应当确认损益。

（2）未探明矿区或探明矿区的相互交换。

未探明矿区或探明矿区的相互交换，是指拥有部分作业权益的一方交换另一方拥有的部分作业权益，从而形成联合经营，其目的是为了避免重复建设设施、分散风险和提高作业效率。由于这种交换实质上是资产的互换，SFAS No. 19 规定，在交易发生时，各方都不确认损益。

（3）探明矿区的非货币性转让。

在有关的一个或多个租赁矿区内，一部分经营权益交换另一部分经营权益，一部分非经营权益交换另一部分非经营权益，从而形成一体化。一体化是指联合生产地区的资产组成一个单独的矿区单元。①

在一体化中有两个问题：一个问题是要决定在每一个租赁矿区由各方贡献的石油和天然气储量，因为各方贡献的储量数量用于决定各方的参与比率，即经营权益的百分比。另一个问题是一体化要决定每一租赁矿区贡献给单元的井和相关设备及设施的转让的公平市场价格。这些贡献必须是平均的，因为经营权益或参与比率并不说明矿区可能处于不同的开发阶段的事实。② "一体化的参与者一般是根据各自的贡献按比例分享石油和天然气储量。由于矿区在实行一体化时处于不同的开发阶段，因此有些参与者可能支付现金，而另一些参与者可能收到现金，以便根据拥有的储量权益，对一体化井与相关设备和设施的贡献平均化。在这种情况下，一方支付的现金应该记录为井与相关设备和设施的追加投资，接收现金的一方就该将其记录为成本的回收。贡献资产的成本加上或减去支付或接收的现金就是参与者在一体化单元资产中的未划分权益的成本。每个参与者应该在其估计储量和产量资料报告中包括其权益情况（第 50—56 条款）。"（SFAS No. 19 第 47 条第 6 款）。

---

① ［美］Kebecca A. Gallun 等著：《石油天然气会计学基础》，王国梁译，石油工业出版社 1997 年版，第 509 页。

② 同上。

按照 SFAS No. 19 的要求，对油气矿权的非货币性转让的会计处理列表小结（见表2—2）。①

表2—2

	转让的权益	保留的权益	会计核算处理
A. 未探明矿区的非货币性转让和联营 a. 联合体的资产联合	未探明矿区作业权益	未探明矿区非作业权益	不确认损益原始成本＝保留权益的成本
b. 以部分作业权益交换免费井	作业权益	作业权益	没有损益
c. 结转权益	未探明矿区作业权益	未探明矿区作业权益	没有损益
B. 未探明矿区或探明矿区的相互交换	作业权益	作业权益	没有损益
C. 探明矿区的非货币性转让	作业权益或非作业权益	与转让的权益相同	没有损益贡献的资产加支付或减收到的现金的置存价值

2. 油气矿权的货币性转让

油气矿权的货币性转让就是指油气矿权的出售，涉及探明矿区和未探明矿区，同时可以是全部权益也可以是部分权益，另外，出售的权益可以是经营权益也可以是非经营权益。油气矿权的货币性转让会计核算的核心问题是损益的确认方法。根据 SFAS No. 19 的要求，油气矿权货币性转让的损益确认及会计处

---

① ［美］Rebcca A. Gallun 等著：《石油和天然气会计学基础》，王国梁等译，石油工业出版社 1997 年版，第 511 页。

理程序见表2—3。[①]

表2—3 油气矿区的货币性转让

	未探明矿区		探明矿区
	单独评价减损	以组为基础评价减损	
转让全部经营权益	可以确认收益和损失，注销该矿区减损备抵	当售价高于矿区原始成本时确认收益，当售价低于矿区原始成本时，作为成本回收，不认可损失	视同固定资产出售，注销原始成本及累计折旧、折耗与摊销，确认损益
转让部分经营权益	视同成本回收处理，除非售价高于全部权益的原始成本，注销累计减损，可确认收益，不认可损失	视同成本回收处理，除非售价高于全部权益的原始成本，可确认收益，不认可损失	按转让权益和保留权益的市价比例分配矿区原始成本，从而确认转让部分权益的损益

3. 油气矿权的产品支付协议式转让

产品支付权益的产生可以通过保留或让出经营权益，它的偿还可以通过支付一定数量的货币或交付规定数量的石油和天然气。产品支付权益转让的会计核算取决于产品支付权益是保留的还是让出的，是如何支付的，以及该产品支付权益是不是经济权益等。通常认为，只有交付规定数量的石油和天然气的这种产品支付权益才是经济权益，并进行折旧、折耗和摊销。支付现金的产品支付权益不是典型的经济权益，而且不进行折旧、折耗和摊销。

产品支付协议式转让，主要包括保留的产品支付权益和出让

---

① 林金高等著：《石油、天然气会计问题研究》，东北财经大学出版社2003年版，第43页。

的产品支付权益两种类型，而这两种类型中又分为以合理保证的货币量表示、以未合理保证的货币量表示以及以实物量表示三种情况表示产品支付权益，其损益的确认和会计处理方法不同。根据 SFAS No. 19 中的有关规定，产品支付协议式转让的主要会计处理问题见表 2—4。①

表 2—4 油气矿区产品支付协议式转让

	保留产品支付权益 转让经营权益	转让产品支付权益 保留经营权益
以合理保证的货币量表示产品支付权益	按未来货币量的现值记录产品支付权益，确认转让损益，收到偿付的货币时，作为权益的收回，同时确认利息收入	以未来应付货币量的现值表示产品支付义务，不确认转让损益，偿付时计算利息费用
以未合理保证的货币量表示产品支付权益	按转让权益和保留权益的市价分配原始成本，从而确认转让损益，收到偿付时作为收入处理，同时对保留权益进行摊销	作为应付款处理
以实物量表示产品支付权益	按保留权益和转让权益市价分配原始成本，确认转让损益，收到偿付的油气时，作为油气销售收入处理，同时对保留权益按相应的产储量关系计算折耗	作为预收收入（账款）处理，未来偿付油气时结转为油气销售收入

（二）联合经营（分成协议）中的会计政策

1. 联合经营（分成协议）的主要形式

分成协议是指联合经营的一方为取得、勘探或开发一个矿区

---

① 林金高等著：《石油、天然气会计问题研究》，东北财经大学出版社 2003 年版，第 43 页。

而作出的贡献，作为回报得到该矿产中相应的经济权益的协议，它是油气生产行业典型的联合经营方式。

油气采掘业中采用的分成协议是多种多样的，主要包括租出、结转权益、产量分成合同和合并一体四种协议类型。

（1）租出（或称分割经营权益）。

租出（farm out 或 farm in）是指某区块经营权的所有者（租出者）将拥有的权益的全部或一部分转让给一个承担全部或部分开发成本负担的受让人，作为矿产权益的一种交换。作为回报，受让人（租入者）进行区块的勘探或开发活动，并且支付全部或规定的部分勘探和开发成本。

在矿产权益出租的情况下，出租者通常会保留一个附加矿区使用费（overriding royalty）权益，但也可以保留任何类型的权益。附加矿区使用费权益来自于经营权益，如果经营权益终止，则附加矿区使用费权益就随之终止。

（2）结转权益。

结转权益（carried interest）或权益转入协议（carrying arrangement）类似于租出协议，但是在结转权益协议中，支出勘探或开发成本的实体（权益转入方）有权在原来拥有该经营权益的实体（权益转出方）分享生产收入前回收其支出的成本（通常除回收实际发生的成本外还可多回收一定金额）。

（3）产量分成合同。

产量分成合同（production sharing contract，PSC）可以视为一种分成协议。产量分成合同的主要特点，即特殊形式的风险和成本分成。尽管各个国家的 PSC 条款存在较大差别，但引起财务报告问题的一些基本特点可以总结如下：

1）合同者提供进行经营所需的所有资金和技术，并承担项目的全部风险。2）合同通常会要求合同者在各个活动阶段提供基础设施，诸如街道、供电、供水系统、道路、医院、学校和其他项目。此外，合同通常还会要求合同者提供专门的人员培训。基础设施和培训成本可能或不能从合同者未来产量中回收。3）与开发和生产相关的设备在设备进口或购买时作为国家石油公司的资产。4）通常合同者有权按支付了矿区使用费后剩余的原油收入的一定比例，从剩余原油收入中回收操作成本和规定的勘探和开发成本。该比例金额称为成本回收油（cost recovery oil）。5）支付了矿区使用费和成本回收油之后剩余的收入称为利润油（profit oil），利润油则在合同者和国家石油公司之间按照预先确定的基础进行分配。6）合同者的净收益应缴纳的所得税有时由国家石油公司支付。

（4）合并一体。

合并一体（unitisation）协议具有许多与租出协议和结转权益协议共同的特点。但是，在合并一体协议中，各方之间将交叉转让在某区域各自拥有的矿区经营权益的一定份额。此后，各方将按照协议规定，共同分担与该合并区块有关的成本并分享收入。

2. 联合经营（分成协议）中的有关会计政策

大多数分成协议或集资经营在形成时产生的基本问题是，高资产投入到新的实体中时，资产贡献者或风险投资者（ventures）是否应该确认利得或损失。[①] 国际会计准则委员会采掘业筹划委员会对此在《采掘业会计问题文本（讨论稿）》中进行了讨论，形成了两种截然不同的会计政策观点。

（1）不确认利得或损失的观点。

常见的观点是，分成协议的形成是一项或多项交易的结果，

---

① 国际会计准则委员会采掘业筹划委员会发布：《采掘业会计问题文本（讨论稿）》，石油大学（北京）经济管理系译，2001年，第194页。

这些交易对每一方都不会产生利得确认的问题。同样的，通常也认为这类交易不会产生损失，虽然接受资产价值与发生的成本相比可能产生资产的减损。

认为不应对分成协议的形成确认利得或损失的人通常基于以下理由：

1）该交易产生了一种形式的联合经营，这种形式的联合经营不形成一个独立的经济实体，因此不应对此确认利得或损失。

2）该交易体现的是相似非货币资产的一种交换，这并不需要确认利得或损失。例如美国 SFAS No. 19 对在美国的许多矿物转让的会计进行规范，该准则规定在以下形式的转让中，不应在转让时确认利得或损失：a. 转让在油气生产活动中使用的资产（包括证实的和未证实的区块）用以交换也在油气生产活动中使用的其他资产；b. 将资产聚集在一个联合体中，以便在一个特定区块或一组区块中发现、开发或生产油气。

《采掘业会计问题文本（讨论稿）》中对不确认利得或损失的观点从两个不同的角度进行了说明，并对成本核算问题做了简要提示和分析。

第一，作为合资经营的分成协议。一些人认为，分成协议就是一种多个企业进行的集资经营（将各企业的资产组合到一起），这种分成协议通常形成合资经营（joint venture）。在国际会计准则第 31 号（IAS31）《合资经营权益的财务报告》（Financial Reporting of Interests in Joint Ventures）中认为，合资经营形式的一般特性是"联合控制各风险投资者汇集的资产"。反对在协议形成时确认利得或损失的人认为，集资经营各方都保留其贡献给合营体中的资产或服务的权益。正如 IAS31 中描述的那样，集资经营各方通过其在联合控制的资产中所占的份额，拥有了对其未来收入份额的控制。在这种类型的协议中，并不形成独立的经营实体，各方只是将其资产或服务贡献到合资经营体中。

第二，作为交换相似资产的分成协议。通常认为，大多数分成协议反映了协议中权益所有者之间的资产权益的交换。这种协议的财务报告取决于在一定条件下的资产交换是一种相似资产的交换还是不同资产的交换。

反对确认利得或损失的人认为，这种交易反映了资产权益的交换，并主张某一区块的采矿权"在性质和价值上类似于采矿设备或钻井设备，并且类似于开发该区块的无形成本，因为这些资产被用于从该区块中开采和生产矿物"。IASC 的常任解释委员会提出一个报告 SIC13《联合控制实体——合资经营各方的非货币性贡献》（Jointly Controlled Entities Non-Monetary Contributions by Venturers），支持对分成协议的利得或损失不予以确认。

IAS16.22《财产、厂房和设备（1998 年修订）》指出："一项不动产、厂场和设备也可能被出售以换取在一项同类资产上的权益。在这两种情况下，由于盈利过程没有完成，因而不应该确认交易的利得和损失。"① 相同的原理可应用于合资经营者贡献非货币资产，因为合资经营各方对一个联合控制企业的贡献实质上是与合资经营的其他参与方在联合控制企业范围内进行资产交换。

第三，不确认利得或损失下的成本核算。如果对分成协议的形成不确认利得或损失，则必须决定应该如何核算各方贡献的资产或服务以及各方接受的资产或服务。

通常的建议是如果不确认该交易的利得或损失，各方应该按照其正常的会计程序核算其投资或支出。在这种方法下：

---

① 财政部会计准则委员会翻译：《国际会计准则 2002》，中国财政经济出版社 2003 年版，第 223 页。

1) 向另一实体转让一部分经营权益但仍保留一部分经营权益的矿产经营权益所有者，可以简单地将全部资本化成本作为保留的采矿权的成本，不确认其他实体所做的支出；2) 为取得区块经营权益而支付勘探或开发成本的企业，应按照与其会计政策一致的方式（成果法或完全成本法）将该成本作为费用或将其资本化，而不将这些成本分配到所接受的区块经营权益中。

按照不确认利得或损失的观点进行分成协议的会计处理方式的主要优点在于：不需要估计任何成本要素的价值；交易各方按照通常记录这类交易的方式记录本方交易；该方法应用比较简单、直观；在相同条件下，任何实体采用该方法的结果是相同的。

（2）确认利得或损失的观点。

对于分成协议的性质，有人认为是一种集资经营，另一部分人认为是一种非货币性资产的互换。持确认利得或损失观点的人认为，无论该交易是被视为一个合资经营的形成还是被视为非货币资产的交换，都应该对此确认利得或损失，这些利得或损失应该在交易各方的财务报表中得到确认。

1) 确认集资经营的利得或损失。一些把这种交易视为一种集资经营的人主张，交易各方都应该确认利得或损失，以便反映实际的经济情况。采用这种方法，采矿权益的转让者（例如在出租交易中的租出方）将会：

a. 把转移的权益代表的那部分成本额从矿物资产账户中转出；

b. 记录接受要素的价值（或放弃的要素的价值）；

c. 把以上两笔金额之间的差额记录为利得或损失。

如果确认利得或损失，则已经支出成本取得了经营权益的受让者（例如在租人交易中的租人方）将采取以下步骤：

第一，按接受的采矿权益的公平价值（或按放弃的资产的公平价值）记录接受采矿权益；

第二，将已经发生的成本的比例份额从成本账户转移到这些成本应归属的账户；

第三，将以上两笔金额的差额记录为利得或损失。

尽管典型的分成协议不形成一个独立的经济实体，支持分成协议开始时确认利得或损失的人仍然认为，参与到一个合资经营体中的企业已经转移了一部分 IAS31.39 中所指的"显著的所有权风险和收益"，并认为应该确认利得或损失。根据 IAS31.39 内容，他们总结到，应该按照在交易中转移给其他方的资产的比例确认利得或损失。[①]

2）确认非货币性资产互换的利得或损失。一些人将分成协议视为资产权益的交换，而这种交换的资产不是相似的资产。这种观点认为，拥有的矿区经营权益不同于拥有的采矿设备的权益，并且二者都不同于矿井的成本。因此，持这种观点的人把为取得矿区经营权益进行的勘探和开发活动视为不同资产的交换。在他们看来，这种交易应该符合 IAS16《财产、厂房和设备》中所描述的条件：

一项财产、厂房和设备可以通过交换或部分交换一项不同的财产、厂房和设备或其他资产而取得。其成本按照接受的资产的公平价值进行计量，该公平价值与转让的经现金金额或现金当量金额调节后的放弃资产的公平价值相当。[②]

尽管 IAS16.21 并未专门指出交换不同资产的交易中必须确认利得或损失，但赞成确认这种交易的利得或损失的人则假定该

---

① 国际会计准则委员会采掘业筹划委员会发布：《采掘业会计问题文本（讨论稿）》，石油大学（北京）经济管理系译，2001 年，第 200 页。

② 同上。

种交易产生了利得或损失。如果确实产生了利得或损失，交易各方应以下步骤记录该交易：

第一，把与放弃的权益份额相关的成本从企业的财务报表中转出；

第二，记录放弃或接受的资产的现金当量金额；

第三，记录接受的资产份额的公平价值；

第四，确认利得或损失，利得或损失等于前三笔金额之间的差额。

四　油气矿区废弃及环境恢复会计政策

油气开采企业在进行石油天然气勘探开发和生产过程中产生的钻井废水、废弃钻井液、采油（气）废水、落地原油、井下作业废水，为油气生产活动建造的油气生产设备和设施、地下地上铺设的油气管线、放弃的油气井等，都不可避免地会对自然生态环境造成影响。对于由于油气开采过程中环境保护的会计核算问题，也随着人们对环境保护重要性认识增强逐步成为重要的研究课题。20 世纪 70 年代以前，采掘业的未来移动和恢复成本通常被忽略，到了 70 年代，世界各国对油气开采过程中对设施的拆移和恢复的态度有了较大的变化。政府开始强化环境补救措施，包括拆移设施及恢复海洋和陆地环境。未来拆卸、恢复和废弃成本称为 DR&A 成本（Dismantlement Restoration and Abandonment cost）。而国际会计准则 37 号（IAS37）则将它们作为移动和恢复成本（Removal and Restorations）。它们也经常被称为拆除（Dismantlement）、恢复和废弃成本（Abandonment cost），有时也简单地称为终止成本（Decommission cost）。

（一）美国会计学界的会计政策

美国会计实务中对处理 DR&A 成本处理贯彻着一种理念，

即 DR&A 成本应该为一项负债，同时负债的金额应作为井及设施成本的一部分。[①] 其理由是拆除和恢复成本是注定要发生的，是一种现时责任与义务，并且是可以合理预计其数额的，符合负债定义的内涵，因此会计处理上应将这部分 DR&A 成本作为负债处理。

美国在 1977 年 12 月公布的 SFAS No. 19 第 37 段中，最早规定了 DR&A 成本的会计处理方法，即："在确定摊销比率和折旧比率时，应当考虑估计的拆卸、恢复和废弃成本以及估计的残存价值。"[②] 但该准则未对油气开采企业如何对其进行实务操作进行专门的指导，导致 DR&A 成本在实际会计处理时方法不一致，无法为财务报表使用者提供客观可比的财务信息。为了统一油气开采企业对 DR&A 成本的会计处理实务，1996 年 2 月，FASB 公布了关于长期资产终止或拆迁债务的会计处理草案；1997 年 10 月，FASB 决定公布一份修订的征求意见稿以继续该项目，并将项目的标题改为长期资产报废债务的会计处理；2000 年 2 月，FASB 公布了长期资产报废债务的会计处理修订草案；2001 年 6 月，FASB 发布了 SFAS No. 143《资产报废债务会计》，对 SFAS No. 19 第 37 段的内容做了彻底的修订与完善，统一了资产报废债务的会计处理方法，建立了相应的会计核算与报告准则以确认与资产报废有关的负债和资产报废成本，适用于石油天然气采掘行业以及其他类似行业。

在美国的会计实务中，对 DR&A 成本的处理方法大体有三种：

---

① 吴杰：《油气井预计清理费用的确认与计量》，《石油大学学报（社会科学版）》2002 年第 3 期。

② 王世定、李海军主译：《美国财务会计准则（上册）》，经济科学出版社2002 年版，第 211 页。

1. 资本化法

即首先把未来 DR&A 成本的全部估计金额在开发期确认为一项长期负债的同时，将其资本化，作为井与相关设施成本的一部分，然后在生产期内和其他资本化的井与相关设施成本一起在已开发探明储量基础上进行摊销。

2. 费用化法

即不把估计的未来 DR&A 成本当作井和设备成本的一部分，每期都重新估计未来的 DR&A 成本，并按照矿区探明储量或已开发探明储量进行摊销，计入当期损益。在会计处理上将估计的摊销费用借记"折旧、折耗及摊销费用"，贷记"长期负债"。

3. 负残值法

在负残值法下，将 DR&A 成本作为额外摊销，在计算油气井及设施正常摊销时，不考虑 DR&A 成本，然后单独计算当期应摊销未来 DR&A 成本，把应计 DR&A 成本记入摊销费用，并应贷记累计摊销账户，类似计提固定资产折旧的方法。

上述三种方法中，负残值法不符合 SEC 和 FASB 对 DR&A 成本作为负债计量的要求，相比之下，资本化法和费用化法下的 DR&A 成本更符合负债的定义。

根据 SFAS No. 143，引起油气开采企业 DR&A 成本的债务事件被称为资产报废债务（AROS）。所谓资产报废债务，是指长期资产在报废时，不可避免要发生的清理和处置成本。对于油气开采企业，AROS 实质上就是要支付的 DR&A 成本。[①] SFAS No. 143 对 DR&A 成本进行会计处理，坚持的是负债理念。其内容中规定：资产报废债务发生时，若其公允价值可以合理估计，

---

① 赵振智、孙明华：《美国财务会计准则 SFAS No. 143 及其对油气开采企业的影响》，《国际石油经济》2005 年第 9 期。

企业应确认为一项资产报废债务相关的负债；若其公允价值不能合理估计，则当其公允价值可以合理估计时，再确认为负债。[1]

SFAS No. 143 规定使用上述的资本化法。其内容中规定：在初始确认资产报废债务相关负债时，企业应以相等的金额将资产报废成本资本化，并增加相关资产的账面价值，在资产的经济使用年限里采用合理而系统的方法分摊入折旧费。

SFAS No. 143 中推崇的资本化法，预提的 DR&A 成本金额大，并且一次记入相关资产的账面价值，对企业的财务状况影响较大。但这种方法提供的会计信息具有相关性，透明度高，更能体现稳健性原则。

（二）英国石油行业会计委员会的会计政策

由于石油开采企业 DR&A 成本所涉及的成本规模和公众关注环境的问题，许多国家在 20 世纪 70 年代晚期至 80 年代初开始讨论拆除、移动和恢复问题。许多人建议的会计政策是，在矿藏的生产寿命内，将估计的移动和恢复成本记为应计费用。将每期应计费用金额转为经营费用并增加到一个估计负债账户中。英国石油行业会计委员会在 1988 年发布的公报（SORP3），放弃成本的会计处理中明确指出，在放弃工作开始时将会产生负债，并因此建议，应该在相关的设备生产寿命期内，在资产负债表中逐渐建立对最终放弃成本的备抵，目的是在设备停止使用的时候，累计的备抵等于放弃成本。[2] 在会计处理上，SORP3 建议，估计的放弃成本应该以单位产量法为基础分摊到会计期间，单位产量法采用与相关固定资产折旧计算的相同储量数量来计算。

---

① 赵振智、孙明华：《美国财务会计准则 SFAS No. 143 及其对油气开采企业的影响》，《国际石油经济》2005 年第 9 期。

② 国际会计准则委员会采掘业筹划委员会发布：《采掘业会计问题文本（讨论稿）》，石油大学（北京）经济管理系译，2001 年。

20世纪90年代的十年间，随着财务会计概念框架的发展，会计理论及实务界认识到设备安装会产生对未来移动和恢复成本相关部分的一项负债。英国会计准则委员会发布了财务报告准则（FRS）第12号《备抵、或有负债和或有资产》，该准则要求，不管义务是法定的还是推定的，对现在义务需要计提备抵。FRS12明确要求（在一个实例中），该方法适用于石油设备的放弃成本。FRS12也规定备抵的金额应该资本化为成本中心的一部分。在这方面，FRS12和IAS37的规定一致。

2000年1月份，英国石油行业会计委员会发布了综合性的推荐实务公报（SORP），"石油和天然气勘探、开发、生产和放弃会计"，该报告替代了1988年的SORP3。其很多段落讨论了石油工业对FRS12放弃备抵的应用。特别是在第89段，清楚地讨论了FRS12号放弃备抵在石油工业的应用问题，"一旦损害发生，就需要计提备抵"。"损害"一词在FRS12里有非常广泛的应用，是指那些需要纠正的任何行为、事件或者环境，这种纠正或是现在进行，或是在未来的时刻进行。因此，海洋平台和管网被视为对海洋环境的损害。SORP第62段讨论了放弃备抵记录时引起的借项的性质，指出应该设一项"放弃资产"，并且作为全部成本或油田成本中心的一部分。

（三）国际会计准则委员会对移动和恢复成本的会计政策

IASC采掘业筹划委员会发布的《采掘业会计问题文本》讨论稿的第八章"移动和恢复"中明确指出，不管投资前活动采用什么会计方法，必须制定对移动和恢复成本的会计处理方法。IASC采掘业筹划委员会认为，IAS37可应用于采掘业，同样也适用于石油天然气开采企业。

根据IAS37，当某项义务是由于过去事项而存在，与企业未来的活动无关时，该义务就被确认为一项备抵（provisions），也就是说确认了一项负债。IAS37 对备抵的解释是：指时间或金额不确定的负债。

1. 对备抵确认的要求

IAS37.14 规定只有在下列条件满足时才能确认一项备抵：

(1) 企业因过去的事项而承担了现时的法定义务或推定义务；

(2) 履行该义务很可能会有经济利益的资源流出企业；

(3) 该义务的金额有可靠的计量。

IAS37 在附录 C 中列举了一个关于污染土地的案例（例2），一种情况是，石油工业企业造成了对土地的污染，但只在企业经营所在国家有法律要求对污染进行整治时才进行整治。企业所在国家没有法律要求对污染进行整治，而企业已在该国污染土地数年。2000 年 12 月 31 日，基本肯定年后不久将有一项要求对已污染土地进行整治的法律草案颁布。另一种情况是石油工业企业造成了对土地的污染，其经营所在国家尚无环境方面的立法。但是，企业已广泛公开地声明其环境政策，对其造成的所有污染进行整治。企业有履行这种公开政策的记录。在这两种情况下，前者为企业承担了现时法定义务，而后者则为企业承担了现时推定义务，两种义务的履行都很可能导致含有经济利益的资源流出，应按整治费用的最佳估计确认备抵。①

2. 备抵金额的计量

IAS37.36 要求，"确认的备抵金额应该是对在资产负债表日清偿义务所需支出的合理估计"，因此在计量备抵的时候，企业必须考虑风险和不确定性。如果货币的时间价值是重要的，企业

---

① 财政部会计准则委员会翻译：《国际会计准则2002》，中国财政经济出版社 2004 年版，第 653—654 页。

应对备抵折现，折现率应该是税前利率，该折现率反映了货币时间价值的当前市场评价及该负债特有风险（IAS37.47）。IAS37.59要求，在每一期资产负债表日都应对备抵进行复查，并进行调整使之能反映目前最合理的估计。如果代表未来经济利益的资源不再可能流出企业以清偿义务时，则应将备抵转回。

IAS37在附录C中列举了一个近海油田的案例（例3）：企业经营一处近海油田，根据许可协议，在生产完成后移走钻架并恢复海床。90%的最终费用与移架和恢复因建钻架而引起的损坏有关；10%的最终费用则因采油而发生。在资产负债表日，钻架已建好，但尚未采出石油。在这一案例中，建造钻架形成了许可协议条款下移架和恢复海床的法定义务，因此它是一项义务事项。但是在资产负债表日，尚无义务修复因采油而引起的损坏。在备抵金额的确认上，当钻架建好后，就应确认一项备抵，该备抵的金额应为90%的最终费用，以提供估计的未来钻架拆移成本，以及恢复由于建钻架引起的破坏的成本。这90%的最终费用应记入石油钻架成本。由于石油尚未开采，未来石油开采产生的移动和恢复成本在建钻架时并不具备确认备抵的条件，而当原油被开采且产生恢复义务时，10%的费用应确认为一项负债。

3. 备抵借项的会计处理

IAS37既不禁止也不要求对在进行备抵时确认的成本资本化，然而从该准则附录C的例3中可以看出，移动和恢复成本是企业为了获取钻架本身带来的未来经济利益而必须发生的，也就是说，它是为使资产可用于预定的用途所必需发生的成本，对这些成本进行资本化并随后提取折旧是恰当的。

当义务的产生与某项资产的取得与安装有关时，对确认备抵时产生的借项进行会计处理有四种可能方式：

（1）对成本进行资本化并随后对它计提折旧；（2）把该笔

借项金额作为递延费用，在相关的储量生产时冲销收入；（3）当计提备抵时，将整个借项金额确认为费用；（4）把整个借项金额记为一项单独资产，当移动和恢复成本发生时，把资产的全部价值（包括后来备抵的调整）转移为费用，并且在有关储量生产期间不计提折旧。

4. 备抵的披露

IAS37 要求对与备抵有关的因素进行披露。披露的因素包括：每一时期每一类备抵、期初和期末的余额、增加金额、耗用金额（备抵冲销）、转回金额以及时间和折现率的变化而导致的备抵增减。

5. 建立拆除、恢复和废弃的备抵基金

进入 20 世纪 70 年代以后，各国政府开始强化环境补救措施，包括拆移设施以及恢复海洋和陆地环境，人们对采矿活动结束后的环境恢复和补救的要求也越来越强烈。然而，大型的石油和天然气设施的移动和恢复需要巨额费用，一些法律机构要求定期存款以便累计形成一项基金，用于将来场地的拆除、恢复和废弃（DR&A）成本。这种基金称之为 DR&A 基金。当恢复成本发生时，DR&A 基金的余额可能等于、大于或小于放弃时的真实成本。

如果企业被要求为拆除、恢复和废弃建立法定基金，对该基金的存款是否应该确认为一项资产？对于这个问题国际学术界有着争论。可以推定，只要这笔保证金可以用于恢复活动，DR&A 基金允许将已有的存款确认为一项资产。一些人认为，存款作为基金的一部分，应该减少 DR&A 引起的负债。一些人认为存款并不代表资产，因为对基金的控制已经转移给支付所用的基金，但是基金的支付减少了剩余需要偿付的负债。另外一些人认为，如果可以依靠它们减少最终的支付金额，支付的基金就代表了对最终支出的贡献，并为贡献企业所控制。对此争论，IASC 采掘业筹划委员会给出了暂行观点：当企业可依靠基金减少拆除、恢复和废弃义务时，存款应该确认为一项资产。① 资产可以按照下面两种方法之一确认：

（1）如果基于解除了企业未来的拆除、恢复和废弃的义务，支出将被确认为一项资产，如果抵消条件满足 IAS32《金融工具：披露和呈报》，支出将抵消移动或恢复引起的负债；（2）如果基金是一个固定金额，并不能免除企业所有的拆除、恢复和废弃的义务，在资产负债表日累积支出金额确认为一项资产，但不能抵消移动或恢复引起的负债。

以上两种情况，移动或恢复负债和相关的借项金额可以按照没有基金时的相同方式计量。

上述的石油天然气会计政策，是世界各国在实践中普遍采用的，也是国际会计准则委员会推崇的主要会计政策，在我国的油气会计与国际趋同的形势下，这些会计政策的研究与应用，对我国石油上市公司会计核算的规范以及同国际接轨具有重要的意义。

第五节　章小结

本章为本书的基本理论铺垫，主要论述了会计政策的一般理论，石油公司生产活动的基本阶段划分及石油会计的基本概念，以及石油天然气生产活动的特点和对会计政策的影响，并对石油天然气基本会计政策在理论上进行了归纳和梳理。本章的主要观

---

① 国际会计准则委员会采掘业筹划委员会发布：《采掘业会计问题文本（讨论稿）》，石油大学（北京）经济管理系译，第 142 页。

点是：

（1）会计政策是一个概括性的表述，其中包括会计政策的宏观层面和微观层面。宏观层面主要包括国家及地区主管部门颁布的各种法规、规章和制度；微观层面主要包括各级各类的会计主体，不仅包括企业，而且还包括政府机构、非盈利组织等的会计政策。

（2）会计政策在形式上表现为对会计主体的一种规范，但其本质是一种经济和政治利益的博弈规则和制度安排。

（3）会计政策的选择动机较为复杂，国家在宏观上应强化对会计政策选择的管制，制定完整的规范体系，防止企业滥用会计政策。

（4）本书研究会计政策的重点是石油天然气公司的财务会计政策和这一特殊行业的特殊业务处理会计政策。

（5）石油天然气生产活动由矿权取得、勘探、开发、开采四个阶段组成，会计政策研究主要涉及这四个阶段的成本概念以及成果法（SE）和完全成本法（FC）两种基本会计计量政策的概念。

（6）石油天然气生产经营活动具有生产对象的不可再生性、高风险性、资金密集和技术密集、成本递增、产量递减等特点，由此导致油气生产企业会计政策的制定及选择具有宽泛性、计量的特殊性、较强的国际趋同性以及复杂性。

（7）油气会计计量政策中完全成本法和成果法尽管各有利弊，但仍然是世界各国油气会计核算选择的主要方法，包括我国也选用了成果法。

（8）油气会计揭示政策的较好模式是"历史成本＋储量数量"模式。

（9）国际上油气矿权转让会计的处理方式是我国以后对外

油气开发合作的重要借鉴，尽管中海石油已采用了产量分成合同，但我国矿权转让会计研究还处于初级阶段，需要对此进一步展开研究。

（10）移动或恢复成本的会计政策国际上研究得比较深入，值得我国在实践中予以借鉴。

第 三 章

石油生产企业会计政策的历史变迁

第一节 石油生产企业会计政策的历史变迁

一 油气生产企业会计核算的历史回顾

自新中国成立以来，我国石油天然气会计核算，一直是在国家统一会计制度的统驭下进行的，包括会计核算、会计核算过程中的会计政策的择定、会计工作组织及管理以及内部会计制度设计等，无不以国家统一的财务会计法规、制度为指导。尽管油气会计核算在其分类方面属于工业企业会计核算，但其有着本身的特殊性，反映着石油工业生产经营特征的要求，有着不同于一般工业企业会计的独特的发展轨迹。

我国会计界学者将自新中国成立以来的会计制度变迁及发展划分为四个阶段，[①] 即 1949—1957 年，向前苏联学习阶段；1958—1978 年，破除迷信阶段；1978—1991 年，试图建立具有中国特色的会计体系阶段；1992 年至今，向国际会计标准靠拢的阶段。[②]

我国油气生产企业会计核算制度由于受国家统一行业会计制

---

① 这里会计制度主要是指会计核算制度。
② 杨时展：《中国会计制度的演进》，中国财政经济出版社 1998 年版，第 4 页。

度的约束，其发展过程与我国整体会计核算制度发展的轨迹大体吻合，但油气生产经营又有着明显的行业特征，其会计核算制度规范不能不与我国石油工业的发展相联系，按照同我国石油工业发展阶段相联系的思路划分中国油气会计核算制度变迁的时间阶段，1949 年后的中国油气会计核算制度的演进，大体可分为四个阶段。①

（一）新中国石油工业发展前期的油气会计（1949—1959年）

从新中国成立初至 1959 年 9 月 26 日发现大庆油田的整整十年，是石油企业起步的十年，也是油气会计起步的十年。该阶段主要通过学习苏联，将油气会计分工业生产、基本建设、大修理三个部分进行独立核算。在这一时期，我国财政部多次颁布会计制度，不断向苏联会计核算模式靠拢。在此基础上，1956 年石油工业部根据石油工业生产的特点制定了一些石油行业自己的核算办法，比如：1956 年在固定资产核算上采用差额核销法，若打探井出油，按照有效井段加上生产井成本作为固定资产转资，出油层以下的钻井进尺予以核销，即以无效井段、探井成本与生产井成本的差进行核算，该办法一直沿用至今。1956 年还实行了另一个核算办法，即运输车辆轮胎的更换比照大修理预提，在大修理基金里专设一个明细，更换支出列入大修理费用。

在新中国成立初的十年期间，我国已经形成了较为完善的计划经济体制，当时的石油工业部所管理的石油工业企业并不是真正意义上的企业，而是"成本中心"或"利润中心"。在会计核

---

① 本阶段划分，是笔者赴玉门、大庆等老油田走访诸多目前还健在的老专家，以及早年参加核算制度设计的原石油部财务管理部门领导，在充分调研基础上，并征得多数专家认可，提出的划分期间。

算上服从于财政收支两条线的体制，计提的折旧及实现的利润全部上缴国家，核算程序及方法较为简单。在会计核算方法上运用的是借贷记账法，并且以权责发生制为会计核算基础。

（二）石油工业大规模发展时期的油气会计（1960—1979年）

这一时期的油气会计，有的专家也称之为石油大会战时期的油气会计。1959 年 9 月 26 日松基三井喷油，获得了日产 13.02吨的高产工业油流，标志着大庆油田的发现，拉开了大庆石油会战的序幕，同时也逐步形成了同会战体制运行相适应的会计核算方法和体制。在这一时期，我国油气会计的特色主要表现在以下几个方面：

（1）在油气生产成本核算内容上，增加了油田维护费项目，其主要目的是解决油田开发资金的不足。油田维护费在原油天然气开采成本中列支，在采油气成本项目单独列示。油田维护费的形成，是计划经济及石油会战体制的产物，具有鲜明的中国特色，它的实施对稳定油气田产量起到了较好的作用。（2）在资产折旧会计政策上，采用加速折旧方法。加速折旧法为提高石油企业内部资金筹措能力，促进生产发展起到了很大作用。（3）在会计管理体制上，大庆会战采用的集中管理的办法具有代表性。会计集中管理方法是将会计核算与财务管理的机制都集中在总部，基层单位只作为报销单位，没有财权。在实行集中核算的同时，相应改革了核算制度，简化了核算手续，既有利于生产，又节省了费用。

会战时期在国家统一的会计制度的统驭下，财会人员结合石油生产实际情况，不断地探索与实践，创立了许多适合石油企业实际需要的会计组织及核算方法，丰富了我国石油天然气会计的内容，也为以后的改革打下了基础。

（三）石油工业体制改革时期的油气会计（1980—1993 年）

进入 20 世纪 80 年代后，我国主力油田已进入中后期开采，产量递减而新的油气储量发现和产能建设又没有大的突破，原油产量处于徘徊状态，成本普遍上升，投资不断加大，石油工业发展的资金缺口越来越大。在此时期国家普遍进行了"承包制"改革。为了解决石油工业发展中资金困难的问题，1981 年国家对石油部实行了 1 亿吨原油产量包干政策，拉开了石油工业改革的序幕。实行 1 亿吨原油产量包干，是对超产的原油实行出口或国内高价销售，形成原油价格"双轨制"，即按"平价"和高价销售。包干基数内为国家调拨价（平价），超过基数部分按市场价（高价），"高价"和"平价"之差形成的收入，作为石油勘探开发基金，以补充石油企业资金不足。在资金筹集与管理方式上，国家又相继对石油企业实行"拨改贷"政策，批准利用外资政策等，缓解了石油工业发展资金短缺的困难。

在改革时期，石油会计主要是恢复和修改已遭"文化大革命"破坏的规章制度，不断完善会计核算内容和方法，针对改革形成的多渠道资金来源，以及各种途径资金筹集与运用的核算和管理，建立了一套较为完整的石油企业会计核算与管理制度。例如，为了配合原油产量包干政策的落实，石油部在已有制度的基础上，建立了测井、油田基本建设、炼油等比较完整的核算管理办法。1983 年 1 月颁布了我国石油行业第一个地质勘探成本核算办法，即《地质勘探成本核算和管理办法》，将地质勘探费用核算由原来的不计成本转为规范的成本核算。

根据财政部颁布的会计制度规定，以及资金管理"专款专用"的原则，石油企业会计实行三套账核算，即地质勘探、油田基本建设和工业生产，相应的向国家编报地质勘探成本报表、基本建设会计报表和工业企业会计报表三套报表。由于国家资金管理实行"专款专用"的原则，规定各类来源渠道的资金不能相互串用，并且要在各自的会计报表中予以反映，致使资金无法灵活调度，致使一方面资金闲置，而另一方面资金紧缺。为此，石油企业在不违反国家财务制度规定的前提下，实施了"两头分，中间合"的资金使用管理办法，即将各种不同渠道和性质的资金筹集到石油企业后（分渠道筹集），由石油部或石油企业捆在一起集中使用（合并调度），期末编制财务报表时，再按分别不同来源的资金进行报账（分渠道报告），充分发挥资金的最大使用效益。

进入 20 世纪 80 年代中期，国际油价下跌，国家将原来给石油企业的油价优惠予以收回，作为贡献油，石油企业的收入大大减少，加之老油田进入高含水开采阶段，产量递减加快，成本直线上升，1988 年石油全行业发生了亏损。与此同时，国家征收能源交通建设基金和预算调节基金，致使石油企业资金越来越困难。为了缓解资金困难，1988 年经财政部等有关部门批准，在油气开采成本中提取储量有偿使用费，① 交由中国石油天然气总公司统一安排使用，以保证新区勘探的资金需求。储量有偿使用费是国家给予石油企业的一项特殊政策，形成了石油企业一项重要资金来源。自 1982 年开始，石油工业开始利用外资，先后采取国家计委统借统还和石油部自借自还的方式，吸收世界银行贷款、日本能源贷款等多项外资，在会计核算方面开始了外汇核算。其外币折算等会计政策也按照国家统一规定实施进行，丰富了石油企业会计核算的内容。

---

① 储量有偿使用费 1988 年按每吨原油 5 元提取，以后年度不断增加，到 1998 年的提取标准是：原油按产量每吨提取 100 元，天然气按产量每千立方米提取 40 元，2000 年石油企业改制上市后，储量有偿使用费取消。

改革时期石油企业会计的特点是建立健全了会计核算及管理办法，结合行业特色，突出了各种渠道资金的核算与管理，丰富了石油企业会计理论与实务。

（四）国际化时期的油气会计（1993 年至今）

1993 年财政部颁发了《企业财务通则》、《企业会计准则》和《工业企业财务制度》及《工业企业会计制度》（简称"两则"、"两制"），在推进财务会计制度向市场经济转轨和与国际会计惯例协调方面实现了重大突破。为了适应"两则"、"两制"的改革，中国石油天然气总公司于 1993 年 5 月，根据新制度改革的要求，建立了一套由企业财务通则和会计准则为基本原则和统帅，以行业财务、会计制度为主体和基础，以企业财务管理、会计核算规定为补充的三个层次的企业财务会计法规制度体系，制定了执行新财务、新会计制度若干问题的规定，以及采油、采气、炼油化工、机械制造、钻井工程、自营建筑安装工程成本核算和管理办法。1996 年 12 月，中国石油天然气总公司财务局依照多年来的实践，制定了《石油工业内部会计核算办法》等文件。

根据财政部财经字〔1998〕279 号文件《关于划转石油集团公司和石化集团公司部分企业资产财务关系的通知》的规定，经重组的中国石油、中国石化两大集团公司于 1998 年将划归其管理的企业的国家资本金合并作为集团公司的国家资本金，并以此作为对所属企业的投资；同时各所属企业的原国家资本金调整为"法人资本金—石油（石化）"集团公司资本。这一资本金关系的调整，改变了集团公司与所属企业的产权关系，开始构建母子公司的财务关系，将集团公司作为一个国家投资的特大型企业推向了市场，取消了原石油、石化总公司的政府职能。

2000 年中国石油与中国石化在美国和香港国际资本市场上

市，紧随其后的中国海洋石油公司于 2001 年在美国与香港资本市场上市，标志着我国三大石油公司按照国际要求的资本运作模式及财务模式进行运作。三大股份公司上市后，相应地参照国际会计准则、美国会计准则、我国颁布的会计准则和制度、国际会计惯例及我国相关法律、法规、政策及石油公司实际情况，制定出了各自不同的分专业板块的会计核算制度、财务管理制度以及相应的会计政策，建立了一套符合国际规范的财务及会计管理体制和运行机制。目前，三大公司按照国际资本市场的要求，结合美国 COSO 内部控制框架的模式，建立了或正在建立其内部控制制度，以保证其会计政策选择的正确性和会计信息披露的真实性、完整性，对石油天然气会计理论及实务的丰富和发展起了重要的推动作用，也对我国其他企业的会计改革起到了重要的先导作用。

二　历史变迁中石油企业主要会计政策内容及评述

（一）固定资产核算的差额核销政策

在固定资产核销上采用差额核销，主要是针对地质勘探过程中的探井费用支出而言的。石油地质勘探支出，在 20 世纪 80 年代以前，主要由国家地质勘探预算拨款解决，1988 年国家批准提取储量有偿使用费以后，则形成了另一地质勘探费用的资金来源。对于地质勘探费用的核算，基本采取核销的方式，即根据实际发生的地质勘探费用支出报给国家核销，冲销国家地质勘探预算拨款或冲销储量有偿使用费。地质勘探费用主要用于地质调查和地球物理勘探，以及打探井和购置地质勘探技术设备等。固定资产的差额核销政策，是 1956 年石油工业部根据石油工业生产的特点制定的核算办法，即将地质勘探费用于探井，若打探井出油，按照有效井段加上生产成本作为固定资产转资，出油层以下的钻井尺予以核算，出油层以下井段称为无效井段。① 探井成本与生产井成本（转作为油气井固定资产的成本）的差额作为地质勘探费用的核销金额。这一会计政策在石油行业一直沿用至今，具有长达几十年的历史。

固定资产核算的差额核销政策，其基本精神类似于成果法，即将有效井段资本化，而将无效井称费用化。但是，如果我们仔细分析就会发现，它与美国财务会计准则委员会第 19 号财务会计准则（SFAS No.19）所要求的成果法相去甚远。这是因为：第一，有油气储量探井的衡量标准是"油气显示"，显然与具有商业开采价值的油气储量相差很大，同成果法所要求的标准不一致。第二，有效井段的转资成本无法准确地计量。有效井段的成本仅仅是就探井本身而言的，反映的是该探井打到油层的费用支出，而实际的地质勘探过程包括：地震作业、资料处理作业、钻井作业等，探井仅是钻井作业的一部分。探井井位的选择往往是在大量的地震作业及资料处理得出有关结论的情况下进行的，因此，将有效井段资本化，而将有效井段以前的勘探费用排除在外，不进行资本化，或不以适当的方法进行资本化，显然是不合理的。因此，有效井段资本化的方法是不同于成果法的。

应当指出，尽管固定资产核算的差额核销政策不同于成果法，但在计划经济体制下的会计核算模式，能够将费用支出划分为资本性支出与收益性支出，并且按照勘探成果进行划分核算不能不说是一种进步，在当时的核算体制下具有其合理性，而西方国家的成果法也是在 20 世纪 70 年代末才规范并实施的，我国对

---

① 一般情况下，探井是按照设计井深（进尺）进行钻探的，例如设计井深为 3000 米，探井打到 2500 米发现油层，并且可以采油，为了发现油层以下是否还有油藏，就需要按设计要求打到 3000 米井深，已发现的油层以下 500 米如未发现油藏，则称这 500 米为无效井段。

勘探费用资本化处理的方法是具有自身特色及合理性的，否则也不会一直沿用 40 余年之久。

（二）固定资产折旧政策

石油生产企业改制上市前，将油气井及相关设备一并作为固定资产管理，改制上市后，将油气井资产单独列为油气资产进行核算。由于将油气井资产并入固定资产进行核算和管理，因此，在固定资产的折旧上，既要执行国家统一的固定资产折旧政策，还要结合油气生产具体情况，对油气井等特殊资产实行特殊的折旧政策。由于油气生产存在着产量递减的规律，1963 年大庆油田提出：油井的折旧应在生产旺盛期计提，不能像一般固定资产一样看待，并规定油井折旧年限为 3—5 年。1964 年财政部正式批复同意实行折旧费计提改革办法，允许油气井折旧，包括输油管线采用两种折旧方法，一种为 5 年直线折旧法，一种为 5 年递减加速折旧法。20 世纪 60 年代至 70 年代，对于部分产量递减快的油井，采用加速折旧法，即将该油气井在前两年每年计提30% 左右的折旧，两年中将多一半折旧提完，剩下在剩余年度提完。对于生产较稳定的油井则采取直线法计提折旧。对于油（气）田地面的固定设施，其折旧年限根据油（气）井和注水井的折旧年限来定。① 石油生产企业采用的这种加速折旧方法，后来由于国家会计制度的变化，于 80 年代全部改为按直线法计提折旧，油（气）井的折旧年限规定为 6 年。而油气集输设施及管线不再随油（气）井折旧年限，而是规定为 10—14 年。

固定资产加速折旧政策，是一项重要的固定资产折旧核算方法。在计划经济体制下，企业无权自行进行会计政策选择，自然

① 石油工业部：《关于采油（气）企业调整折旧的几点补充规定》，（64）油财综字第 571 号文件。

也就无法根据实际情况选用折旧政策。油（气）生产企业早期实行的加速折旧政策，尽管不如现在实施的"年数总和法"和"双倍余额递减法"的加速折旧政策规范，但毕竟还是结合油气生产特点，对资产折旧政策进行选择，这在当时的经济体制及会计核算管理体制下，无疑是比较超前的，也为我国企业以后实行固定资产加速折旧提供了重要的参考依据。石油企业改制上市后，按照国际会计准则和会计惯例的要求，油（气）井资产及相关设施已经从固定资产中独立出来，形成石油企业特有的油气资产，并按国际惯例中采用的单位产量法进行折耗和摊销。

（三）油田维护费政策

油田维护费是指为合理开发利用油气资源，减缓油气产量递减速度，维持油气田的简单再生产，按规定支出的各种维护费用。

油田维护费政策形成于1960年，1961年开始试行，1965年作了修订，1981年财政部和原石油部共同对油田维护费制度进行了规范，明确了油田维护费的性质是为了维护油田合理开采，减缓油气生产的递减速度，提高油气最终采收率，在采油气成本中单列成本项目，按实际列支的一种费用项目。油田维护费的列支范围几经修订，到20世纪80年代中期扩大到10项，既包括为弥补产量递减和提高最终采收率而打的调整井、补充井、检查研究井、扩边井，也包括为保持油层压力，加强注水而打的注水井、注气井、水源水质处理以及相应的地面设施和水源工程；既包括为适应油气田生产情况变化，需改变生产工艺、集输流程以及保持正常生产所采取的措施，也包括为了调整油田生产而扩充土地所发生的土地征购和青苗补偿费用；除此之外还包括在已开发的油田边缘进行地质勘探的支出，修建油田安全设施支出等。

油田维护费政策的实施，对稳定油气产量起着较好的作用，也缓解了石油企业不断增长的投资需求压力。然而随着石油工业体制的改革及新的会计规范体系的建立和发展。油田维护费政策与会计准则和油气行业会计国际惯例的矛盾越来越突出，在会计理论界和实务界引起了广泛的争论，国家于 1999 年底随着三大公司在国际市场的陆续上市取消了油田维护费政策。

尽管国家已取消了油田维护费政策，但关于油田维护费政策是否合理的争论并没有平息。有观点认为：油田维护费制度①不应该完全取消，而应该对现行的油田维护费制度中与会计理论相悖的内容进行改革，以符合会计准则的要求，并体现油气行业的特点，起到维护老油田的作用。② 笔者认为，油田维护费政策是否应当取消，主要应看其性质和取消的理由是否成立。国家给予石油行业油田维护费政策，允许将油田维护支出的费用列入成本，其支出的性质应当是收益性支出，其目的是维持简单再生产，即"为了维护油田合理开采，减缓油气生产的递减速度，提高油气田采收率"，达到油气生产稳产的目的。按照这一费用性质要求，在油气生产勘探、开发和生产三个阶段中，油田维护费主要应发生在生产（开采）阶段，重点是为维持和保护油气生产条件服务。然而，随着油田维护费的几次修订，其支出范围发生了很大的变化，列入成本项目开支的费用不再仅仅是维持和保护油气生产条件，维持简单再生产，由此导致其性质也发生了根本的改变。因此，如果将油田维护费继续列入成本开支，就不符合会计有关原则和成本内涵的规定，在理论和实务方面都会造成混乱。其主要原因表现在如下几个方面：

---

① 油田维护费是国家给予石油行业的特殊的会计核算政策规定，并不是完整的制度，我们认为称油田维护费政策更为切合实际。

② 刘永泽：《石油天然气会计问题研究》，中国财政经济出版社 2003 年版。

第一，油田维护费完全列入成本是不合理的，油气生产的特征是通过采取改善采油工艺，继续勘探、开发，增加新的生产能力来弥补原有老油区的产量递减，以维持其稳产的需要，如果在开采阶段采取的各项工艺措施，老油区设备维修及改造还可以视为简单再生产，那么在原有油区的边缘进行扩边勘探、征用土地打扩边井、调整井，增加地面管网设施等地面建设，无疑属于扩大再生产的范围。油气生产的重要特点是简单再生产和扩大再生产交织在一起，无法理清，因此，以维持简单再生产为目的油田维护费就不可能仅仅服务于简单再生产，必然要从事部分扩大再生产的建设项目，油田维护费的 10 项支出范围规定已经说明了这一点。在实际工作中，也无法真正区别油田维护费哪些是用于简单再生产，哪些用于扩大再生产，费用支出内容复杂，完全意义上的"维护"支出是不存在的。按照会计划分收益性支出和资本性支出的原则，油田维护费既有收益性支出，也有资本性支出，而资本性支出，如打扩边井、调整井、地面设施建设等，其费用支出都已经资本化，作为固定资产进行管理，将这些资本性支出列入当期油气生产成本显然是不合理的。

第二，会计核算上的重复计量。油田维护费支出发生后，按规定计入当期成本项目。而油田维护费中的资本性支出，形成了企业的固定资产，或递延资产，这部分资产在会计核算中，还需要再提折旧或进行摊销，这些折旧额或摊销额又记入当期成本，形成油气成本的重复计算。如果对这部分资产不计提折旧或摊销，又不符合长期资产的管理原则和要求，甚至会产生大量的账外资产，容易导致国有资产管理混乱甚至流失，实践中给会计核算带来了尴尬。

第三，不符合权责发生制原则。由于记入成本项目的油田维护费支出中有相当多的部分都被确认为资产，其受益期延续到许多个会计期间，按照权责发生制原则要求，记入成本的支出只能是受益期在当期的收益性支出，显然油田维护费的会计核算方法与权责发生制原则相悖。

第四，油田维护费的实施不利于成本控制和投资控制。由于油田维护费支出列入成本，同时部分支出又具有投资支出的性质，因此在成本计算中，给人为调节成本及投资额提供了方便。某些支出发生后，既可以在油田维护费项目中列支，也可以在开发建设投资中列支，需要压缩成本时，可将其列入开发建设投资支出，在对投资计划实施控制时，这部分费用可从成本中列支，导致人为调节成本额或投资额，形成成本指标纵向横向都无法比较，成本信息或投资完成信息失真，最终影响企业整体财务信息的真实性。

第五，油田维护费核算不符合国际惯例。按照美国的有关会计准则以及国际会计准则委员会（IASC）《采掘业会计问题文本》中的有关会计核算原则及政策的讨论，都没有油田维护费核算的有关规定。按照国际惯例，对于油气生产成本的确定，是按照权责发生制原则，将在当期发生的油气开采费用及折旧、折耗、摊销等费用记入当期成本，而对于油气勘探、矿区取得及开发成本，都按照成果法或完全成本法予以资本化，形成油气资产（井及相关设施等），对油气田维护支出，不单独进行核算，也不单独记入成本项目，而是按照其支出的性质分别不同情况确认为资产或当期成本或费用。因此，我国油田维护费的相关规定及核算办法同国际会计惯例是相悖的。在石油企业会计走向国际化的形势下，油田维护费政策不利于同国际会计惯例接轨，也直接影响着石油行业实施国际化战略。

综上所述，我们可以得出一个结论，即油田维护费政策在我国会计规范日益国际化，会计政策不断实现国际趋同的形势下，越来越不适应会计规范的要求，同现有的会计法规、规范及政策存在着许多矛盾，因此应当予以取消。认为油田维护费政策应当进一步改革，不应取消的观点不利于我国油气会计同国际接轨，也不利于对我国石油企业会计进一步的改革和规范。试想象一下，如果油田维护费进行进一步的改革，① 完全按照收益性支出和资本性支出分不同的渠道列入成本或进行资本化，也就等于将国家文件中规定的 10 项油田维护费支出进行了分解，其中大部分都不再列入成本项目，实质也就等同于取消了油田维护费政策。因此，笔者认为，油田维护费无论从理论和实践上都存在着弊端，需要予以取缔，而实际上中国石油、中国石化在国际资本市场上市，国际资本市场要求规范会计核算，同国际惯例接轨，国家取消油田维护费政策也是势在必然。

应当指出，油田维护费政策，是国家为缓解石油工业发展中资金的缺口而给予石油企业的特殊政策，是国家在计划经济体制下为保障油气产量而实行的一项措施，也可以说是石油企业生产经营以产量为中心的特殊历史条件下的产物。事实上，油田维护费政策也为油气稳产、增产发挥了非常重要的作用。随着石油工业体制的改革和现代企业制度的实施，石油企业由原来的以产量为中心而逐步转移到以经营、效益为中心，特定历史条件下的油田维护费政策也完成了它的历史使命，失去了存在的前提和条件，成为了油气会计政策变迁的一个历史迹点。

（四）勘探开发基金政策

勘探开发基金政策是国家给予石油行业的又一项特殊会计政策。其背景是指国家在实行原油产量包干和原油价格"双轨制"

---

① 刘永泽：《油田维护费会计问题研究》，"关于油田维护费改革的具体建议"，《会计研究》2002 年第 9 期，第 37 页。

改革后，规定原油的高平价格之差收入，可以作为石油企业勘探
开发基金，专门用于石油资源的勘探和开发，并且可以从中提取
一定比例的职工福利奖励基金。勘探开发基金的形成比较特殊，
在会计核算上实行专款专用，属于一种石油行业特有的专用
基金。

　　勘探开发基金的形成处于我国经济体制改革初期，是以
"承包制"和转换企业经营机制为改革背景的，尽管国家实施了
各项改革政策，但其经济体制还是计划经济。因此，该项政策注
定是不会持久的。计划经济体制下的石油工业是国家控制的战略
物资生产的主要行业，也是企业自主权最小的行业之一。进入
20 世纪 80 年代中期以后，国家通过调整原油价格，不断缩小原
油的高平价差，并且将超产节约原油的一部分转变为"贡献
油"、"政策油"，事实上形成了原油价格的"多轨制"。按照国
家政策规定，对形成的勘探开发基金（预算外资金），当时还要
征收能源交通建设基金和预算调节基金，加上国家投资体制改
革，"拨改贷"政策的实施，1988 年石油工业发生了全行业亏
损。随后国际油价下跌，国家将原来给予的原油优惠价格予以收
回，勘探开发基金的数额并不足以补偿石油勘探开发所需的投资
缺口。1998 年 6 月 1 日，我国原油成品油价格与国际油价全面
接轨，勘探开发基金政策也随之消失。

　　勘探开发基金政策是国家给予石油企业用以弥补投资不足的
特殊会计政策，在实施期间有效地缓解了石油勘探开发资金缺乏
的困难，对经济体制改革时期石油工业的发展起到了重要的作用。
同时，这一政策的实施，也对石油企业转换经营机制，推动企业
内部改革和强化管理起到了积极的推动作用。然而，勘探开发基
金政策毕竟是国家经济体制改革过渡时期的产物，具有浓厚的行
政色彩，也带着政企不分的体制背景，如高平差价的价格都由政

府规定，企业无定价权，也不能完全按照市场价格运作，其实质就是国家以行政手段给予的资金筹集渠道，高平差价随着油价变化，最终还是落实到了国家行政资金供应，因此，勘探开发基金也反映了企业还没有走向市场，没有在市场上筹集资金的自主权，也不利于将石油企业尽早推向市场，实施根本性的改革。由于勘探开发基金政策的性质所决定，随着国家经济体制改革的深入和市场经济体制的建立，这一政策也就失去了存在的前提条件。

（五）储量有偿使用费政策

储量有偿使用费是1988年经财政部、国家物价局等有关部门批准，在油气开采成本中提取的一项专门基金。储量有偿使用费提取的理论依据主要是：我国油气储量历来都是无偿使用，储量的发现成本由国家予以核销，没有将其资本化，即在管理上不承认储量资产，也没有将储量资产的折耗价值反映在油气开采成本中，致使油气成本构成不合理，油气储量发现成本补偿不足，影响着勘探开发，致使油气勘探后备储量严重不足，制约着石油工业的进一步发展。随着经济体制改革的深入，理论上要求承认储量是一种商品，需要进行资产管理，其折耗部分也需要得到相应的补偿，在这种情况下，国家颁布了一系列关于矿产资源有偿使用和管理的法规，对油气储量实施有偿使用，形成了储量有偿使用费政策，理论上将储量有偿使用看作是对国家勘探投资的补偿。

储量有偿使用费最初是按每吨5元征收，此后逐步增加，到1999年增加到原油每吨100元，天然气每千立方米40元提取。储量有偿使用费由中国石油天然气总公司代表国家统一定额征收，由总公司根据当年的勘探部署在全国范围内统一分配、调剂使用，以保证新区勘探资金的主要来源。储量有偿使用费主要用于地质调查和地球物理勘探以及打探井和购置地质勘探技术装备等。每年按实际支出列入年度财务预算，属于能够形成固定资产的，如探井出油转作采油井以及购置技术装备等，可将储量使用费转作企业的资本公积；属于不能形成固定资产的费用支出，经审查批准后，冲销储量有偿使用费。

储量有偿使用费是国家给予石油工业用以解决勘探开发投资不足的又一特殊政策，对于缓解石油企业的投资困难起到了重要的作用。储量有偿使用费政策的实施，从理论上承认了油气开采成本中应包含储量的价值，是国家对油气储量由无偿管理向资产化管理过渡的重要推动措施，对促进油气储量资产商品化有着重要的意义。同时，储量有偿使用费记入油气开采成本，从会计核算理论上使得油气产品成本内含更加合理、完整，使会计成本核算更为规范，反映的成本核算信息更为真实。储量有偿使用费政策尽管有其合理性的一面，但我们也必须看到，它也是国家在特定条件下缓解石油勘探开发资金供需矛盾的一种特殊政策，带有浓厚的政府行政色彩，在其提取的计量上没有科学的理论依据和正确的计算方法，人为的随意性很强。记入油气开采成本的储量使用费也没有真正地反映储量折耗价值，同储量的资本化成本没有密切的联系。实质上，储量有偿使用费的计量额度是国家根据石油勘探开发的资金需求量以及国家可能让渡的资金量（即国家财政少收入的资金量），由国家政府部门同石油企业协商确定的计入油气开采成本的价值。储量有偿使用费从 1988 年的 5 元/吨原油增加到 1998 年的 100 元/吨原油，增长了 20 倍，足以说明其提取标准的随意性。储量有偿使用费既然是政府给予石油工业的特殊政策，当企业完全走向市场实现了较为彻底的政企分离，这一政策也必然随之消失。

（六）三套账（表）的会计处理政策

三套账（表）的会计处理政策，是指石油企业作为一个会计主体，在进行会计业务处理时要设置以基本建设会计制度、工业企业会计制度和事业单位会计制度为基础的三套核算账务体系，同时要向国家有关部门报送基本建设、工业企业和事业单位三套会计报表。这种会计处理政策的形成与实施在新中国成立初期就已经开始，当时主要学习苏联的会计核算模式，将工业生产、基本建设、大修理分三套总账，各自独立核算。之后随着我国计划经济体制的建设和会计制度的改革与完善，逐步形成了以基本建设、工业生产和事业单位三套账（表）进行会计处理的模式，直到 1993 年我国实施全面的会计改革为止，这一政策才随之废除。

石油企业实行三套账（表）的会计处理政策，主要是由我国的计划经济体制决定的。由于计划经济体制下的企业是全民所有制企业，它只是国民经济计划的一个基层单元，其主要职能是生产，而不是经营，更谈不上理财，企业所需资金、物资、原材料由国家计划供应，产品由国家统一调配，利润上缴国家，亏损由国家弥补，经济生活中没有风险和不确定性。因此，这时会计的主要职能就是收集、处理和报告企业对国民经济计划执行情况的信息。由于计划经济体制下的资源配置是分行业、分部门、分所有制形式进行的，为充分发挥会计的反映职能和便于信息汇总，政府也就根据不同行业、不同部门和不同所有制的资源配置要求，拟定了分行业、分部门和分所有制形式的、一统到底①的会计制度，我们目前把这种会计制度称之为"三分割、一统到底"的旧有会计制度。② 石油天然气生产活动从勘探、开发及油

---

① 所谓一统到底，是指从会计循环的开始——会计凭证，到会计循环的结束——会计报表，企业都必须执行国家的统一规定。

② 薛云奎：《会计大趋势——一种系统分析方法》，中国财政经济出版社 1999 年版，第 249 页。

气开采是一个系统的生产过程，石油天然气会计应当包括这三个阶段的全部内容，而按照旧有会计制度，将石油企业同一会计主体、同一种产品生产过程人为地分割为采用三套账务体系核算、报三套会计报表，肢解了油气生产活动过程，抹杀了石油天然气会计核算的特殊性，分散了相互的会计信息披露，使人无法按照规范的会计准则及国际会计惯例理解和阅读会计信息。直到1993 年我国进行了会计规范向国际惯例接轨方面的实质性改革，石油天然气会计也向国际通行的会计报表体系和会计原则靠拢，将勘探、开发、开采作为油气生产活动的一个整体，成功地实行了"三账"、"三表"合一，取消了三套账（表）的会计处理政策。

三套账（表）的会计处理政策，在计划经济体制下，对于分渠道核算资金的来源及运用，分门别类地提供会计信息，为国家管理部门提供了决策及考核企业的重要依据，符合当时的经济背景要求，也为反映、监督国家专项资金的使用，促进石油工业的发展发挥了重要的作用。但是，这一会计政策同国际会计惯例、会计准则的要求差之甚远，发挥不了会计这一"国际商业语言"的作用，不适合我国对外开放和建立市场经济体系的要求，淘汰是必然的。然而，我们在研究石油企业会计政策的历史变迁时，对于实行长达 40 年的这一会计政策是不应漠视的。

（七）"两头分、中间合"的资金核算政策

"两头分、中间合"的资金核算政策，是指石油企业对于由各种筹资渠道①取得的资金分别进行核算，当资金进入企业后，

---

① 在计划经济体制下，尽管石油企业筹资有多种渠道，但国家计划对各类筹资约束力很强，要求专款专用，企业也只能在规定的筹资渠道范围内按规定的筹资方式筹集资金。

则由企业根据勘探开发及生产需要统一调配，捆在一起使用，会计期末编制会计报表时，再根据各筹资渠道资金的来源比例，分别将各类资金的使用情况、投资完成情况进行核算，分别列入其所应归属的会计报表之中。"两头分、中间合"的会计政策，是在计划经济体制下，我国财务会计制度执行专款专用的会计核算原则，在三套账（表）的会计处理政策要求下，石油企业采取的特殊会计政策，也是特定会计环境下的特殊会计政策。

"两头分、中间合"的资金核算政策，既能够满足专款专用的财务管理模式的要求，又符合当时会计制度的基本要求，还有利于石油企业灵活调度资金，将基本建设、地质勘探及生产几大类资金集中统一使用，用于勘探开发及生产最急需的项目，缓解了资金供需矛盾对石油企业带来的压力，促进了石油工业的发展。这种资金核算政策，是石油企业在内部会计政策制定及选择方面的重要尝试，伴随着三套账（表）会计处理政策一起实施，在石油企业执行了几十年。实践证明，这一政策在特定的历史条件下，是对教条的资金计划管理核算模式的一种突破，是一种资金核算的较先进的一种政策思路，在一定程度上也是思想解放的表现。然而，尽管这种资金核算政策在资金调剂、合理使用和发挥资金最大效用方面起了很大的作用，但还是没有打破专款专用的资金管理模式，不符合国际石油公司对资金集中管理核算的惯例，同市场经济体制下的会计核算理论与方法是相悖的，因此，这一政策随着我国 1993 年财务会计制度的改革以及三套账（表）的合并而取消。

（八）内部经济核算制

内部经济核算制是在统一领导、分级管理的原则指导下，由大庆油田在财务管理和会计实践中不断总结和形成的一种经济核算制度，也称为油田内部经济核算制。这种内部核算制度，曾作为财务管理的先进经验在全国石油企业推广，我国大部分石油企业都实行过这种核算制度。实行内部经济核算制，是"在全油田集中统一领导的前提下，给予各二级单位①一定的相对独立的经营权限，核给二级单位一定数额的资金，使其承担一定的经济责任；二级单位与油田一级单位之间以及各二级单位之间的经济往来，按照内部'买卖'的方式实行计价、结算，并要求各二级单位加强资金、成本管理，做到以'收'抵支，取得'盈利'"。②

内部经济核算制的实施主要集中在两个方面：一是明确油田各级单位管理和核算的权责，二是对内部各单位之间的经济往来进行计价、结算。油田一级单位的主要权责是统一对外、统一管理和协调全油田的核算情况，如统一编报全油田的财务成本计划，统一向银行借款，统一对外采购物资，统一对外销售产品等，并且对二级单位制定经济定额，下达财务成本指标等。二级单位的主要权责则是执行上级（油田财务处）下达的财务成本指标，管好用好流动资金和固定资产，及时进行成本核算。三级单位可比照二级单位做好具体的成本核算工作，四级单位主要是落实岗位责任制，实行班组核算，控制直接成本（费用）支出。

油田二级单位与油田一级单位之间以及各二级单位之间的经济往来采用内部"买卖"方式进行结算。其结算价格由石油管理局统一制定，形成结算价格（计划价格）目录，作为内部往

---

① 石油企业规模庞大，内部核算业务复杂，一般实行四级管理、四级核算。即石油管理局为一级单位，各采油厂、钻井公司、物探公司、油田建设公司以及辅助生产单位等为二级单位，采油厂（公司）下属的作业大队为三级单位，大队所属的作业小队为四级单位。在内部核算制下，三级、四级单位仅仅核算成本和费用，二级单位视同内部法人，核算盈亏。

② 阎金锷、王庆成等：《大庆油田财务管理》，中国财政经济出版社1978年版，第4页。

来结算的依据，内部物资、劳务等交易采用内部结算证。① 油田内部各单位之间发生的经济往来，都必须签发内部结算证，办理结算手续。在内部经济核算制下，油田财务处根据需要给二级单位核定周转金，二级单位在油田财务处分别设"存款户"，将核定的周转金存入该账户，以便进行收支结算。石油管理局定期召集结算会，由各二级单位财务人员携带收付款单据、内部结算证和有关资料，到局财务处互相交换，进行结算。结算会一般在每月初举行，以便对上月的内部往来业务进行结清。

内部经济核算制适用于大型联合企业，尤其是石油生产企业，实践也证明了这种制度有利于协调油田内部各单位之间的经济关系，充分调动各级单位生产经营和降低成本的积极性，提高企业的整体经济效益。在内部经济核算制下实行的内部单位之间的结算证结算，避免了银行转账支票在内部各单位之间不必要的流转，减少了流动资金占用，有利于油田统一调度资金，监督资金的使用，提高资金的使用效果。内部经济核算制推广的班组经济核算，仍是今天企业实施全面预算管理、实施作业成本管理以及完善各层级委托代理关系和权责划分与考核的重要参考。内部结算制度也为企业建立内部银行、大型集团公司建立金融性质的财务公司等提供了宝贵的经验。然而，由大庆油田创建并推广到全国石油企业应用的内部经济核算制，是计划经济体制下石油企业组织机构运行的特定产物，随着石油工业经济体制的改革以及现代企业制度的建立，原有的以管理局为中心的油田管理机构被国际化油公司及技术服务公司所替代，原有的内部经济核算制也

---

① 内部结算证是油田内部各单位之间进行收支结算所用的一种内部结算凭证，也就是油田内部使用的一种"转账支票"。内部结算证由石油管理局财务处统一印发，只限油田内部使用，不能对外，也不能转让流通。

发生了根本的变化，但其权责利相互配套、分级管理分级核算以及群众理财、全员核算的基本思想仍对我们强化财务管理，规范会计核算有着重要的指导意义。

（九）会计集中核算政策

会计集中核算是多年来石油企业一直执行的一项重要的会计政策。会计集中核算起源于大庆会战时期，其产生的原因主要有两个方面：一是大庆会战队伍来自全国各地的油田、企业，各自都有一套自己的核算办法，形成核算单位多，资金分散，不利于统一调度；二是会战初期正值我国国民经济困难时期，国家投资压缩，对油田会战的投资只能满足半年需要，造成投资急缺，由此，大庆会战指挥部提出了资金集中管理，会计集中核算的政策，取消各二级核算单位 107 个核算点，实行全油田统一核算，基层单位作为报销单位。具体措施主要是"两统"（统一现金管理、统一器材采购）、"五定"（定投资、定成本、定资金、定银行存款、定库存现金）、"两预算"（采购有预算、八个班子[1]有预算）、"一上缴"（一切收入全部上缴总部）。[2] 大庆油田总会计室在实行集中核算的同时，相应地改革了核算制度，简化了核算手续，解决了资金短缺、调度不灵的矛盾，曾作为一项先进财务工作经验在全国介绍和推广。

进入 20 世纪 80 年代后，随着国有企业转换经营机制、放权让利等改革措施的实施，会计集中核算政策在执行中弱化，油田企业各二级单位在银行多头设立账户，导致资金的分散化，加剧了石油企业资金的供需矛盾。因此，强化会计集中核算政策又成

---

① 八个班子：农业、副业、商业、修理、食堂、服务、粮食、作坊。

② 大庆石油管理局财务资产部：《大庆油田财务工作资料汇编》，"松辽会战指挥部关于加强资金管理的规定"，（61）松办张字第 63 号，附件 1. 1975 年 3 月，第 231 页。

了石油企业财务改革的重要内容。中国石油天然气总公司于
1995 年 11 月成立了财务公司，统一集中运作全国石油企业的资
金，实现了全国范围内资金集中管理。90 年代中期，中原油田
率先进行企业体制改革，强化了集中会计核算，取消了各二级单
位在银行的开户，成立会计结算中心，由会计结算中心集中管理
各二级单位资金，"你的钱我看着你花"，统一收支，统一办理
二级单位之间的往来结算，统一对外筹资，强化资金的核算监
督，取得了良好的效果。随后，全国各石油企业相继都成立了会
计结算中心，实行会计集中核算。至今为止，中国石油上市公司
所属各子公司或地区分公司都根据实际需要，以基地为中心设置
会计结算中心，并配备先进的财务运行系统软件，实现了高效率
的会计集中核算管理。

　　石油企业会计集中核算政策具有较长的历史，是随着石油企
业的改革与发展不断完善的。大型企业或特大型企业资金集中控
制的传统模式主要包括五种：统收统支、拨付备用金、设立结算
中心、设立内部银行、设立财务公司，① 石油企业在不同程度上
基本采用了上述所有模式。目前，中油股份公司在资金管理方面
实行的就是统收统支、收支两条线政策，借鉴国外先进管理经
验，实现自动划款，零余额管理，并且由财务公司调度和管理整
个中油集团的资金。早期油田内部实施的内部经济核算制，就已
经确立了内部银行的基础。因此石油企业的会计集中核算政策是
比较完整和全面的，适合于石油特大型企业的运作，也符合国际
跨国石油公司资金管理的惯例，同时也为我国特大型企业资金集
中管理与核算模式的建立与改革积累了宝贵的经验。

---

　　① 袁琳：《资金集中控制与结算中心》，浙江人民出版社 2002 年版，第 35—44
页。

（十）记账方法

石油企业会计记账方法的选择反映了石油企业会计发展的轨迹。在我国石油工业发展前期，石油企业会计根据财政部的要求，引入并学习苏联会计模式，运用借款记账法进行核算。1958年我国企业会计"彻底放权，大力简化"，导致会计制度改革"大撒把"，使会计秩序空前混乱，甚至出现了"以表代账"、"以单代账等形式的无账会计"，记账方法的选择和运用无从谈起。20世纪60年代初，国家纠正了经济工作中"左"的错误，对国民经济实行"调整、巩固、充实、提高"的八字方针，彻底整顿"无账会计"，会计工作秩序才得以恢复，科学的记账方法才得以重新恢复运用。在会计理论界，60年代初又对记账方法进行了讨论，借贷记账法和收付记账法之争达到白热化程度。[1] 由此足以看出我国会计理论界和实务界对记账方法的重视。商业部财会局1964年第4季度提出了一种新的记账方法，即增减记账法很快得到推广，财政部也将增减记账法作为《基本建设简易会计制度》和《工业企业简易会计制度》的记账方法。[2] 在此背景下，石油企业也逐步在会计核算中以增减记账法取代了借贷记账法。这是石油企业会计对记账方法的第一次选择。

20世纪80年代初，我国已进入以经济建设为中心的整顿和改革时期，会计理论界迎来了科学的春天，实务界也重整旗鼓，准备大的作为。1978年葛家澍先生的《必须替借贷记账法恢复名誉》一篇文章，又引起记账方法的论争，主张借贷记账法的

---

① 陈信元、金楠著：《新中国会计思想史》，上海财经大学出版社1999年版，第13页。

② 项怀诚：《新中国会计50年》，中国财政经济出版社1999年版，第160页。

观点占了上风，会计界为借贷记账法恢复了名誉，除商业部门之外，其他部门基本上恢复了使用借贷记账法，财政部于1980年对《国营工业企业会计制度——会计科目和会计报表》进行全面修订，并于1981年还分别颁布了《国营施工企业会计制度——会计科目和会计报表》、《建设单位会计制度——会计科目和会计报表》等会计制度，对记账方法的选择没有作出硬性规定，即可选择增减记账法，也可选择借贷记账法，石油企业会计在此时已经开始了以借贷记账法取代增减记账法。进入20世纪80年代中期，石油企业已普遍实行借贷记账法，在全国记账方法还不统一的情况下，石油企业在其干部培训及业务实施中，基本上摒弃了增减记账法，完成了记账方法的第二次选择，实质上又回到了原点。从全国来看，1992年11月财政部颁布的《企业会计准则》第八章规定"会计记账采用借贷记账法"，就意味借贷记账法是我国企业会计的唯一选择，增减记账法也因此退出了历史舞台。在会计理论界，多年的记账方法之争偃旗息鼓。

记账方法的选择过程，一方面说明石油企业会计对国家会计制度、法规的依存性，受会计环境的制约性很强；另一方面也说明了在我国集权式会计管理模式下，企业会计政策选择具有很大的局限性，自主选择会计政策的机会较少。

第二节 石油生产企业会计政策变迁的动因分析

石油企业会计政策确定及选择，受我国经济体制、石油企业集团利益等各种因素的影响，分析其变迁的动因，对于考察会计政策变迁的实质、规律及进一步把握石油企业会计政策的选择具有重要的意义。

一 石油企业会计政策变迁的体制分析

从国家经济体制的改革及变化的路径分析石油企业会计政策的演变，是分析会计政策变迁动因的重要方面。这是因为，我国石油企业属于关系到国计民生、生产国家战略储备物资的特殊行业，历来受国家政府高度集中控制，国家的经济体制框架直接制约着石油企业生产经营过程，包括企业生产经营战略、内部管理制度设计与安排，自然也包括内部会计制度与会计政策的设计与选择。会计政策的变迁受制于我国会计法规和制度，而会计法规与制度又受国家整个经济体制和经济环境的约束。在计划经济体制下，石油企业的主要生产经营目标是完成国家下达的生产任务，满足国民经济对油气产品的需求。在管理上，所有生产要素由国家提供并由国家计划调配，企业没有自主权，会计的目标是为国家控制和管理企业提供经济信息，会计核算执行国家统一会计制度，服务的前提是提供政府主管部门所需的投资、成本以及产值、产量等主要的指标数据，对会计政策的确定和选择企业没有什么自主权，由此导致会计核算及会计政策单一，会计政策设计的范围小，会计政策选择的余地不大，因此，在我国石油工业未进入大规模会战时期以前，石油企业基本没有什么特殊的会计政策。

进入 20 世纪 60 年代，以大庆石油会战为标志，我国石油工业进入大规模发展时期，石油产业逐步成长为国民经济的支柱产业，为国家实现原油自给供应和满足国民经济各方面的需要提供保证。尽管国家的计划经济体制未改变，但由于石油企业在国民经济中的重要地位和生产的重要性，国家允许石油企业实行一些特殊的会计政策，如固定资产（主要是油气井及相关设施）实行加速折旧，在成本中列支油田维护费等，对石油企业的产能建设及规模扩张，原油的稳产增产起到了重要的作用，也丰富了油气会计核算的理论和实务内容。这些会计政策实施的前提是在国家统一的财务会计法规及制度的前提下进行的。

20 世纪 80 年代，我国全面实行了改革开放政策，原有的高度集中的计划管理体制被打破，国家先后实行了对企业放权让利、承包制、利改税以及推行股份制、建立现代企业制度等一系列的改革措施，逐步向市场经济体制过渡，石油企业也在这种情况下实施了相应的改革。如在全国推行承包制改革的大环境下，国家对石油行业实行了"1 亿吨原油产量包干"，实施油气价格"双轨制"，从而形成了由"高平差价"产生的勘探开发基金政策，增加了石油企业的筹资途径，对计划经济体制下国家同石油企业的利益分配关系进行了适当的调整，调动了石油企业的积极性，促进了石油工业的发展，同时也丰富了油气会计工作内容，引致了石油企业会计政策的演变。

在计划经济体制下，我国财政对企业财务及资金的管理实施专款专用政策，各种不同性质的资金不得串用，并且每一类资金渠道都有相应的统一会计制度约束，分别核算、分别产生会计报告，而石油企业对资金的需求量大，资金的调度频繁，为了满足油气勘探、开发及生产的需要，石油企业实行了资金两头分、中间合的会计政策。由于国家财务管理体制及会计核算体制的要求，石油企业又不得不在同一会计主体内实施"三套账（表）"的会计政策。

随着社会主义市场经济体制的建立，1993 年我国首先对会计核算规范及管理体制进行了改革，将会计改革的目标定位于市场经济体制，定位于向国际会计规范与惯例接轨，使我国统一会计制度发生了革命性的变化，执行国家统一会计制度的石油工业，其会计政策也发生了重大的变革，取消了原计划经济体制下的资金核算与调度，会计核算与列报等相应的会计政策，设计并确立了适应市场经济体制和会计管理体制的会计政策。20 世纪 90 年代末期，中国石油工业进行了重大改组，石油企业在新组建的企业集团的基础上改制上市，融入到国际资本市场，加入到世界经济大循环的行列之中，由此给会计政策的发展和变革带来了革命性的影响。站在市场经济体制运行的角度观察和分析石油企业历史上曾经实行的会计政策，许多是令人费解的。如企业作为一个自主经营的经济实体，在会计核算上是一个会计主体，而一个会计主体内能容有三套的核算体系，而且资金核算与调度实施两头分、中间合的方法在一个会计主体内也是没有必要的。由此可见，石油企业会计政策的设计与选择带有浓厚的体制约束印迹，会计政策的变迁对国家经济、财政、会计管理等体制的依赖性是非常强的。

　　会计政策变迁的体制依赖性，不仅依赖于国家经济体制的改变，同时也依赖于石油工业管理体制的变革。石油工业管理体制的变革受制于国家经济体制，而石油工业管理体制又直接影响到行业范围内每一会计主体对会计制度、会计政策的设计与选择，使之服务于行业体制运行和企业集团利益的需要。因此，石油工业体制变革，国家会计管理体制及会计制度改革，是石油企业会计政策变迁的直接原因，而国家经济体制改革及会计环境的改变是会计政策变迁的间接原因。

二　石油企业会计政策变迁的内在因素分析

　　石油企业会计政策的变迁，除国家经济体制和石油工业管理体制，以及国家财政、会计管理体制等的影响因素外，油气生产经营行业本身内在的因素也是促进其变迁的重要动因。

　　（一）石油生产经营的特殊性，是会计政策变迁最内在的强烈需求

　　前已叙及，油气产品的生产，从石油资源勘探开始，经历钻

井开发、地面建设、采油、集输等多个程序和步骤。这一过程在工艺技术上需要多种专业技术队伍协同合作，需要大量的资金投入，具有技术密集性和资金密集性，同时，油气田企业战线长，分布点广，规模庞大，一个油田可以横跨几个乃至几十个县、市和地区，甚至几个省，由此客观上决定了石油企业内部管理过程及内容复杂，管理幅度及层级多元化，需要集权与分权结合，会计核算及信息传递既要立足于生产作业的基层单位（如分散的采油气作业区），又要及时准确地反映到企业决策机构，实现统一领导，有利于生产管理及资金调度的高效化。这就使得石油企业的生产经营及会计核算与管理不能照搬国家法规、制度①规定，石油行业在国家会计法规及制度的基本框架下，制定适合自身经营特点的会计政策就成为必需，如企业内部核算体系及方法，企业内部核算价格的确定，企业内部结算证的发行等会计政策及办法的提出与实施就是满足企业内部管理及核算的需要。因此，我们可以看出石油生产经营的特殊性是会计政策确定、选择的内在需求，也是内在的动因之一。

（二）优秀的石油企业文化，是会计政策变迁的内在动力

石油企业生产特殊的地域环境，特殊的生产过程和油气产品在经济发展中的重要性等多种因素，以及历代石油职工的努力，形成了优秀的石油企业文化。石油人勇于拼搏，始终以振兴国家能源工业为己任的精神和对事业高度负责的责任感是这一文化的核心。国家经济体制改革，使石油工业的组织形式、企业归属等发生了多次变化，但石油企业文化的内涵及影响力并没有改变。

---

①　国家会计法规、制度的制定是以全国企业管理普遍适用性为原则的，尤其是工业企业会计制度的设计往往以制造业为背景，国家一直没有适用于石油企业生产经营的油气行业会计制度，因此，照搬国家会计法规、制度，往往对石油企业会计核算及经营管理不利。

优秀的企业文化，促进石油企业的财会管理人员从国家利益大局出发，以企业发展和为国家多做贡献为己任，积极探索在既定经济体制和管理模式下的财会工作思路、方式和方法，形成了许多成功的经验，这些经验曾多次在全国予以推广。① 在财会人员对特定条件下石油企业财会工作探索的基础上，设计、确定了许多适用于石油企业会计管理工作实际的会计政策。如早期的固定资核算的差额核销政策，同国外的成果法比较相似，但国外成果法以会计准则认可推行是在 20 世纪 70 年代末，而石油企业这一会计政策则实施于 50 年代末期，不能说是一种探索的结果。另外，如油气井资产加速折旧政策、油田维护费政策等，都是积极探索的结果。因此，优秀的企业文化造就的石油财会人员对国家和企业的高度责任感，是石油企业会计政策变迁的内在动力。

（三）石油行业在国民经济中的重要地位，是会计政策变迁的条件保证

石油作为现代社会重要的战略物资，其生产经营关系到国家经济命脉，涉及国家整体经济利益，对国民经济发展具有重大影响。新中国成立以来，党和国家一直高度重视油气资源的开发和利用，在国家财政经济十分紧张的情况下，集中人力、物力和财力组织"石油会战"，建立了基础雄厚的石油工业体系。石油工业在国民经济中的特殊地位，以及国家对石油工业发展和石油安全的高度重视，使得石油企业会计政策的设计、提出得到了政府管理部门的积极支持，凡是有利于石油稳产增产的管理措施和财务会计政策，国家都给予认可和支持，使之形成了我国石油企业

---

① 1963 年下半年，由财政部主持，石油部财务司司长在人民大会堂介绍大庆会战财务管理工作的经验，1966 年 1 月 2 日《人民日报》大篇幅介绍了大庆统一核算的经验。

的特有的会计核算方法、组织体系和一系列特殊的会计政策。因为石油企业会计政策的确定与选择，主要服从于各个时期国家对石油工业发展的目标要求，是将国家利益同企业利益协调统一的结果。没有政府对石油企业的特殊关注，就不会产生诸多的适用于各个时期石油企业的会计政策，因此，会计政策的变迁是同石油工业在国家经济中的特殊地位紧密相连的。

三 石油会计政策变迁的经济学分析

会计政策的制定和选择反映了不同利益主体之间的利益关系，实质上也是不同利益主体之间进行博弈的基本规则，因此会计政策也属于制度的范畴，会计政策的选择就是一种制度安排。"政策就是一种制度"。① 由此可以说，会计政策变迁也是一种制度变迁。

（一）引致石油会计政策变迁的原因分析

就一般意义上说，引致制度变迁的直接原因是制度不均衡，即现有制度安排不能满足人们的制度需求。制度变迁有宏观和微观之分，会计政策的变迁属于微观制度变迁的范畴。就制度变迁的微观层面而言，其变迁的原因主要有两个方面，一是新的潜在利益的出现和人们追求潜在利益的要求；二是利益主体实力的变化。简单说来，就是获取利益和分配利益的要求，促进了制度的变迁。② 会计政策变迁和发展是在博弈过程中进行的。石油企业和国家既是利益的统一体，又是博弈的双方，两者的博弈无论是计划经济体制还是市场经济体制下都存在。而在计划经济体制

---

① 王一国：《国有企业制度变迁与制度创新研究》，湖南大学出版社 2003 年版，第 31 页。

② 同上书，第 25 页。

下，石油企业不仅重视其经济利益，更重要的是在经济利益的基础上重视政治利益，即企业对国家贡献的大小，在众多国营企业中的地位等。石油企业在博弈过程中，依据其石油产业的特殊性和行业的重要性，作为博弈的重要条件，以经济利益产出（包括政治利益）最大化为目标，分析国家既定财务、会计制度、政策的合理性和现有政策的满足度，从而进行制度和政策创新，导致石油企业会计政策的变迁。

在计划经济体制下，尽管企业的各种生产要素都由国家统一调配，企业没有多少自主权，但随着石油会战的进行，国家对企业生产的外部保证条件及制度安排满足不了企业飞速发展的要求，如油气田产量递减规律及油气资产在生产中的不确定性，国家统一的财务会计制度并没有具体的规定，长期的石油计划价格满足不了油气简单再生产过程中的消耗补偿等，使石油企业在同其他国有企业的制度比较中有失公平，出现了制度不均衡，为了获取更多的油气产出，在为国家多做贡献的同时也保持并提升石油行业的政治地位，石油企业必然产生制度需求，在会计核算与管理方面就必然要设计和选择新的会计政策，如油气井资产加速折旧，油田维护费政策，以及后来的储量有偿使用费政策等，都是向国家有关部门提出并经过多次博弈过程而形成的。对于国家而言，给予或认可石油企业设计和选择的会计政策，是给予企业的一种权利。国家在投资紧缺，又急需油气产量提升的状态下，希望通过政策调整和新的制度安排，使石油企业经济产出扩大，满足国民经济对油气产品的需求，双方在各自利益的前提下，完成博弈过程，达到新的制度均衡，促进了石油企业会计政策的变迁。

实际上，石油企业同国家的制度博弈不仅是会计政策问题，还体现在各个方面。最突出的是关于财税制度的博弈。中油集团实施税收的政策性筹划,[①] 使国家在增值税、所得税等多个税种方面，都对石油行业有着特殊的政策，如增值税扩大抵扣范围，所得税实行合并统一纳税等。税收政策筹划就是通过博弈过程，使国家对石油行业的税收重新进行制度安排，达到企业利益和国家利益的统一。

（二）石油会计政策变迁的基本模式

根据制度经济学对制度变迁的分析，将其划分为诱致性制度变迁和强制性制度变迁。诱致性制度变迁，是一群（个）人在响应由于制度不均衡引致的获利机会时所进行的自发性变迁。它是指对现行制度安排的变更或替代，或者是新制度安排的创造，是由个人或一群人在响应获利机会时自发倡导和组织实施的；强制性制度变迁则是由政府法令引起的变迁，它是由政府命令和法律引入来实现的。

石油企业会计政策变迁，是以企业经济利益产出最大化为目标，在对现有制度安排进行分析的基础上，自发地进行制度变更或新制度创造，是自下而上的一个变迁过程，因此，从微观层面上看，会计政策变迁主要在石油行业内部，是一个渐进的变迁过程，符合诱致性制度变迁的特征。然而，石油企业会计政策的变迁涉及企业同国家利益的重新分配问题，其变迁的结果必须接受国家政府的允诺和认可，否则变迁结果可能导致失败。回顾石油企业会计政策设计与选择的历史，除部分会计政策在企业内部实施外，大部分会计政策都要通过政府主管部门认可，并且通过法规或规章的形式确认。因此，石油企业会计政策变迁又带有强制

---

① 政策性筹划是笔者在对石油行业税收管理进行系统分析基础上提出的，是区别于一般在轨迹税法及法规条件，进行技术性筹划的税收筹划概念的，见第六章相关内容。

性制度变迁的性质。具体来说，石油企业会计政策的变迁是以诱致性变迁开始，借强制性变迁来推进，形成行业都实施的普遍的会计政策，这也符合制度变迁的一般规律，即强制性制度变迁最终同诱致性制度变迁相结合。

第三节 石油生产企业会计政策改革与发展

一 石油企业会计政策改革的背景分析

石油企业会计政策的改革是一种制度创新，而这种制度创新受制于多种因素的制约，其中包括国际、国内以及与企业会计发展直接有关的各种因素。概括起来，可将其改革的驱动因素（或称为改革背景）分为国际背景、国内背景以及企业自身的制度背景。

我国石油上市公司都是国际性质的公司，其直接影响会计发展和会计政策变化的因素主要包括国际资本市场环境、国际市场竞争环境、国际油价的变化以及其他因素等。

（一）国际背景分析

1. 国际资本市场环境

中国石油、中国石化以及中国海油三大公司都分别在美国纽约、中国香港等资本市场上市，参与国际资本市场融资活动，客观上要求企业必须按照国际资本市场规范进行运作，必须提供国际投资者、债权人所需的会计信息，这就要求公司的会计工作必须以国际会计准则和会计标准进行规范，会计政策的设计及选择也必须同国际会计惯例保持一致，真正发挥会计作为一种国际通用商业语言的作用。国际资本市场环境发生变化，必然对会计理论和实务产生影响，同时也制约着会计政策的变化。例如美国安然、世通等会计造假案曝光以后，诚信危机震撼着美国及国际社

会，美国政府于 2002 年出台了萨班斯—奥克斯利法案，其 404
条款要求证券交易委员会制定规则，要求上市公司呈报的每一份
年度报告必须包括一份内部控制报告，由此引出中国石油必须按
照 COSO 内部控制框架体系建立自己的内控体制，对中国石油股
份公司的财务会计工作产生了重大的影响，同时也影响着会计政
策的选择。我国在香港资本市场上市的石油公司同样也要受香港
资本市场规则、国际会计准则的制约，由此可见，国际上市公司
的会计政策变革，必然要受到国际资本市场变化，满足国际投资
者对会计信息质及量的需求，以保证企业在国际资本市场的正常
运作。

2. 国际市场竞争环境

自 20 世纪 80 年代开始，我国海洋石油和陆上南方 11 个省
区、北方 10 个省区的部分油田（区块）或含油气地区已先后对
外开放，我国的勘探开发业务已基本进入国际竞争行列。近年
来，中国石油工业实行"利用两个市场（国际、国内市场），两
种资源（国际资源和国内资源）"的发展战略，全面参与国际市
场竞争，石油公司对外工程承包、劳务输出等的规模也越来越
大，对外合作的范围也越来越广泛，据《中国石油报》2005 年
12 月报道，中国石油国内陆上油气勘探开发对外合作从 1985 年
至 2005 年的 20 年里，先后与 10 个国家和地区的 46 个国际石油
公司开展国内对外合作，累计吸收外资 13.86 亿美元。截止到
2005 年 10 月底，累计生产原油 2.78 万吨，天然气 24.4 亿立方
米，建成产能近 400 万吨油气当量。① 同时，中国石油企业投资
中东、南美等国家和地区，通过合作的途径，探寻新的油气资
源，并且呈现快速发展的趋势。可见，我国的石油企业已经全面

---

① 《中国石油报》，2005 年 12 月 19 日，第 5 版。

融入到国际石油经济的大竞争环境之中。国际激烈的竞争环境，需要企业有敏锐的信息反馈系统，信息的相关性及灵敏度都要有大幅度的提高。在会计信息系统中，会计信息的采集、加工处理和输出都要同国际竞争对手相匹配，生成的会计信息在国际间要有可比性，才能做到知己知彼，及时了解对手的实际情况，作出正确的决策。加入 WTO 以后，我国石油石化市场和石油技术服务市场竞争形势更为加剧，也对会计工作，包括会计政策设计与选择提出了新的更高的要求。会计政策的选择和确定必须适应新的挑战和要求，必须在会计确认、计量和报告等方法和程序方面进行改革，不断确立和选择与国际竞争形势相匹配，符合国际会计惯例，并且有助于强化企业竞争力的会计政策。

　　3. 国际油气价格

　　油气价格变化直接影响到公司的收益，同时也影响着石油公司会计政策的选择和对相关会计政策的探讨和研究。客观上讲，油气价格走向的变化，公司在会计方面都会作出反映，尤其是在会计政策选择方面，如储量资本化摊销、油气资产折旧、收益分配政策以及费用确认政策等都会产生变化，在会计准则许可的范围内，利用会计政策选择来平滑或者调整公司的财务指标，避免公司的财务风险。从历史上看，油气价格的变化与人们对油气会计研究的关注度量有一定联系的。从美国油气会计的发展过程看，凡是油气价格较高时期，关于油气会计研究的理论成果及油气会计准则的出台就较多，油气会计理论及实务的研究发展就快。下面是 1970 年至 2005 年各年度以当年美元计算的国际油价，见表 3—1。①

---

　　①　《油价今昔》，《中国石油企业》2005 年第 10 期。

表 3—1　　　　　　　　　以美元计算的国际油价变化表　　　　　单位：美元/桶

年份	1970	1971	1973	1974	1975	1976	1977	1978	1979	1980	1981	1982	1983	1984	1985
油价	1.80	2.24	3.29	11.58	11.53	12.38	13.30	13.60	30.03	35.69	34.28	31.76	28.77	28.66	27.51

年份	1986	1987	1988	1989	1990	1991	1992	1993	1994	1995	1996	1997	1998	1999	2000
油价	14.38	18.42	14.96	18.20	23.84	20.05	19.37	17.07	15.98	17.18	20.80	19.30	13.11	18.25	28.98

年份	2001	2002	2003	2004	2005.1	2005.2	2005.3	2005.4	2005.5	2005.6	2005.7			
油价	24.71	25.19	28.83	38.21	44.23	45.37	52.91	51.82	48.54	54.39	57.58			

注：1970—1985 年为阿拉伯轻质油价；

1986—2005 年为布伦特油价。

　　美国是最早研究油气会计并应用于石油公司的国家，其一系列会计准则及文件的形成和发布都在石油价格的暴涨时期。1975年末，美国财务会计准则委员会在其议事日程上增加了题为"石油工业的财务会计报告"的项目；1977 年 12 月发布了题为《石油工业的财务会计和报告》的第 19 号会计准则；1978 年 12月，证券交易委员会在《第 257 号会计论文集》中发布了对成果法的终审规则，在《第 258 号会计论文集》中发布了对全部成本法的终审规则，从而对自 60 年代中期开始的关于这两种基本会计方法的争论作出了裁定；1981 年公布了第 69 号财务会计准则。

　　国际会计准则委员会于 1998 年成立了采掘业筹划委员会，经过两年多的研究，于 2000 年 11 月发布了《采掘业会计问题文本》，在全球范围内展开讨论。在此基础上，国际会计准则委员会于 2004 年 12 月 9 日发布了国际财务报告准则第 6 号：《矿产资源的勘探和评价》，并于 2006 年 1 月 1 日起实施。这是国际上第一个统一的油气会计准则。

更为有趣的是，自 1999 年国际油价进入再次上涨时期，我国也将石油天然气会计的研究列入议事日程。财政部 1999 年在全国立项的重点会计研究课题，第一次将油气会计列入其中，并安排多个课题分别进行研究。2005 年 7 月，财政部发布了我国第一个油气会计准则讨论稿：《企业会计准则——石油天然气开采（征求意见稿）》，经讨论修改后，于 2006 年 2 月以第 27 号具体准则发布，这也正赶上油价暴涨时期。也许，油价的上涨给石油公司带来巨额收益（如中国石油集团 2005 年实现利润 1700 亿元），从而使这一行业的会计规范及会计方法的制定和实施引起了政府及公司各方面的关注，促进了油气会计的研究和发展。

除上述国际资本市场、国际市场竞争以及国际油气价格等影响石油公司的会计政策外，其他的国际环境，如国际政治、法律、文化背景、信息交流的现代化程度等对会计政策的影响也是比较明显的，而这些因素最终会促使我们加强对其差异的认识，消除对会计政策的不利影响因素，取长补短，不断丰富油气会计理论和实务的内容，使石油公司会计走向国际，以适应石油企业对外开放和开展国际经营与合作的需要。

（二）国内背景分析

影响石油公司会计政策的国内背景也比较宽泛，主要包括国家经济体制、国家宏观经济政策以及由此引起的对石油行业的管制程度，石油工业管理体制，油气资源管理体制，国家的政治、法律等。关于体制对石油会计政策的影响，在会计政策变迁的动因中已做了分析，不再赘述。

国家宏观经济政策，主要包括金融、外汇、税收、价格、工资等政策。金融政策决定着资本市场的发育、借贷的条件，直接制约着石油企业的筹资行为及资本成本，影响着石油公司的会计政策选择；外汇政策决定着企业的进出口贸易的发展及企业筹集和收支外汇的自由度，从而影响到石油公司外汇折算、合并报表等会计政策的选择；税收政策决定着企业是否可以利用税收优惠政策进行纳税筹划，如何进行会计处理等。石油企业在国家1994年进行大的税制改革后，先后进行了多次税收的政策性筹划，取得成功，既维护了企业的利益，实现了国家和企业"共赢"，也促进了我国税收制度的发展，同时也丰富了税收会计的核算内容和方法；价格、工资政策决定着企业的收益和成本，也制约着职工的收入水平，这些因素都从不同的角度影响着会计服务目标、会计确认与计量的方法、会计信息披露的方式以及会计人员的职业道德水准，影响会计人员的职业判断及会计政策的选择动机。因此，会计政策的确立与选择，上述因素是不容忽视的。

油气资源管理体制是指在油气矿业权管理方面的权限划分。在高度集中的计划经济体制下，油气生产企业取得油气探矿权是无偿的，油气储量不作为资源性资产管理，会计上也不存在矿业权取得及交易的会计处理问题。1996年国家新资源法的出台，使油气资源的勘探、开采权由无偿改为有偿。国务院1998年2月12日，发布了《矿产资源勘查区块登记管理办法》、《矿产资源开采管理办法》、《探矿权、采矿权转让管理办法》，其中规定油气资源勘查、开采实行有偿取得制，国家允许油气勘探、开采权转让。按照国务院发布的资源管理办法，从1998年2月起，勘查、开采油气资源必须交纳矿区使用费，勘查区块每年每平方公里100元，从第四年起逐年递增100元，开采区块（含滚动勘探开发区块）每年每平方公里 1000 元。油气资源的开采中虽然严格规定只限于国家公司进行开采，但国家允许投资者对已获的探矿权、采矿权，按照规定程序，申请有偿转让，收回其投资或获得一定利益。财政部在 1999 年 11 月对石油企业取得探矿权和采矿权的支出如何计入成本等会计问题做出了相关规定，由此导致石油公司会计政策的内容更为广泛，其确定和选择的空间更宽，并且逐步向国际油气会计惯例接轨。

国家的政治、法律法规及文化环境等因素对油气会计的改革也发挥着重要的作用。会计理论及实务的研究，需要有一个透明、民主和宽松的政治环境。有了良好的政治环境，才能够促进会计科学研究百花齐放、百家争鸣，形成活跃的学术氛围，促进新的会计理论与会计思想的产生和发展，促进不同政治体制和社会制度国家间的学术交流，加快我国会计国际化的进程。尤其是在石油企业走向国际、实现跨国经营的条件下，油气会计政策的国际趋同显得更为重要。

从 1985 年第一次公布《会计法》以来，我国已建立起一套体系完整、层次分明的会计法律法规及规范框架体系。1999 年 10 月 31 日修订的《会计法》为规范企业会计行为，加强会计核算和会计监督，维护社会主义经济秩序，保护会计人员合法权益，提供了法律依据，这是会计规范体系中的第一层次，也是最高层次。2000 年 6 月 21 日国务院发布的《企业财务会计报告条例》，对 1992 年制定的《企业会计准则——基本准则》所规定的会计要素定义进行了全新修订，作为政府法规，这是会计规范体系中的第二层次。第三层次是由财政部颁发的会计准则和会计制度，直接规范和指导企业的具体会计业务活动。第四层次是其他会计相关规章，如会计基础工作规范、企业内部会计控制等规章制度。国家初步建立的会计法律及规范体系，为油气会计准则制定了法律、法规框架，也为石油公司会计政策的改革与发展提供了法律和法规方面的基础。

任何一个国家的会计发展都不可能脱离其文化环境的氛围，任何一个国家的会计在其发展过程中都会以其特有的价值观念和思维方式形成会计思想、会计理论，以其特有的语言文字描述和传播会计信息，按其道德规范及习惯进行会计处理。[①] 中国文化环境及社会价值观制约着会计改革的目标及其具体内容，同时也约束着石油公司会计政策的发展。因此会计政策的改革与发展还要考虑我国的人文环境，既要走向国际，同时也要照顾中国本土文化的约束，并且不断改善中外文化交流，形成中外文化的相互融合和理解，促进会计政策的国际趋同。

（三）企业背景分析

影响石油公司会计政策的企业自身背景主要包括企业的资本结构、公司治理结构、企业的规模及组织形式、企业主营业务构成以及企业高级管理层对会计工作的重视程度等。企业的资本结构决定了企业的资本来源途径，提供不同资本来源的投资者对会计信息披露有着不同的要求，在其信息披露的宽泛程度、披露的内容深度、时间要求等方面均有较大的差异，这些因素影响着会计目标，必然也影响对会计政策的选择。石油上市公司资本来源包括国内外诸多资本市场，股东结构复杂，自然也对会计政策的确定和选择提出了更高的要求。另外，石油公司的规范及组织形式、主营业务构成等也都影响着会计政策，如石油上市公司为跨国公司，国内外各管理层级构成复杂，分权和集权管理模式相结合，对会计信息的内容及信息传递都有不同的要求，会计政策的

---

① 王新华、赵寿森等：《现代石油股份公司会计》，陕西人民出版社 2001 年版，第 84 页。

确定和选择则不会同一般上市公司一致。同时，石油上市公司生产经营的对象是油气资源的采掘加工，属于特殊生产行业，应当执行特殊行业的会计准则，自然会计政策也就不同于一般行业。因此，石油企业自身的背景也影响着会计政策的选择及发展，石油企业各种背景要求发生变化，也会影响到其会计政策的改革与变迁。

二　石油企业会计政策改革的趋势

从总的发展趋势分析，石油会计政策必然要同国家整体的会计改革与发展相一致，而国家整体的会计改革与发展又必须走向国际化，由此，我们可以这样判定，石油会计政策的发展趋势是走向国际化，并且是率先同国际会计规范和标准接轨。

（一）会计国际趋同是全球会计发展的主流

经济越发展，会计越重要。会计是为经济发展服务的，经济发展又决定着的会计的发展。进入新世纪后，随资本市场全球化，跨国公司的迅速发展，各国之间贸易往来的迅猛增加，以及区域经济合作的发展，经济全球化的步伐明显加快，会计作为"国际通用商业语言"，在经济全球化的进程中扮演着越来越重要的角色。经济全球化需要"商业语言"的统一，需要建立统一的会计标准和规范，以降低跨国融资成本，提高会计信息的可信度和可比性，减少公司交易费用，提升企业乃至国家的竞争力。因此，会计国际化已经变成了一股越来越强的潮流，其进程呈加速发展趋势。

1973 年国际会计准则委员会（IASC）的成立，标志着会计国际协调的正式开始。1975 年 IASC 发布第 1 号国际会计准则：《会计政策的揭示》（IAS1：Disclosure of Accounting Policies）。从此以后，IASC 一直致力于国际会计的协调工作。到现在为止，已经发布国际财务报告准则（IFRS）6 个，国际会计准则（IAS）40 多个，作为国际会计协调的核心准则，从而进一步推动了会计规范的国际统一和会计国际化的进程。

适应经济全球化的要求，近几年世界各国都加快了会计国际化发展的步伐。根据 2002 年《欧法令 1606/2002》的规定，在欧盟境内受监管市场上市的公司自 2005 年 1 月 1 日起按照国际财务报告准则编制合并财务报表；2004 年 11 月 24 日，美国财务会计准则委员会（FASB）发布了《FASB 公告第 151 号——存货成本》，对《会计研究公报第 43 号》（ARB43）第四章进行了修订。公告第 151 号的发布是 FASB 努力提高跨国财务报告可比性的举措，也是 FASB 与国际会计准则理事会（IASB）合作以实现一套高质量会计准则的重要步骤；2004 年 12 月 2 日，英国会计准则委员会（ASB）发布了 5 项与国际财务报告准则（IFRS）趋同的英国财务报告准则（FRS）。英国 ASB 对国际会计准则第 39 号全盘接受，而并非按照之前欧洲委员会批准通过的有保留采用（即限制公允价值选择权的运用和允许对基于投资组合的核心存款的利率套期采用公允价值套期会计）；2004 年 11 月 24 日，新西兰会计准则审核委员会（NZASRB）通过一项决定，完成了构建新西兰会计准则与国际财务报告准则趋同的"稳定平台"，即实现了新西兰会计准则与 IFRS 的完全等同，IF-RS 由此在新西兰被冠名为"新西兰国际财务报告准则（NZI-FRS）"。[①] 除此之外，保加利亚、马来西亚、新加坡、爱沙尼亚、乌克兰等国从 2003 年起以 IAS/IFRS 取代了本国会计标准；俄罗斯、坦桑尼亚等国从 2004 年起执行 IAS/IFRS；由此可见，IASB 的影响力和 IAS/IFRS 的权威得了世界各国的广泛认可，并

① 财政部会计司准则二处供稿：《会计研究》2005 年第 1 期，第 86 页。

且加快了国际趋同的过程。根据德勤会计公司对全球 132 个国家截止到 2003 年 12 月 31 日的 IAS/IFRS 采纳情况的统计，已经有 81 个国家或地区要求或允许国内上市公司采用 IAS/IFRS，占被统计国家的 61%，宣布将于 2005 年之后要求所有上市公司采用 IAS/IFRS 的国家有 30 个，占 23%。① 目前，世界上大多数证券交易所都承认和支持上市公司以 IAS/IFRS 为基础编制财务报告。

由此可见，推进会计和会计标准的国际化，实现全球通用商业语言的统一，为世界经济一体化扫平障碍是大势所趋，也是世界范围内会计改革和发展的方向。

（二）中国会计改革的方向是逐步实现国际趋同

自改革开放以来，我国的会计改革一直沿着同国际会计惯例接轨的道路进行。20 世纪 90 年代初的第一次大的会计改革，确定了"两则"、"两制"，实现了向国际会计标准靠拢的第一步，是对计划经济条件下我国会计模式的一次革命。随着市场经济体制的建立和发展，"两则"、"两制"带有浓厚计划经济体制下传统会计模式的弊端逐步显现出来，《股份有限公司会计制度》的发布，又使我国的会计规范向国际会计规范和标准靠进了一步。随后不断发布实施的具体会计准则和《企业财务会计报告条例》等法规和规章以及《企业会计制度》的发布实施，才使得我国的会计标准从会计确认、计量、记录、报告等方面都比较接近国际会计标准的要求，可以说近十几年来我国会计改革发展的过程就是一个国际趋同的过程。

随着近年来会计国际化进程的加快，我国政府也采取了一系列的措施。财政部于 2003 年 2 月 20 日对会计准则委员会进行了

---

① Vineoy 论坛：《论会计国际化的演变与趋势》，http://vineoy.com. 2005 年 12 月 31 日。

改组，确立了新的会计改革目标，即在 2005 年前后建立起中国企业会计准则体系。2005 年的一年中，财政部先后发出了 39 个会计准则的讨论稿，广泛征求会计理论和实务界的意见，并于 2006 年 2 月发布，于 2007 年 1 月全面实施。从发布的会计准则的内容看，其确立的会计标准主要是以国际会计准则和惯例为参照，尽量同国际会计准则取得一致，这也是我国会计国际趋同的重大举措。

在组织方面，我国积极参与相关的会计国际组织活动，开展会计的国际交流，以了解和跟踪会计的国际发展动态并及时发表我国的意见。① 我们还积极与其他国家开展区域间的沟通和合作，2002 年 2 月与日本、韩国会计准则制定机构举行了三国会计准则制定机构会议，2005 年 9 月又在西安举行了中日韩会计准则制定机构会议，研究解决会计准则国际趋同问题，同时也说明中国会计国际化的决心以及对国际会计准则的支持。由此可见，会计的国际趋同是中国会计改革和发展趋势和目标。

（三）石油公司会计政策改革的趋势和内容

在会计国际化的潮流的推动下，越来越多的跨国公司主动采用国际会计准则编制财务报表，并在会计选择方面逐步向国际会计准则靠拢。中国三大石油公司属于国际性公司，都先后在国际资本市场上市，按照国际资本市场及所在国的证券管理机构的要求，都要求按国际会计准则或上市资本市场（中国石油部分股权在美国纽约资本市场上市）所在国的会计准则编制财务报告和进行会计选择。中国石化在香港资本市场上市，从 2002 年起就执行国际会计准则。然而，由于三大石油公司只是部分股权在

---

① 冯淑萍：《关于当前环境下的会计国际化问题》，《会计论坛》2003 年第 1 期。

国际资本市场上市，其控股权仍然是国家，国有未上市股权占多数，需要按照我国颁布的会计准则和会计制度向国内投资者提供财务报表和进行会计选择。中国石化和中国石油还有部分股权在国内上市，尤其要按照《企业会计制度》及颁布的具体会计准则向外披露会计信息。事实上，目前三大石油上市公司执行的是两套以上的会计规范标准，即向国内投资者及相关部门披露会计信息时，执行的是我国财政部颁布的标准，向海外投资者及相关部门披露会计信息时，执行的是 IAS/IFRS 或美国 FASB 的标准，形成了双重的会计规范标准，这给石油公司会计带来了诸多不便并且不利于准确及时地披露会计信息，会计信息的可比性及可靠性也受到了影响。鉴于这种情况，中国石油上市公司客观上需要执行一种会计规范标准，以消除由于标准不一致给会计工作及信息披露质量带来的影响，也需要会计政策及选择的统一。根据前面的分析我们知道，会计国际趋同已经是一种潮流，是加入国际经济大循环各国必须要顺应和参与的大趋势，那么石油上市公司会计规范的标准不可能也没必要统一到我国现行的会计规范标准上来，因为我国的会计规范体系也在逐步向国际标准靠拢，由此我们可以判定，中国石油上市公司会计政策的改革及发展趋势也必然是向国际会计政策靠拢，实现会计政策的国际趋同。

我们所讲的石油公司会计政策趋同，是指在今后的改革中，会计政策要体现经济全球化的客观要求，遵循会计标准国际趋同的规律。但是趋同不是等同。世界各国在经济、政治、法律、文化等方面存在着较大的差异，会计环境千差万别，会计国际协调的过程必然困难重重，在近期要达到完全一致是不可能的，因此我们要正视这个问题。在会计国际趋同过程中，如果忽视各国国情，忽视会计发展状况和环境特点，趋同将可能是空洞的概念或美丽的条文。① 同样，石油公司会计政策的国际趋同，也需要一个漫长的过程。目前还不可能实现内外一致，但是石油公司及国家有关管理部门应当积极参与到这个过程中，积极推进石油会计政策的趋同。既然会计政策的趋同是一个过程，那么就必然要选择渐进方式进行，采用"协调—推进—统一"方式进行。协调是指石油公司会计政策目前还要执行内外有别的政策，对国内上市或未上市部分还要按照国家颁布的准则和制度执行，海外上市部分在执行国际会计标准的过程中，还要结合我国国内会计环境及企业的实际情况，求同存异，以会计目标为宗旨，提高会计信息的质量；推进就是指在国际趋同的过程中，要积极创造条件，尽量同国际会计标准靠拢，客观上促使会计国际化的进程加快，为实现会计政策同国际会计标准统一奠定基础；统一则是最终实现石油公司会计政策同国际会计政策的统一。

按照这一路径实现国际趋同，除石油公司做出努力外，国家的财税制度、有关经济政策、法规也要有一个国际趋同的过程，否则，只有企业的努力，这一过程是很难完成的。

遵循石油公司会计政策的发展趋势，会计政策研究和改革的内容主要应包括以下几个方面：

1. 关于石油天然气会计理论研究

石油上市公司的会计环境在不断地变化，国内外关于石油天然气会计的研究在不断的进展，国家在会计国际化趋势的影响下，将不断地建立和发布新的会计准则体系，石油天然气会计准则已经颁布并将实施，因此，加强石油天然气会计理论的研究刻不容缓。只有不断研究石油天然气会计的理论及实务，油气会计政策的确定和改革才有较厚实的理论基础。在理论研究方面以后

---

① 冯淑萍：《关于当前环境下的会计国际化问题》，《会计论坛》2003 年第 1 期。

研究的重点应围绕着油气生产的全过程，包括矿区取得，勘探开发，油气生产以及会计信息披露等方面的会计理论与实务研究，为具体会计政策的确立和选择奠定理论基础。

2. 关于油气会计计量政策

关于油气会计计量政策，主要应按照国际惯例和国际会计准则的要求，对成果法与完全成本法进行选择；对资本化了的勘探开发费用折耗方法的选择；以及费用资本化方法的选择等方面与国际会计政策趋同。

3. 关于石油上市公司组建过程中的会计政策

主要是根据国内、国外石油上市公司组建中常用的会计政策进行研究和改进，如油气储量转让政策、财务剥离政策、土地使用权处理政策等。

4. 关于石油上市公司运行中的会计政策

主要包括关联方交易政策、油气资产折旧政策、油气资产减值政策、矿权流转政策、纳税筹划政策，以及废弃矿区的环境恢复等政策。

5. 关于信息披露会计政策

主要包括信息披露的范围、信息披露成本与效益分析、石油上市公司会计政策选择与信息披露的协调等。

总之，石油上市公司会计政策改革的内容，必须符合油气会计国际化的大趋势，也要力争同国际趋同，同时，结合我国石油公司运作及会计管理和信息披露的要求，选择、确定适当的会计政策，以达到提高会计工作效率和提高信息质量的目的。

第四节　章小结

本章主要论述了我国油气生产企业会计政策的历史变迁过

程，对石油企业实施过的主要会计政策进行了总结和评述。分析了油气生产企业会计政策变迁的动因，并论述了石油企业会计政策改革与发展的趋势。本章的主要观点是：

（1）油气会计政策的变迁与发展同我国石油企业会计发展的四个阶段紧密相连。

（2）本章所列的 10 项主要会计政策都是我国石油工业发展及会计制度变更特定历史条件下的产物，适用于当时历史经济环境和会计管理的要求，为石油工业的发展起到了积极的促进作用，并随着经济的发展和体制的变化而终止实施。

（3）油田维护费政策不适合油气会计的国际化发展趋势，应当予以取消。

（4）石油企业会计政策变迁的直接动因是石油工业体制变革和国家会计管理体制及会计制度改革；促使会计政策变迁的内在因素包括石油生产经营的特殊性及其在国民经济中的特殊地位以及石油企业文化。

（5）石油企业会计政策的国际趋同变迁过程是一个政治过程，是国家同企业利益博弈的过程，其变迁模式是强制性变迁和诱致性变迁的结合。

（6）石油企业会计政策改革变化的趋势同国际会计改革形势一致，具有国际趋同的发展方向。石油公司会计政策的国际趋同应采用"协调—推进—统一"的方式进行，并应率先实行同国际会计政策相统一。

第四章

石油上市公司会计政策实证研究

　　我国以石油天然气勘探、开发生产为主营业务的上市公司主要有中国石油、中国石化、中海石油、辽河金马油田股份有限公司（以下简称辽河油田）、中国石化中原油气高新股份有限公司（以下简称中原油气）、中国石油胜利油田大明（集团）股份有限公司（以下简称石油大明）六家大的石油公司。其中，辽河油田是中国油气田企业首家从事油气生产的上市公司，于1998年5月28日在深圳证券交易所挂牌交易，公司国有法人股由辽河石油勘探局持有；2000年经国家批准，辽河石油勘探局持有的公司国有法人股转让给中国石油，成为中国石油下属的子公司。中原油气是由原中原石油勘探局作为独立发起人，采用募集方式设立的股份公司，经批准于1999年11月10日在深圳证券交易所上市交易；2000年2月28日经国家批准，中原石油勘探局将持有的公司国有法人股转让给中国石化，成为中国石化下属的子公司。石油大明是由胜利石油管理局等三家单位1992年12月共同发起成立，于1996年6月28日在深圳证券交易所上市交易；该公司是一个综合经营性质的上市公司，在经营范围上有别于辽河油田和中原油气两家上市公司。

辽河油田、① 中原油气、石油大明三家上市公司分别隶属于中国石油和中国石化，在会计政策的确立和选择方向上直接受其母公司制约，其会计政策也同其母公司基本一致，这样我们在对石油上市公司的会计政策进行分析时，主要集中在中国石油、中国石化和中海石油这三大公司。然而，在对上市公司组建时的会计政策进行研究时，辽河油田、中原油气等公司的重组改制、资产剥离等会计政策还是值得借鉴的，因为这些子公司的上市时间先于三大公司，许多会计政策的设计和选择是带创建性质的，也是值得探讨的。

第一节　石油上市公司财务体制及资本市场分析

一　我国三大石油上市公司概况

1. 我国石油工业体制改革背景

新中国成立以来，我国石油工业经历了多次分化、组合等管理体制的变更，形成目前的生产经营管理格局。概括起来，大致可以分为三个阶段：一是 1949 年至 1980 年高度集中的计划经济管理时期。国家设立石油部，作为国家政府机关，兼有所有者、管理者、经营者三重身份，负责从投资、原材料购进、人员调配到原油去向、炼制、石油化工的一切工作。石油部下属的石油管理局，统一管理各油区内各二级单位的一切生产活动，严格执行

---

① 中国石油于 2005 年 10 月 28 日签署了要约收购报告书，对辽河油田流通股股票以终止辽河油田上市为目的进行要约收购，收购期限为 2005 年 11 月 15 日至 2005 年 12 月 14 日。截止到 2005 年 12 月 12 日，中国石油预受股份和其持有股份合计已达到辽河油田总股本的 94.37%，超过要约收购完成后收购人至少持有辽河油田总股本的 85% 的要约收购生效条件，要约收购在要约期满时生效，辽河油田已终止上市，不再是上市公司。

上级部门及其他部委的指令性计划。

二是1981年至1998年积极探索社会主义市场经济的石油工业管理体制改革时期。1981年至1998年间我国石油工业的组织机构发生了几次分化、组合，并形成我国这一时期陆上与海上、上游与下游石油工业的分割局面。1982年，国家能源委员会被撤销，其负责的石油、煤炭、电力各部成为国务院的直属机构。1982年，中国海洋石油总公司成立，全面负责我国海上对外合作、开采海洋石油资源业务，享有在对外合作海域内石油勘探、开发、生产、销售的专营权，使我国石油工业陆上与海上实现了分离。1983年2月，中国石油化工总公司成立，主管炼油、化工及销售业务，这使我国陆上石油工业上游与下游生产实现了分离。1988年6月22日，国家成立能源部，同时撤销了原煤炭工业部、水利电力部、石油工业部及核工业部，同年9月成立了中国石油天然气总公司。不久能源部被撤销，石油天然气总公司成为国务院的直属机构。

三是1998年至今，我国陆上石油工业市场经济运行机制的确立及运行时期。根据九届人大一次会议批准的《国务院机构改革方案》关于将石油天然气总公司和石油化工总公司下属的油气田、炼油、石油化工、化肥、化纤等石油与化工企业以及省市石油公司和加油站，按上下游结合的原则，分别组建两个特大型石油石化集团公司的决定，1998年7月，中国石油天然气集团公司和中国石油化工集团公司正式成立。这两个公司不再履行政府的职能，成为完整意义上的企业，完成了中国陆上石油工业有史以来最大的一次重组，打破了石油工业上下游垄断的局面，将企业完全推向了市场，建立了企业的市场运行机制。随后中国石油天然气集团公司、中国石油化工集团公司和中国海洋石油总公司进一步实施重组改制，将其中的核心业务部分改组成为股份有限公司，并在国内外证券交易所挂牌上市。

2. 中国天然气石油股份有限公司（中国石油）

中国石油是于 1999 年 11 月 5 日在中国石油天然气集团公司重组过程中成立的股份有限公司。中国石油天然气集团公司向中国石油注入了与勘探和生产、炼制和营销、化工产品和天然气业务有关的大部分资产和负债。主要业务包括：原油和天然气勘探、开发和生产；原油和石油产品的炼制、运输、储存和营销（包括进出口业务）；化工产品的生产和销售；天然气的输运、营销和销售。中国石油发行的美国存托股份①及 H 股于 2000 年 4 月 6 日及 4 月 7 日分别在纽约证券交易所有限公司及香港联合交易所有限公司挂牌上市；2007 年 11 月 5 日在国内资本市场发行的 40 亿公众股在上海证券交易所挂牌上市。中国石油是中国销售额最大的公司之一，2004 年和 2005 年的净利润分别是 1029.27 亿元和 1700 亿元。经国家有关部门批准，中国石油于 2005 年 9 月 1 日在境外增发 H 股获得成功，预计出资达 27.15 亿美元，充分显示了中国石油在全球投资者心目中的地位及高超资本运作技巧和管理水平。

3. 中国石油化工股份有限公司（中国石化）

中国石化是在中国石油化工集团公司进行集团重组中于 2000 年 2 月 28 日发起设立的股份有限公司，主要业务包括：石油和天然气的勘探、开发、生产和贸易；石油的加工，石油产品的生产，石油产品的贸易及运输、分销和营销；石化产品的生产、分销和贸易。中国石化发行 167.8 亿股 H 股股票于 2000 年 10 月 18 日和

---

① 美国存托股份（American Depository Share）根据存托协议发行的股份，代表发行企业在本土上市的股票美式期权（American Option），可在有效期间随时行使期权。

19 日分别在香港、纽约、伦敦三地交易所成功发行上市；2001 年 7 月 16 日在上海证券交易所成功发行国内公众股 28 亿股。目前中国石化的总股本为 867.02 亿股。中国石化集团持有的国有股占总股本的 55.06%，未流通的其他国有股和法人股占 22.36%，外资股占 19.35%，国内社会公众持股 3.23%。中国石化获得中国企业最高的信用评级——标准普尔 BBB 信用评级。

4. 中国海洋石油有限公司（中海石油）

中海石油由中国海洋石油总公司（简称中国海油）作为发起人，于 1999 年 8 月在香港注册成立，中国海油为最终控股公司，拥有 70.6% 的股份。中海石油于 2001 年 2 月 27 日和 28 日分别在纽约证券交易所和香港联合交易所挂牌上市。中海石油主要从事中国海上石油和天然气的勘探、开发、生产和销售业务，是中国最大的海上石油及天然气生产，亦是全球最大的独立油气勘探生产公司之一。中海石油在中国近海拥有在生产油气田 44 个，分别位于南海东部、南海西部、渤海和东海海域，其中与外国石油公司合作油田 23 个，自营油田 21 个。境外在印度尼西亚拥有在生产区块 5 个。中海石油是中国最早也是最广泛地与国外石油公司合作开发油气田的公司。

二　三大石油上市公司的财务会计管理体制

上市公司的财务会计管理体制，决定着会计工作的运行机制，同样也决定着会计政策的选择。我国三大石油上市公司都是在原有母公司基础上组建起来的特大型石油公司，并且其组建是以国际石油公司为标准，以增强公司的国际竞争力为目标，以国际石油公司运行模式为参照的国际性跨国石油公司。在融资体制上，三大上市公司都在海外资本市场上进行融资，其财务会计管理及运行受制于国际资本市场的要求，因此，三大石油上市公司的财务会计管理体制都基本选择国际石油公司普遍采用的高度集中管理的财务会计管理及运作模式。

我国三大石油上市公司采用高度集中的财务与会计管理模式，是同企业的管理体制相配套的。一般情况下，各公司的财务与会计管理大致可分为五级，即：股份公司总部——二级专业公司——地区公司（含国外子公司）——作业区——生产区。以中国石油为例，公司总部下设勘探与生产、炼油与销售、化工与销售、天然气与管道四个块板分公司和三个国际性质公司，各板块分公司直接管理各油田，炼油厂等地区公司，各地区公司具体管理各采油作业区（采油厂），各采油作业区管辖各采油生产区。就整体机构设置而言，股份公司本部作为一级法人，各分公司和地区公司等都属于非法人单位。按照财务与会计管理的五个层级，公司总部设财务部，统管整个公司的财务与会计工作，各分公司及地区公司都设财务处，统管各块板分公司及地区公司的财务与会计工作，作业区及生产区也都设有相应的财务与会计管理机构，由此形成统一领导，分级管理的财务与会计管理体制。

在统一领导、分级管理的财务体制下，石油上市公司采取财权高度集中的管理模式。具体体现在：公司总部作为一级独立核算主体，集中统一融资权，即统一发行股票，统一向银行及重组机构借款，筹集资金；集中统一投资权，即由公司总部统一投资决策，决定资金投向与额度；集中统一担保和资金调配权，即资金由总部统一调配，一般都通过三大公司所属的财务公司进行资金融通与调配，各分公司及地区公司在没有授权的情况下无权调配资金和对外担保；集中统一收益分配权，即在兼顾公司发展与各方面利益的基础上，由公司总部统一行使收益分配权；集中统一对政府纳税，即由公司总部统一进行税收筹划，制定税收筹划方案，协调公司各层级同各级政府的关系，统一向税务机关纳税；集中统一财务与会计政策，即由公司总部制定总公司财务经营战略方针、计划及目标，制定公司财务管理制度、会计制度、会计政策以及办法、规章等，保证整个公司财务与会计工作各层级的衔接、统一、协调。

二级专业分公司是利润中心，对总公司负责计算盈亏，完成总公司的各种财务预算指标，落实总公司的各项财务会计制度及政策。二级专业分公司没有利润分成权，所有利润必须全部上缴公司总部，所需投资由公司总部拨款。

地区分公司是成本中心，不是一级完整核算单位，一般不核算利润。其所需生产费用和建设投资，统一纳入财务预算，由专业分公司根据批准的预算拨款，其实际支出向专业分公司报账。国外子公司职责权限相当于专业公司，实行完整的会计核算，但其利润除股东分红外必须全部上交专业分公司，或按专业分公司的要求进行再投资或汇往指定地点。地区公司及国外子公司下属的作业区及生产区不作为一级核算单位，主要是进行成本专业控制，完成地区公司下达的预算指标。实际上，石油公司实行的是公司总部、专业公司和地区公司三级核算体制。[①]

石油上市公司采用集权式财务会计管理模式，是同其国际性大公司的要求相适应的。这是因为三大石油上市公司都属于特大型跨国公司，涉及上下游一体化生产经营，地域分散、管理层级多，委托—代理链条过长，管理难度大，管理成本高。采用集权财务与会计管理，有利于发挥公司总部财务会计专家的优势，提高公司理财水平，降低资金成本，平衡好各层级的利益关系。优化公司资源配置，提高规避风险能力，同时还有

---

① 温青山：《国际石油公司发展战略与财务管理》，石油工业出版社 2004 年版，第 173—175 页。

利于正确进行税收筹划，降低企业税赋，① 提高企业的经济效益和国际竞争力。

我国三大石油上市公司实行集权式财务与会计管理体制，在公司范围内实行统一会计政策，使得公司各层级保持着基本一致的会计政策及会计规范标准，对于我们研究其会计政策提供了方便，我们可以将研究的对象锁定在公司总部一级会计政策的设计和选择方面，对基层分公司及作业区等的会计政策可以不再作细致地考察。

三　三大石油上市公司资本市场分析

我国三大石油上市公司在海外上市，主要集中在香港、纽约、伦敦三个资本市场。并且，中国石化和中国石油分别于2001年7月和2007年11月在上海交易所挂牌上市。目前情况下，尽管会计准则及规范有着国际趋同的发展趋势，但各资本市场受各国（地区）公司上市准入的法律法规、证券交易监管的要求，以及会计、审计规范及信息披露的标准等的要求，对上市公司有着不同的要求。这些方面的要求是上市公司必须要达到的，否则，无法在这些资本市场进行融资和股票交易。

1. 香港证券交易所（又称香港交易所）

香港交易所是香港联合交易所有限公司、香港期货交易所有限公司及香港中央结算有限公司的控股公司。香港交易所资金流通度高，交易成本相对较低，证券交易风险管理及服务功能齐全，是重要的国际资本市场，也是中国内地企业

---

① 中国石油集团在国家1994年税制改革之后，面对迅速增长的企业税赋，采取了统一税收筹划的措施，详细研究了企业的实际情况，提出了全过程抵扣理论，同国家税务部门多次研究、协商，对增值税的进项税抵扣及所得税纳税方式进行了改革，成功地实施税收的政策性筹划，减轻了企业税赋，促进了企业的发展。

筹集国际资金最有效的渠道。香港交易所已将内地业务作为发展的重点。从 1993 年青岛啤酒作为第一只 H 股在香港交易所上市至今，在香港交易所挂牌的内地企业已超过 300 家。①中国石油、中国石化、中海石油都选择了在香港资本市场筹集资金。

在香港交易所上市的公司，必须按照香港资本市场要求的准入条件进入资本市场。在信息披露方面要按照香港会计师公会颁布的香港地区会计准则（HKAS）以及香港地区会计准则释义（HKAS-Int）进行。2004 年香港会计公会颁布了"香港会计准则第 1 条——财务报表的表达"等 17 项会计准则，并于 2005 年 1 月 1 日或之后的会计期间生效。该准则与国际会计准则理事会（IASB）颁布的国际会计准则（IAS）及释义实现了并轨。同时香港会计师公会还公布了"香港财务报告准则 2 号—以股份为基础的支付方式"等 4 项财务报告准则，实现了在财务报告规范方面的国际接轨。由此可见，在香港资本市场上市的公司，在会计规范方面已经要求按 IASB 的标准执行，并且已率先实现了会计的国际趋同。香港国际资本市场关于上市公司监管要求及会计规范为我国内地企业走向国际资本市场制订了标准，也是我们研究国际资本市场和国际上市会计政策的重要参照。

2. 美国纽约证券交易所

纽约证券交易所，是世界第二大证券交易所，具有 200 多年的历史，是最大、最老、最有人气的市场，目前约有 2,900 多只股票（包括大部分历史悠久的"财富 500 强企业"），股价总值达 700 万美元。在纽约证券交易所挂牌的股份公司需具备以下几

① 成都托管网：《内地业务成为香港交易所发展重点》，http//www.cdtg.com.cn.2006 年 2 月 10 日。

点条件：

（1）最少有 1,100,000 股在市面上为大众所拥有及股票的总市场价值最少要有 18,000,000 美元以上。

（2）最少有 2,000 名的股东（每股股东拥有 100 股以上），或总共 2200 名股东。

（3）近 6 个月来平均每个月的交易量最少要有 100,000 股。

（4）上个会计年度最低为 2,500,000 美元的税前所得。

以上可以看出，纽约证券交易所的市场准入条件是比较高的。中国企业进入纽约证券交易所进行挂牌交易，还必须经过美国证券交易委员会（SEC）的审核，主要包括对公司的股权结构、业务结构、生产经营等从公司法、税法、证券法和各项重大交易的会计处理风险因素等各方面进行审核，经审核批准后，才能进入资本市场进行融资。

在纽约证券交易所挂牌交易的公司，必须符合美国的证券法、公司法等法律法规的要求，同时在重大交易的会计事项处理及会计信息的披露上要按照美国证券交易委员会（SEC）的相关文件规定和美国财务会计准则委员会（FASB）发布的会计准则进行。FASB 根据会计理论与实务研究的新进展及会计国际化的趋势，经常公布新的会计准则或修改原有的会计准则。例如，在 2004 年 FASB 发布了对美国财务会计准则委员会第 151 号财务会计准则（SFAS No. 151）对存货成本的声明，SFAS No. 152 对房地产分时交易的声明等，并于 2005 年 6 月 15 日之后开始的财政年度生效。按照美国证券交易委员会（SEC）及纽约证券交易所的要求，中国三大石油上市公司在每年提供的会计报告中，必须以 FASB 及 SEC 的相关规定，以美国会计准则为依据进行会计政策的选择和财务报告的呈报，这对三大公司的会计工作提出了更高的要求。

3. 伦敦证券交易所（London Stock Excheng）

伦敦证券交易所是世界著名的证券交易所，是世界主要证券交易中心之一。它为英国和国际公司提供筹措资金的市场和手段。伦敦证券交易所起源于 17 世纪末的伦敦交易街的露天市场，至今已有 200 多年的历史。伦敦证券交易所的组织是会员制，设有理事会，负责经营管理、制定交易规则、决定手续费比率以及仲裁纠纷等。理事会下设业务、仲裁、人事、财务等专门委员会，其中业务委员会最为重要，负责决定证券是否上市。在伦敦证券交易所上市有三条途径，即股票、存股证、① 债券。其中每一途径上市均有不同的披露要求和上市程序。无论是以什么样的方式上市，英国上市当局（UKLA），即监管伦敦上市情况的金融服务当局（the department of the financial service authority）已经做出很多基本要求，包括：（1）保荐人，一般是有相应资格的投资银行、股票经纪人、法律公司或会计事务所作为保荐人。（2）交易记录，即上市公司需要有至少三年的交易记录。（3）公众股，公司最小的市场总额是 700,000 英镑。其中，至少要 25% 的股票是控制在与公司业务没有任何关系的人手里。（4）控制性股东。（5）招股说明书。（6）不间断职责，即一旦公司成功上市并且准许交易后，公司就必须履行一系列不间断的职责。其中包括在规定的时间内上交半年度财务报告和独立审计的年度财务报告，并且报告一些市场新的价格信息。② 中国石化、中海石油是以发行的美国存托股份在伦敦证券交易所上市的。

---

① 存股证（Depository Receipt DR）是在伦敦上市和交易的可交易证券，代表对发行者基础股票的拥有权。在伦敦上市和交易几种存股证，包括以美元标价的全球存股证（Geloble Depository Receipt GDR）和美国存股证（American Depository Receipt ADR）以及以欧元标价的欧元存股证（EDR）。

② 佚名：《伦敦证券交易所》，http://www.China stocks org.cn。

在英国资本市场上市的公司，需要以英国会计准则委员会（ASB）发布的会计准则为依据进行会计处理和编报财务报告。英国的会计准则同英国《公司法》是相一致的。ASB在《会计准则前言》第7段指出："ASB发布的财务报告准则以及所采用的标准会计实务公告，都是《公司法》所承认的会计准则。"这表明，英国目前的会计准则不仅是对会计实务的权威性说明，并且英国《公司法》还对会计准则的存在做了法律上的承认，肯定了它们对财务报告的有益作用。①

4. 上海证券交易所

上海证券交易所成立于1990年11月26日，归属中国证监会直接管理。其主要职能包括：提供证券交易场所和设施；制订证券交易所业务规则；接受上市申请，安排证券上市；组织监报证券交易；对会员、上市公司进行监管；管理和公布市场信息。经过多年的发展，上海证券市场已成为我国内地首屈一指的市场，上市公司数、上市股票数、市价总值、流通市值、证券成交总额等各项指标均居首位。截至2006年1月25日，上证所拥有上市公司833家，上市证券1070只，上市股票877只，总股本5016亿元，总市值24900亿元，总流通市值7438亿元。② 上海证券交易所依据《公司法》和《证券法》对上市公司进行监管，并定期发布关于上市公司信息披露内容与格式准则，指导上市公司按照会计法及我国的会计准则和会计制度进行会计事项的处理和会计信息的披露。

三大石油公司中，目前已有两大石油公司在国内资本市场成

① 中华学习博客网站：《英国会计准则的演进与最新发展》，http://www.blog.kabook.net，2005年11月3日。

② 上海证券交易所网站，2006年2月5日。

功发行 A 股，并且中国石油成为沪深两市第一大权重股，中石化也入列沪市十大权重股之一。因此，中国石化和中国石油对国内有关法律、法规及会计准则和会计制度的规范执行，以及对会计政策的正确选择对国内上市公司及资本市场的运行与管理都有着重要的意义。

四　国内外资本市场对会计政策选择及信息披露的要求

三大石油公司在国内外资本市场上市，都应按照上市证券交易所所在国的资本市场监管法律、法规及会计准则和标准进行会计处理，选择会计政策，披露会计信息。首先，三大公司在香港资本市场上市，要按照香港公认的会计准则及规范进行会计政策选择，编制财务报告。在香港会计准则同国际会计准则接轨的情况下，三家公司在海外上市都要执行国际会计准则，即以国际会计准则的相关要求进行会计业务处理和编制财务报告，披露会计信息。尽管目前欧美的会计规范都在逐步向国际趋同，但英国及美国的会计规范及证券交易监管的要求同国际标准还存在着差异，因此，在纽约证券交易所和伦敦证券交易所上市的中国石油和中海石油的美国存托股份，还需要按照美国 FASB 公布的会计准则及美国 SEC 信息披露的要求，进行业务的会计处理和信息披露。因此，三大石油公司对海外资本市场都要定期编制不同标准和要求的财务报告，增加了这几大上市公司会计处理和会计政策选择的难度。在对外进行信息披露的情况下，还要披露美国存托股份补充资料，即编制美国标准和香港地区标准（国际标准）的反映差异的财务报告。现以摘录中国石油 2004 年报中美国存托股份持有人补充资料为例，说明编制利润表的差异，见表 4—1。①

---

① 中国石油股份公司 2004 年年报。

表4—1　　　　国际财务报告准则与美国公认会计准则的
重大差异对净利润的影响

	截至 12 月 31 日止年度	
	2004 年 人民币（元）	2003 年 人民币（元）
国际财务报告准则下的净利润	102,927	69,614
美国公认会计准则的调整		
冲销物业、厂房及机器设备重估减值	—	391
物业、厂房及机器设备重估增值之折旧	8,170	8,053
物业、厂房及机器设备重估减值之折旧	(830)	(144)
经重估的物业、厂房及机器设备出售之损失	523	451
所得税项影响	(2,595)	(2,886)
少数股东权益	(60)	(60)
美国公认会计准则下的净利润	108,135	75,419
美国公认会计准则下的每股基本及摊薄利润 （人民币元）	0.62	0.43

　　以上案例说明，在海外不同资本市场上市的公司，要按照不同的会计准则进行会计事项的处理和编制会计报告，同样也包括不同会计原则下的会计政策选择。

　　三大石油上市公司都是在国有集团（总）公司基础上组建起来的，按规定要同其母公司合并会计报表。按照我国法律、法规的规定，三大石油上市公司及其母公司都必须以我国财政部颁布的会计准则、会计制度等规章选择会计政策，进行会计事项处理和编制合并会计报表。中国石化和中国石油在国内资本市场也有上市股份，也应按照国内会计标准向中国投资者披露会计信息。在国内上市的中国石油、中国石化旗下的控股子公司无疑也要执行国内会计标准，除此之外，三大石油上市公司在海外的跨国业务还要对其外币收支进行折算，编制外币折算后的会计报表。由此可见，三大石油公司在执行会计标准和选择会计政策方面有着很大的差异，造成会计处理的复杂性，也为我们研究会计政策增加难度。

第二节 三大石油公司会计政策的现状比较[①]

一 中国石油的会计政策内容及构成特点

（一）中国石油会计政策的构成内容

中国石油由于是海外上市公司，对外披露的会计报表是遵照国际会计准则委员会（IASB）发布的国际财务报告准则编制，会计政策的选择也主要是以 IASB 发布的会计准则为依据。财务报告中披露的主要会计政策内容包括：合并会计报表政策、对联营公司的投资、外币政策、投资的核算、金融工具、资产计价和折旧及减值、租赁收入的确认、关联企业及其交易、存货计价、应收账款和坏账处理、所得税和其他税项处理、借款和负债计价、收入确认的标准、准备、研究开发支出、退休福利计划、股票增值权等。就整体会计政策而言，基本体现了充分披露原则。

---

① 三大石油公司所选用和对外披露的会计政策均达到 20—30 多项，本研究对于同一般企业相同的具有共性的会计政策则不展开研究，而是主要研究三大石油公司具有油气生产活动特点的以及跨国石油公司特征的会计政策。本研究的现状比较，是以三大公司 2004 年的年报为基础进行比较分析的。

结合国际石油公司的业务特点，将几项重要的会计政策列示如下：

1. 编报综合会计报表的基准

综合会计报表包括中国石油的会计报表，以及由中国石油直接或间接拥有超过50%投票权益或中国石油可控制其经营活动的附属公司的会计报表。附属公司的经营业绩已包括在综合损益表中，但少数股东的应占收益则不包括在综合净利润中，中国石油内部公司间的结余及交易已经对销。

对附属公司采用购买法进行会计处理，自控制附属公司之日起合并该附属公司的报表，自失去控制之日起停止合并。购买的成本是在购买日所放弃的资产所签发的股份或所承担的负债的公允价值加上与购买直接相关的成本，购买成本大于所购买的附属公司净资产的公允价值的部分确认为商誉。公司内部交易的发生额往来余额和未实现的收益都要抵消，未确认的损失也要抵消，除非成本不能弥补。为了保证会计政策的一致性，附属公司的会计政策要调整成与母公司一致。

2. 外币折算

中国石油所有的资产和经营活动大体上都在中国，以人民币为计量货币。中国石油拥有海外一些原油及天然气的勘探及生产业务，这些业务以美元为计量货币。人民币是母公司及大多数合并报表单位的计量货币，综合会计报表也以人民币列示。

中国石油的外币交易均按交易当日之汇率入账。在上述交易结算过程中以及在折算以外币计值之货币性资产和负债时出现的利润或损失均在综合损益表中加以确认。货币性资产与负债均以结算日之汇率进行折算。

境外公司的损益表和现金流量表以年平均汇率折算为中国石油的报告货币，其资产负债表以年末汇率进行折算。外币折算差额计入股东权益。中国石油并未在任何呈报年度内签订任何对冲合同，也没有将任何呈报年度产生的外汇交易利润或损失进行资本化。

3. 投资的核算

中国石油于 2001 年 1 月 1 日开始实行国际会计准则第 39 号，并把投资分类。对于投资的核算，按所有购买和出售的投资在交易日被确认，交易日是指集团承诺购买或出售该资产的日期。购买成本包括交易成本，可供出售的投资以公平价值计量，如果没有取得后的公允价值（其在活跃市场上没有标价，并且其公允价值不能可靠计量），该投资按成本计量，进行减值检查。可供出售的投资，主要是非上市权益性投资。除了管理层明确打算持有可供出售的投资期间不超过自资产负债表日起 12 个月或需出售此投资以增加经营资本时，此可供出售的投资归类于流动资产，否则该投资归类于非流动资产。

4. 资产减值

中国石油对物业、厂房及机器设备，包括油气资产，根据现金产出单元的账面价值是否高于其售价净额与可使用价值较高者，以评估是否出现减值。可使用价值是根据持续使用和最终出售现金产出单元的资产时的未来现金流量的估计净现值计算。

5. 油气资产

中国石油对于油气勘探生产活动采用成效（成果）会计法。主要内容：勘探成本的成功探井资本化，列入资产、油气及相关设施；矿区取得成本中的探矿权成本，勘探成本中的其他成本列入损益、地质勘探费用；矿区取得成本中的采矿权费用、借款计入管理费用或先计入无形资产，再摊入管理费用；开发成本全部资本化列入油气井及相关设施。油气井及相关设施的折耗采用直线法。

根据此方法，开发油气井支持设备和设施以及油气物业中的已探明矿产权益的所有成本均进行资本化。勘探油气井的成本根据该油气井是否发现探明储量而决定是否进行资本化。发现探明储量之油气井的成本须进行资本化，所有其他探井地质和物探成本均作费用入账。

勘探开发服务的直接成本由地质勘探、钻井、固井、测井和试井等费用组成。

油气资产的成本以油田为单位按单位产量法进行摊销。单位产量率是按照中油集团采矿许可证之现有期限，即 55 年，根据油气储量在现有设施中的预计可生产量决定。中国石油的储量估计只包括管理层认为可于此等采矿许可证现有期限内合理开采的原油及天然气。

探明储量估计乃按照独立工程顾问德·高乐和迈克·诺顿（DeGolyer and MacNaughton）编制的报告制定。此等储量估计是按照各油气区（而非同一区的个别油田）编制，并按各期间终结时的价格及成本计算的估计影响做出调整。中国石油的储量估计仅包括该公司认为可依照采矿许可证现有年限进行开采的原油和天然气。

探明油气储量未来现金流量的标准化度量，是按照美国财务会计准则第 69 号呈列，是按照各期间终结时的价格和成本、现行法定税率和 10% 年贴现率计算。

6. 税项

获国家税务总局批准，以综合基准申报其应课税所得额。

递延税项按现行税率的 33% 为主要税率确定，以负债法并基于暂时性差异计算。主要的暂时性差异来自油气资产和机器设备的折旧、坏账准备、存货准备、投资及物业、厂房及机器设备的减值准备。与结转未动用税项损失相关的递延税项资产，仅在可获得未来应课税利润与可运用未动用的税项损失抵消时加以确认。除所得税外的其他税赋，主要包括消费税、资源税、城市建设税、教育费附加和营业税。

7. 收入的确认

营业额是指销售原油、天然气、炼油产品及化工产品，以及输送原油和天然气所得的收入。销售收入在产品交付且用户接收时，或在提供服务时（如有）加以确认，并在扣除销售税和折扣后列账。只有当中国石油向买家转移重大风险及货物所有权的收益时，而且当因交易而产生或将产生的收入额和支出额能够可靠地衡量时，才会确认收入。

中国石油只有在 2004 年时天然气是依据所签订的照付不议合约进行销售。签订照付不议合约的客户需购买或支付合约中规定的最低天然气量。关于在照付不议合约下天然气销售及运输的收入确认遵照报表附注所列示的会计政策。从客户收到的未使用的天然气预付款计为递延收入直到天然气被实际使用。

8. 股票增值权（2003—2004 年）

中国石油自 2000 年 4 月 7 日首次公开发售 H 股之日起，开始实施一项股票期权计划。期权自授予日起三年后，即 2003 年 4 月 8 日至 2008 年 4 月 7 日止可以行权，行权价相当于首次公开发售 H 股之价格。

由股票增值权而产生的酬金以中国石油 H 股的市场牌价超过授予价的金额计量。该酬金在既定日前被预提计入酬金费用。既定日前预提的酬金根据中国股票的市场牌价随后发生的相对于授予价升高或降低的变化予以调整。由股票增值权而产生之酬金及其后的变化调整计入雇员酬金成本，相关的负债计入薪金及福利应付款。

9. 储备

银行和其他担保、环保责任、法律方面的或有责任、土地、道路和房屋的租赁、集团保险、生产和经营设施的重新配置、成本削减措施。

10. 关联交易

产品及服务按照以下各项定价：（1）国家定价；或（2）如无国家规定价格，则根据有关的市场价格；或（3）如（1）或（2）的情况均不适用，则根据实际成本价，或协议合约价，即就若干建造与技术服务而言，实际成本加上不超过15%的费用，其他类别服务的费用则不高于3%。

（二）中国石油会计政策构成特点

中国石油的会计政策的选择、内容和执行情况，基本上体现了公司遵循国际会计准则的要求，同时也体现了中国油气会计的特点，例如对油气资产的计量，把油气资产与其他固定资产分开，单独列示，使公司的最为重要的资产便于管理和反映，充分按照国际石油天然气的会计准则要求，尤其是美国石油天然气会计准则的要求对油气资产进行核算和披露。投资成本的计算尽量以公允价值为标准，符合现在会计的要求趋势。但在对劳务收入的确认时，确认的标准还不能够充分体现谨慎性原则，对于外币折算，采用的区分货币性与非货币性项目法，政策的选择和执行具有浓厚的中国特色。从整体来看，会计政策的选择、内容和执行情况，基本上是站在投资者的立场上，维护投资者利益的，没有过多地渲染公司财务和经营情况。

（三）中国石油油气资产具体会计处理方法

1. 矿区取得成本

矿区取得成本中的探矿权成本，计入地质勘探支出，然后转入当期损益、地质勘探费用；矿区取得成本中的采矿权费计入管理费，或先计入无形资产，再摊入管理费用。

2. 勘探成本

中国石油自2003年开始对油气勘探生产活动采用成果法。

在建工程勘探油气井的成本，根据该油气井是否发现探明储量①
而决定是否资本化。地质及地球物理勘探成本于发生时予以费用
化。探井的成本是否资本化取决于是否发现了足够的潜在经济可
开采的油气储量。当探井位于开始生产之前不需投入大量资本支
出的区域时，需要在钻探工作完成后一年内完成评估储量的经济
效益。如果不能获得经济效益，相关的钻井成本则作为干井费予
以费用化。对于在开始生产之前需要投入大量资本支出的区域发
现有可经济开采储量的探井，只有在进一步的钻探工作正在进行
或计划确定要进行时才予以继续资本化，否则探井成本要作为干
井费予以费用化。

3. 开发成本

油气开发成本（包括干井）全部先记入油气开发支出，在
投产后转入资产、油气井及相关设施。

4. 生产成本

油气生产成本包括操作费、折旧与折耗两部分。操作费是指
管理、维护油气井及相关设施和设备所发生的人工费、修理和维
护费用，消耗的材料、燃料、矿区管理部门发生的费用以及交纳
的生产税等。操作费根据其发生情况直接或分配记入油气生产成
本。油气资产的折旧与折耗以油田为单位按单位产量法进行
摊销。

5. 天然气净化作业费

中国石油将油气生产过程中发生的天然气净化作业费先记入
成本一级科目——天然气净化作业，在期末转入油气销售成本。

---

①　探明储量是指在现存经济与作业条件下，即在估算日的价格与成本条件下，
地质和工程资料表明在未来年度里具有合理肯定性的可从已知油藏开采出的原油、
天然气和天然气液体的估算量。

6. 油气井及相关设施清理

油气井及相关设施清理通过固定资产清理科目进行核算。

二　中国石化的会计政策及构成特点

由于中国石化在海内外都上市，需要向外披露两套财务报告，相应地会计政策选择的依据也有所区别。国际财务报告是遵照国际会计准则理事会（IASB）发布的国际财务报告准则（IFRS）编制。IFRS 包括 IASB 审批及签发的 IAS 及相关的解释公告，亦符合香港地区公司条例的披露规定及香港联合交易所有限公司证券上市规则的适用披露条例。国内财务报告所采用的主要会计政策是根据《企业会计准则》和《企业会计制度》及其他有关规定制定的。以下以国际财务报告所采用的编制依据为主对中国石化会计政策进行分析。

（一）中国石化会计政策的构成

中国石化在国际财务报告中对外披露所选择的主要会计政策包括：合并政策、对联营和合营公司的投资、人民币和外币折算政策、投资的核算、金融工具、资产计价政策和折旧及减值（物业厂房及机器设备、油气资产、在建工程、无形资产）、租赁收入的确认、关联企业及其交易、存货计价、应收账款和坏账损失处理、所得税和其他税项处理、借款和负债计价、收入确认的标准、准备，研究开发支出、退休福利计划、维修及保养支出。

为了便于同中国石油的会计政策比较，现将主要的几项会计政策列示如下：

1. 合并报表的基准

合并财务报表包括本公司及各附属公司的财务报表。合并利润表内包括由控制生效当日至控制停止当日的附属公司的业绩，而少数股东应占数额是从除税后正常业务利润中扣除或加上。所有重大的公司内部往来结余及交易，以及由公司内部往来交易产生的任何未实现利润，已在合并时抵消。

2. 外币折算

中国石化的功能记账货币是人民币。年度内的外币交易按交易日中国人民银行公布的外汇牌价折合为人民币。外汇货币性资产及负债则按资产负债表日中国人民银行公布的外汇牌价折合为人民币。除了已资本化为在建工程的汇兑差额外，汇兑差额均记入利润表作收入或支出。

境外子公司的业绩按年内中国人民银行公布的平均外汇牌价换算为人民币。资产负债表项目按资产负债表日的中国人民银行公布的外汇牌价换算。所产生的汇兑差额作为外币报表折算差额处理。

3. 投资核算

中国石化在联营公司及其在子公司及联营公司的投资是按权益法核算长期股权投资及投资收益。股权投资差额按直线摊销，当期摊销金额计入投资收益。

联营公司是指本集团长期拥有其不少于20%但不高于50%股本权益且对其管理层具有重大影响力之公司。合营公司是指中国石化可以与其他合营者共同控制的公司。中国石化对拥有不超过20%股本权益或虽拥有20%以上股本权益但对其管理层不具有重大影响力的公司的长期投资采用成本法核算。投资收益在被投资公司宣布现金股利或利润分配时确认。处置或转让长期股权投资按实际取得的价款与账面价值的差额计入利润表。长期股权投资按账面价值与可收回金额孰低计价，对可收回金额低于账面价值的差额，计提长期投资减值准备。

其他股权投资乃中国石化在主要从事非石油及天然气、化工活动和业务的中国企业中的权益，其中包括中国石化持有50%以上权益但投资金额较小或并不实际控制被投资公司而未予合并的投资。中国石化的股票投资为其在子公司及联营公司中的投资。

在国际财务报表披露中，对于非上市的股权投资是按成本减耗蚀亏损准备列示。管理层认为投资的账面面值高于可收回金额时便会计提准备。

4. 资产减值

中国石化在每个结算日评估是否有任何迹象显示在以前年度确认的资产耗蚀亏损可能不再存在。假如用以厘定可收回值的估计发生有利的改变，则耗蚀亏损便会逆转。当导致作出抵减或冲销的情况和事项不再存在时，除非该项资产以重估价值列示，其后增加的资产可收回值会确认为收入。有关重估资产的耗蚀亏损逆转会计入重估储备，除非耗蚀亏损曾在利润表中确认为支出，则该耗蚀亏损的逆转会确认为收入。在逆转会扣除尚未抵减或冲销的情况下原应确认为折旧的金额。

5. 油气资产

中国石化采用成果法计算其公司的油气生产活动。根据成果法，开发井及相关辅助设备的成本会被资本化。探井成本会在决定该井是否已发现探明储量前先行资本化为在建工程。探井成本的耗蚀会在决定该井未能发现探明储量时发生。在需要大量资本支出的含油气储量区域中的探井，除已发现有足够储量以支持投入并使其成为生产井所需的资本支出，且正在进行或已切实计划在近期钻探更多的勘探性油井外，有关支出均作费用处理。然而，尚未能确定发现探明储量，则其探井成本在完成钻探后并不会按资产列账多于一年。尚于一年后仍未有发现探明储量，探井成本则会耗减并记作开支。其他所有勘探成本，包括地质及地球物理成本、其他干井成本及年度租赁费，均于发生时作费用处理。有关探明资产的资本化成本是以油田为单位按产量法摊销。摊销率是按现有设施可收回的油气储量除以原油及天然气储区的可开采年期及有关生产许可证规定的期限的较短者确定。除非出售涉及整项探明储量的油气区块，否则有关的盈亏不会被确认。此等出售油气资产的收入被贷记入油气资产的账面值。

6. 税项

所得税包括当期税项及递延税项。当期税项是按应课税所得及适用税率计算。递延税项是以资产负债表负债法按合并财务报表的资产及负债账面金额与计税用的金额之间的所有暂时性差异计提。递延税项是按预期在变现资产或偿还负债的期内适用的税率计算。任何税率变动对递延税项所产生的影响会在利润表内扣除或记入。预期可用作抵消未来应课税利润的亏损税值，会在适当程度上抵消在相同法定纳税单位及司法管辖区内的递延税项负债，但不得用以抵消另一法定纳税单位的应课税利润。递延税项资产会减记至有关税项收益不可能再变现的程度。

消费税是按销售量以适用税率向汽油和柴油的生产商征收。城建税是按企业的增值税、消费税和营业税的总额征收。

7. 收入确认

销售原油、天然气、石油及化工产品及所有其他项目的收入在买方收取货物及拥有权和产权的重大风险及回报已转移给买方时入账。提供服务所得的收入于提供服务时在利润表中确认。假如在收回到期价款、退货的可能性方面存在重大的不明朗因素，或在收入及相关已发生或将发生的成本不能可靠地计量的情况下，便不会确认收入。利息收入是以资产的实际回报，按时间比例为基准确认。

8. 储备

中国石化没有储备政策，而是确认准备。当因过去的事件而产生的一项法定或推定的债务及有可能导致经济利益流出时，准备会在资产负债表被确认。

9. 环保支出

与现行持续经营业务或过去业务所导致的情况有关的环保支出均会在发生时作为支出入账。与未来补救成本有关的负债是在很可能会进行环境评估及/或清洁工作，以及可合理估计有关成本时入账。当公司得悉与环保或有事项有关的事实后，中国石化会重估其应计负债及其他潜在风险。

10. 关联方

中国石化有能力直接或间接控制及共同控制另一方或对另一方施加重大影响；或另一方有能力直接或间接控制或共同控制中国石化或对中国石化施加重大影响；或中国石化与另一方或多方同受一方控制，均被视为关联方。关联方可为个人或企业。

产品及服务按照以下各项定价：（1）以国家规定的价格为准；（2）若国家没有规定价格，则以国家的指导价格为准；（3）若国家既无规定价格，亦无指导价格，则以市价为准；（4）若以上皆不适用，则以各方协商的价格为准，定价的基础为提供该服务的合理开支再加上不高于6%的毛利。

（二）中国石化会计政策国际与国内的差异

由于中国石化国际与国内会计业务处理执行的是不同的会计规范标准，编制财务报告的编制依据及要求不同，在会计政策的选择与构成方面存在着一定的差异，这实际上反映了目前中国的会计标准同国际会计标准的差异。然而，中国近些年的会计改革以及对会计国际趋同的努力，使得会计政策的选择及构成总体上差距不是很大。现将中国石化会计政策构成及内容归纳如下：

1. 关于存货跌价准备的计提

国内财务报告列示的计提范围为：2001—2003 年主要是产成品的跌价准备。2004 年主要是产成品及零配件的跌价准备。国际财务报告中对这一政策没有详细解释。

2. 关于油气资产

对于油气资产的资本化成本构成国内国际都采用成果法，其各种应予资本化的成本会计处理一致。但在油气资产的摊销方面差异较大。国际财务报告中对有关探明资产的资本化成本是以油田为单位按产量法摊销，这符合国际惯例。而在国内财务报告中对油气资产的摊销则是按使用年 10—14 年以直线法进行摊销，这同我国传统的摊销方法一致。由于我国会计准则及会计制度对油气资产的摊销没有规定，也没有石油天然气会计准则予以规范，实践中一直将油气资产视同为固定资产，按固定资产的折旧方法进行摊销。

对于油气资产清理报废，按国内准则及制度，单项油气资产的报废或处置所形成的收益或损失，应按预计清理净收入与该项资产的账面值之间的差异计入当期损益；而按国际财务报告准则，除非报废或处置涉及整项探明储量的油气区块，否则单项油气资产的报废或处置产生的收益或损失不被确认。该项报废或处置的资产原则应记入累计折旧。而清理收入计入相关油气资产的账面值。

3. 关于无形资产

国际财务报告中没有对无形资产的相关会计政策进行解释。国内财务报告对其进行了较为详细的解释。按照国内准则和制度，中国石化的无形资产中包括油田勘探开采权。油田勘探开采权是由中国石化向中国石化集团公司收购中国石化新星公司时，按其收购成本超过所收购净资产的公允价值的数额确认。油田勘探开采权按直线法摊销，摊销年限为油田生产专营权的平均年限（确定为 27 年）。

4. 关于坏账准备的计提

国际财务报告对坏账准备的计提"呆账准备是根据结算日对应收账款的可收回性的评估计提"。国内财务报告则明确规定了坏账的估计首先通过单独认定已有迹象表明回收困难的应收账款，并根据相应不能收回的可能性提取坏账准备。对其他无迹象表明回收困难的应收账款按账龄分析及管理层认为合理的比例计提坏账准备。按账龄分析，分成了四个时间段：一年以内、一年至两年、两年至三年、三年以上，分别有不同的坏账计提比例。

5. 关于借款费用资本化

按国内准则及制度，只有为建造物业、厂房及设备而借入发生的专门借款所发生的费用才予以资本化为该资产成本的一部分。而按国际财务报告准则，对于一般性借款用于获取一项符合条件的资产，其借款费用应予以资本化为该资产成本的一部分。[①]

6. 收购子公司

按国内准则及制度，中国石化收购中国石化新星、茂名乙烯等子公司，采用收购法入账，按国际财务报告准则，则按联合权益法入账。

---

① 我国新准则实施以后，借款费用的资本化处理以及后面第（9）、第（10）项的债务重组收入处理、开办费用会计处理都与国际财务报告准则规定的会计处理趋于一致了，我国会计准则规定的相关处理与国际财务报告准则规定的相关会计处理之间的差异已经消除了。

7. 重估资产的减值亏损

按国内准则及制度，重估资产减值亏损应计入当期损益。而按国际财务报告准则，重估资产的减值亏损以不超过同一资产相关的重估盈余数额为限在重估盈余中直接扣除。

8. 土地使用权重估

按国内准则及制度，土地使用权以重估值列示。而按国际财务报告准则，土地使用权以历史成本减摊销列示。

9. 债务重组带来收入

按国内准则及制度，债务重组收益记入资本公积，而按国际财务报告准则，债务重组收益确认为收入。

10. 开办费

按国内准则及制度，企业筹建期发生的费用记入开办费，待企业开始生产经营计入开始生产经营当期损益。而按国际财务报告准则，这些费用应予实际发生时记入当期损益。

中国石化会计政策的国内国际差异，基本代表了中国石油的同类情况，因此，关于中国石油的会计政策的国内外差异不再具体列举。

（三）中国石化会计政策构成的特点

中国石化会计政策的选择、内容和执行情况，在国际财务报告中基本上体现了公司遵循国际会计准则以及符合香港公司条例的披露规定及香港联交所证券上市规则的适用披露条例。在国内财务报告中体现了《企业会计准则》和《企业会计制度》及其他相关规定的要求。把油气资产于其他固定资产分开，单独列示使公司最为重要的资产便于管理和反映，在资产资本化成本的摊销方面采用不同的方法，既符合国际惯例，又体现中国油气会计特点。对于存货计量，遵循谨慎性原则，扩大了存货计提减值准备的范围；对于劳务收入的确认，也越来越充分体现谨慎性原则；对于外币折算，政策的选择和执行具有浓厚的中国特色。从整体上看会计政策的选择、内容和执行情况，没有过多地渲染公司财务和经营情况。

（四）中国石化油气资产核算的具体方法

1. 矿权取得成本

同中国石油处理方法。

2. 勘探成本

中国石化对油气勘探生产活动采用成果法。探井成本在决定该井是否已发现探明储量前先行资本化为在建工程。探井成本在决定该井未能发现探明储量时予以费用化，记入损益。完钻一年后的探井仍未发现探明储量，探井成本则记入损益。其他所有勘探成本（包括地质及地球物理勘探成本）在发生时计入当期损益。勘探成本中有些为直接记入，有些则为分配记入。对勘探过程中发生的物探作业费，中国石化记入"物探作业"一级科目，然后分配记入地质勘探支出中。

3. 开发成本

油气田开发成本（包括干井）全部记入油气开发支出，在投资后转入油气资产科目。中国石化的"油气资产"科目性质及核算内容，与中国石油的"油气井及相关设施"科目相同。

4. 生产成本

其核算内容及核算方法同中国石油。

5. 油气资产清理

油气资产清理通过固定资产清理科目进行核算。

三 中海石油的会计政策及构成特点

中海石油是在香港注册成立的公司，并且是以中国海上油气生产为主要业务的。同时在经营方式方面，中海石油大量业务是同国际石油公司合作开发的，是我国最早在油气勘探与生产方面开展国际合作的公司，其经营管理要求及会计核算标准走向国际化比较早，因此，其会计政策选择及构成方面同国际接轨的程度较高。在财务报表的编报上，中海石油主要以香港会计师公会颁布的香港地区会计实务准则及诠释，香港地区公认会计准则和香港地区《公司条例》为依据。

（一）中海石油主要会计政策构成

中海石油的主要会计政策内容包括：合并政策、对联营公司的投资、现金及现金等价物、外币政策、投资的核算、金融工具、资产计价政策和折旧及减值（物业厂房及机器设备、油气资产）、经营租赁、关联企业及其交易、存货和供应物计价、应收账款处理、所得税和其他税项处理、借款和负债计价、收入确认的标准、准备、研究开发费用、退休福利计划、股票增值权。

为了便于比较，现将其重要的会计政策列示如下：

1. 综合会计报表编报基准

合并会计报表包括中海石油及受其控制之企业的会计报表。控制一般是中海石油拥有对该企业的财务及经营决策权并能从其经营活动中获益。另外，控制也包括中海石油直接或间接拥有该等附属公司超过 50% 的已发行股权或拥有超过半数的投票权，或者占有其董事会半数以上的席位，并拥有实际的控制权。公司间重大的交易和余额于合并时抵消。

2. 外币折算

以人民币为单位。外币交易按交易当日之适用汇率计算。于结算日以外币计算之货币资产与负债均按当日之适用汇率来兑换，见表4—2。

表4—2

	合并财务报表	合并现金流量表
海外附属公司及联营公司	期末汇率，资产和负债按资产负债表日净投资换算，收入和费用则按年内的加权平均汇率换算，而股本、股本溢价及留存收益则以历史汇率换算，由此产生的汇率折算差额于累计折算储备中列账	现金流发生当日的汇率，全年经常性的现金流按照年内加权平均汇率

3. 投资核算

短期投资指不以持续持有之股本证券，于结算日按个别投资之公允市值列账。由证券公允价值变动带来之收益或亏损会记入其产出期间之利润表或从表中扣除。

4. 资产减值

当有事项或环境变化显示资产的账面价值可能无法收回时，或有迹象显示以往年度就资产所确认之亏损已不再存在或可能减少时，需就资产是否存在减值进行评估。倘若任何该等迹象出现，则须估计资产之可收回数额。资产可收回数额以资产使用值或其净售价两者中之较高者计算。当资产的账面值超出其可收回数额时，方会确认减值损失。减值损失于产生期间在利润表中扣除，倘若该项资产以重估数额列值，则会根据适用于重估资产之有关会计政策计算减值损失。当用以厘定资产可收回数额的估计有变时，方会拨回先前确认的减值损失，唯拨回的金额不可超逾假设过往年度并无就该项资产确认减值损失而厘定的账面值（扣除任何折旧/摊销）。拨回的减值损失乃于产生期间计入利润表，倘该项资产以重估值列账，则会根据适用于该项重估资产之相关会计政策计算减值损失之拨回数额。

5. 油气资产

中海石油采用成果法核算油气资产。将油气资产的初始获取成本予以资本化。初始获取成本的减值基于勘探经验及管理层判断来确认。当发现商业储备时，该成本会被转入已探明资产。资本化的油气资产包括成功探井的钻井及装备成本，所有的开发费用，包括为延长资产的开采期而发生的改进费用，以及为开发油气资产而融资所发生的于油气资产投产前的借款费用。不成功探井的成本及其他所有勘探费用于发生时计入当期支出。所有勘探井均须在钻井后一年以内对其经济效益作出评估。而由于需增加开发成本致令该井可以成功生产的已探明有商业储备之勘探井，均作资本化为油气资产及作定期评估有关资产之减值损失。

采用产量法对在产油气田的油气资产投资及其他相关的有形与无形资产逐项计算摊销。根据产量法，折旧、折耗及摊销的计算是按已生产的油气与估计的剩余已探明储量之比例计算的。在开始商业性生产前，有关重大开发成本不计算折耗，其相对应的储量于计算折耗时剔除。对因权益收购而资本化的已探明储量油气资产，将根据个别油田之暂估总已探明储量按产量法计算折旧、折耗及摊销。对油气资产未来的拆除费用的估计是按照目前的法规和行业惯例，考虑了预期的拆除方法，并参考了内外部工程师所提供的估计后进行的。采用产量法计提未来的油田拆除拨备。相关费用被资本化作为长期资产价值的一部分，相关债务按公允价值折现后确认，折现率为债务确认时的无风险利率在考虑风险水平后作出适当调整的利率。而且折现的费用在该项债务确认时列账。

6. 税项

所得税乃根据财务报表之净利润，经就无须纳税或不得用以抵扣所得税之收入及支出项目作出调整后，计提税项准备。

包括当期税款和递延税款。所得税应确认于利润表中，或如果所得税费用与在当期或不同期间直接确认于股东权益的事项相关，则其应确认于股东权益。

递延税款须按照债务法，对资产负债表日资产及负债的纳税基础与其在财务报表中的账面金额间的全部暂时性差异计提。

由于中海石油目前在香港并无任何应课税利润，故此无须交纳香港利税。公司被免除3%的地方所得税，并按30%缴纳企业所得税。在海外的附属公司，根据当地的要求缴纳税金。

中海石油的中国附属公司须按下列适用税率支付其他税项：自营及按石油产品分成合同的生产须缴纳5%的产量税；其他收入须缴纳3%至5%的营业税。

7. 收入确认

（1）油气销售收入。

为属于本公司权益的油气销售减去矿区使用费和为中国政府提取并销售的政府留成油后所得的收入，并于所有权相关的重大风险及回报已转移给顾客后按油气销售的发票面值确认。对于已提取且销售高于或低于其在石油产品分成合同中参与权益的油气，分别列为超额提取和提取不足。按照权益法记录该项交易，超额提取以年末油价作为负债列示，提取不足作为资产列示。当提取量达到均衡时，以实物结算，当要结束生产时，则以现金结算。中海石油与一客户的天然气销售合同载有"照付不议"条款。该条款要求客户于每一年度必须提取规定的最低天然气数量。若该客户在该年度提取的天然气数量达不到规定的最低限额时，该客户仍须支付有关天然气款，但可以在未来时期以超额提取部分抵扣。提取不足部分所收到的款项以递延收入列账，并记入其他应付款中，直至客户提取补偿的天然气或合同过期为止。

（2）贸易收入。

指中海石油自销售石油产品分成合同外国合作方购入的原油及通过中海石油在新加坡的附属公司销售的原油的收入。该等石油的所有权及其有关风险和回报于中海石油向客户出售上述石油之前，自外国合作方和其他非关联的油气公司转移予中海石油。油气贸易的成本载列于原油和油品采购成本中。

（3）其他收入。

其他收入主要为向外国合作方收取的项目管理费和向最终用户收取的运输处理费用，于服务提供时予以确认。银行及其他金融机构的存款利息收入在考虑资产的实际收益率后按时间分摊基准予以确认。股利收入于取得股利权利时确认。

8. 股票增值计划

股份期权所引致的财务影响并不于中海石油及其的资产负债表中列账，其成本亦不会在利润表及资产负债表中列账。当股份期权被行使时，将被认购的股本按票面价值记录为新增股本；而高于票面价值认购的股本，其高出部分被计入股本溢价科目。在行使日前被取消或过期的股份期权将从未认购的股份期权记录中删除。

9. 拨备

当过往之事件导致而须承担之责任（法律性或推定责任引申的），而且日后有可能需要拨付资源偿付有关责任所涉及之款项，则会提呈拨备，唯该责任之数额须能够可靠地予以估计。当折现影响属于重大，拨备确认的数额为预期日用以偿付有关责任所需支出于结算日之现值。当折现值随时间而有所增加，有关增幅会计入利润表之财务费用账项内。油田拆除拨备之确认是基于未来将要发生的成本之现值之上的，以个别油田为基础，基于公司在相关石油勘探、发现活动结束时的预期拆除费用。

10. 关联方及其交易

物料、公用与辅助性服务按如下价格提供：（1）国家定价；（2）或若无国家定价，则按市价（包括地方或国家市场价格）

或中海石油的附属公司向其他独立第三方提供有关物料、公用与辅助性服务的价格；（3）若上述价格都不适用，按中海石油的附属公司在提供有关物料、公用与辅助性服务时产生的成本（包括从第三方获得或购买的成本），另加不超过5%的税前毛利。

11. 石油产品分成合同

中海石油的大部分油气业务是通过石油产品分成合同与国际石油公司（外国合作方）合作进行的。

就石油产品分成合同而言，外国合作方一般须在勘探期内独自承担所有的勘探费用，勘探费用可在取得商业发现开始生产后，按照石油产品分成公式回收。在初始勘探阶段后，开发与作业成本由中海石油与外国合作方按照各自的参与权益比例提供资金。中海石油有权取得石油产品分成合同经各方同意的参与权益，并且可在外国合作方独立承担所有勘探风险与费用以及取得商业发现而行使该选择权。中海石油在行使其选择参与石油产品分成合同的权益之后，使用比例法记录其在石油产品分成合同中的油气资产，即根据其于石油产品分成合同中的参与权益比例确认开发成本以及收入和费用。对一外国合作方发生的勘探成本，或其参与权益的开发成本、收入及费用，中海石油不予记录。油气的年产量中的一部分须按浮动比率为应付中国政府之矿区使用费。中海石油和外国合作方亦须按规定的税率向税务局支付产量税。用于回收勘探费用、开发成本、作业费用与相关利息的油气分配，则根据预先协议的数额按中海石油与外国合作方的参与权益比例分配。剩余的优先分配石油首先按预先确定的累进比率向中国政府支付留成油，然后根据参与权益比例在中海石油和外国合作方之间进行分配。由于中海石油拥有的产量权益不包括政府留成油，其销售净额中不包括代政府销售留成油的收入。外国合作方有权将有拥有的份额油在国际市场销售，或可与中海石油协商将其份额油售予中海石油以在中国市场转售。

在印度尼西亚，按约定，中海石油和其他合作方须按照各自的参与权益比例共同承担勘探、开发和操作费用。被认定可以补偿的勘探、开发和操作费在商业性的开发及生产开始后，根据产品分成公式，可以得到补偿。中海石油在印度尼西亚产品分成合同中的净权益，包括其在相关产品分成合同中所涵盖的资产参与权益，减去分配给印度尼西亚政府的油气和提供给印度尼西亚国内市场需求的油气后进行计算。

（二）中海石油会计政策构成特点

中海石油的会计政策选择、内容及执行，以香港地区公认会计准则和香港地区《公司条例》为依据，体现了会计政策同国际接轨及国际化趋同的特色。在会计处理上，大部分会计政策的选择都符合国际惯例。例如对油气资产的计量，把油气资产与其他固定资产分开，单独列示，使公司的最为重要的资产便于管理和反映。短期投资的计算尽量以公允价值为标准入账，符合现代会计的计量要求趋势。对于收入的确认，具体区分不同销售性质的收入，然后按照确认的不同标准处理。对于现金及现金等价物，根据合并不同报表的需要，对其赋予不同的含义，然后确定处理。对于递延税项处理，合理划分应纳税暂时性差异项目。对于外币折算，政策的选择和执行依照国际惯例处理。石油产品分成合同，是中海石油的最大特点，对费用和资本的处理比较独特，照顾到了我国油气勘探、开发生产同国际合作的经营特点，会计处理也遵循国际惯例，为其他石油公司对外合作的模式及会计政策的选择提供了有益参照和探索，同时，也丰富了我国会计政策实务研究内容。

（三）中海石油油气资产核算的具体方法

中海石油油气资产核算与其他两大石油公司不同，主要集中在对油气勘探、开发投资、油气开采以及油气资产清理等方面的核算。在勘探、开发投资核算中，又分为合作及自营两种形式。对于合作勘探开发油气资源，通常是通过建立联合账簿进行核算的。建立联合账簿的主要目的是为合作双方投资者提供投资筹集、支出、回收及剩余收入分配的会计资料，其核算依据是合作开发与生产合同及其不可分割的会计程序。由于合作矿区并不是一个具有法人资格的独立经济实体，因此联合账簿的会计核算并不遵循公认会计原则规定的程序，其会计报告主要是关于合作矿区的资产、负债的平衡表，不存在股东权益及真正会计意义上的费用、收入和利润的概念。

1. 合作勘探投资

合作勘探投资是以中外双方合同区块为对象进行核算。勘探投资是指勘探阶段进行资料采集、处理、解释、预探井、评价井的定位、钻井、测井、试油等而发生的全部支出。合作勘探投资区分不同合作模式进行管理和核算，中方按合同规定实际支付的包括贷款利息在内的全部支出（包括记入联合账簿以前年度完成的既往投资）予以资本化。合作勘探投资摊销时，是将勘探投资分成两类：一是合作勘探有地质成果进入开发阶段，则该合作勘探投资在油气田正式投入生产的次月起按不少于一年的期限分月进行摊销，摊销费用记入生产成本；二是合作勘探没有成果，合同终止，则在次年分季摊销，摊销费用记入销售成本。

2. 合作开发投资

合作开发投资以中外双方合作油气田为对象进行核算。中方将按合同规定实际应支付的包括贷款利息在内的支出予以资本化，记入合作开发投资。合作开发投资按规定分期摊销，摊销期为自油气田开始生产的次月起不少于6年。生产期少于6年或在规定的摊销年限内终止生产，未摊定投资在生产期最后一年中一次摊完。已投产的合作油气田的再投资，按原摊销率计算摊销额。合作开发投资摊销的费用记入油气生产成本。

合作开发投资由投资双方按规定方式分期筹款投入，投资完成额由作业者记入联合账簿，并经双方确认。不应记入联合账簿的费用支出通过审计方式予以剔除。记入联合账簿的投资，在该油气田正式生产后，按石油合同规定的回收顺序回收。

3. 油气生产成本

油气生产成本包括海上油气田生产操作费和投资摊销费。生产操作费是指在油气生产过程中直接耗费的材料、配件、燃料、动力，直接生产工人工资和其他支出。投资额摊销费用是指按规定将已资本化的油气田勘探投资和开发投资分期摊销的费用。

合作油气田的操作费以油气田为对象，中方投资按所占比例投入资金，并将合作油气田作业表中的操作费记入油气生产成本。

自营油气田生产操作费按油气田进行汇集记入油气生产成本。

海上油气投资按前已叙及的摊销方法计算摊销额，记入油气生产成本。

海上中外合作勘探开发及生产核算流程归纳如图4—1。

4. 自营勘探投资

自营勘探投资以地质构造为对象进行核算。中海石油在中国海域进行勘探时，将包括贷款利息的全部累计实际投资的支出予以资本化，记入自营勘探投资。勘探阶段若有油气收入，扣除交纳的税金后，直接冲减自营勘探投资。

自营勘探投资的摊销记入自营勘探投资摊销科目，其摊销费用在勘探投资支出的次年分季记入销售成本。

5. 自营开发投资

自营开发投资以油气田为对象进行核算。中海石油在中国海域内进行油气开发时，将包括投产前贷款利息在内的全部累计实际支出予以资本化记入自营开发投资。已投入生产的自营海上油气田如果发生再投资，属于原油气田改扩建的，增加的开发投资额应增加该原油气田的开发投资原值。

自营开发投资的摊销是自油气田开始正式生产的次月起分期摊销，摊销期不少于6年。生产期少于6年的油气田，未摊完的开发投资，在该油气田生产期最后一年一次摊完。已投入生产的自营油气田，如果在规定摊销年限内终止生产，其自营开发投资的摊余价值在该油气田生产期的最后一年摊完。已投入生产的自营油气田发生的再投资，在增加该油气田开发投资原值后，按原摊销率计算以后的摊销额。自营开发投资摊销的费用记入生产成本。

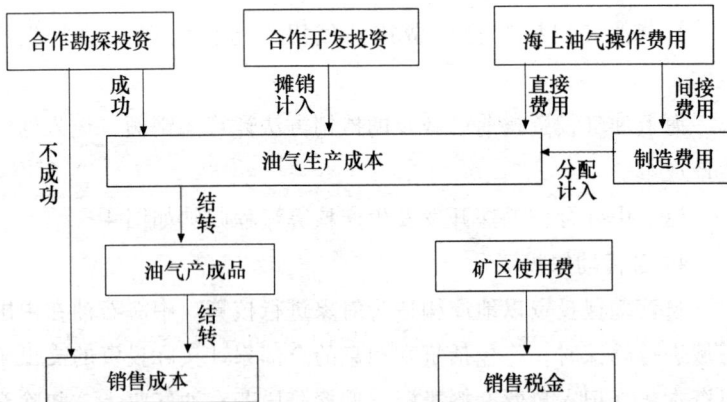

图4—1　海上油气中外合作勘探开发及生产核算流程图

6. 油气销售成本

油气销售成本是指销售的油气产品应负担的成本，包括生产操作费、开发投资摊销和勘探投资摊销三个部分。原油生产成本在产成品成本和销售成本之间进行分配。天然气生产成本不核算产成品成本。

7. 矿区使用费

缴纳的矿区使用费记入销售税金中。矿区使用费按日历年度油气田产量以超额累进税率计算并以实物缴纳。

8. 海上油气资产清理

海上油气资产清理通过固定资产清理核算。

第三节　三大石油公司会计政策比较分析

中国三大石油公司都是在境外上市的公司。三大公司都在中国香港联交所发行 H 股股票，并且都在美国纽约证券交易所上市美国存托股份。除此之外，中国石化还在伦敦证券交易所上市美国存托股份和在国内上海证券交易所发行国内 A 股股票。中国石油于 2007 年 11 月也在国内上海证券交易所发行国内 A 股股票。中国石油和中国石化的注册地在中国内地，而中海石油的注册地在中国香港。由于上述种种原因，导致各大公司在会计处理标准上大致趋同但又存在着差异，使各公司在会计政策选择及执行方面，尤其是油气勘探、开发，与生产活动中的会计政策选择和执行亦存在着差异，由此就形成了三大公司在会计政策选择执行方面国内标准与国际标准，国际标准与美国（上市地国家）标准，以及国内各公司之间政策选择方面等的差异，分析这些差异，对于深入探讨油气公司会计政策选择的规律以及研究其发展方向，寻找正确会计政策选择方法有着重要的意义。

一 三大石油公司会计政策比较与分析

（一）三大石油公司会计政策内容构成比较分析

我国三大石油公司在会计政策选择的内容构成上总体一致，符合我国现行会计准则、《企业会计制度》的基本要求，同时符合国际资本市场的要求。三大石油公司会计政策选择的构成差异见表4—3。

表4—3　　　三大石油公司会计政策选择构成异同表

选择共同的会计政策	选择不同的会计政策		
	中国石油	中国石化	中海石油
综合报表合并基础、准备、外币折算、收入确认、金融工具、现金及等价物、油气资产、物业和厂房及机器设备、投资、存货、所得税、应收账款及坏账损失、研究开发费用、关联方及其交易、借贷、租赁、或有负债、分部报告、联营公司投资等	股票增值权、在建工程	资产减值、在建工程维修及保养、支出、资产负债表日后事项、股利	股票增值权、资产减值、维修及保养支出、油田拆除拨备、石油产品分成合同、股息、股利、附属公司

表4—3列示出三大石油公司会计政策选择构成方面的异同。在对会计政策的披露方面，三大公司还对具体的会计项目进行了不同程度的说明，主要内容包括：股本、承诺事项、董事、监事及管理人员薪金、雇员酬金、递延税项、经营业务、员工福利，财务报告和国际标准的差异，按照美国财务会计准则委员会第69号会计准则（SFAS No.69）对探明储量估计及标准化量度，每股基本及摊薄盈利，以及对北美股东的补充资料等。从会计政策选择及其披露内容上面分析，各大石油公司都各有特点和侧重。

中国石油在财务报告中披露的关于会计政策方面的信息比较

全面，适当列示了表外内容，比较注重从投资者的角度进行会计政策选择的解释。在对每个会计项目和政策选择的披露上，先说明会计项目的概念及含义，然后具体分析公司选择会计政策的情况，包括选择原因，涉及项目的各个环节的会计处理方法，国际会计准则同美国会计准则在会计处理方面的差异等，内容解释比较详细，能较全面地反映中国石油会计政策选择的基本情况，满足投资者会计信息的需求。

中国石化在财务报告中披露的关于会计政策的信息也比较全面。相对于中国石油而言，中国石化在对每个会计项目和政策选择的披露上比较简单，一般都不说明会计项目的概念，而是说明公司涉及的会计项目有关环节的处理方法。中国石化对油气资产的披露不是很详细，但对表外的有关信息揭示比较详细，对关联方及其交易会计政策的披露透明度高，便于投资者理解，但又没有夸大公司的业绩。

中海石油相对于其他两家公司而言，由于其生产经营的特殊性，对会计政策的选择和披露特点比较突出。尤其是对油气资产会计政策的内容揭示比较全面、详细。在对每个会计项目和政策选择披露上，中海石油通常都是先说明会计项目的概念，然后说明其会计处理的方法，对表外信息的揭示比较充分，对关联方及其交易披露透明度高，但在有些会计政策的解释方面比较粗略，如坏账准备的计提和财务费用的处理等。

三大石油公司在会计政策的选择构成各具特点，既遵照国内国际会计准则和会计规范的要求，同时又结合自身的生产经营环境和特点，以及不同会计信息使用的要求选择会计政策。即使同一会计政策的选择，在具体执行内容上也有差异，反映了各大公司对会计政策不同要求标准内涵理解的差异以及选择依据、动机等方面的差异。三大公司主要会计政策执行内容的差异归纳见表4—4。

表 4—4 三大石油公司主要会计政策差异分析表

（以国际财务报告比较）

主要会计政策	相同	差异		
		中国石油	中国石化	中海石油
综合会计报表编报基准	合并会计报表包括本公司及附属公司会计报表。附属公司为直接或间接拥有 50% 以上投票权或可控制其经营活动的公司。联营公司投资在资产负债表以权益法入账	少数股东的应占收益不包括在综合净利润	少数股东的应占收益作为独立项目记入合并会计报表	没有对少数股东具体的处理方法
外币折算	人民币作为记账本位币。外币交易均按交易当日汇率入账。货币性资产与负债均以结算日汇率进行折算	a. 外币折算差额计入股东权益。b. 境外子公司业绩按年内平均外汇牌价核算为人民币。c. 资产负债表项目按资产负债表日外汇牌价换算。d. 现金流量表按年平均汇率换算	a. 汇总差额均记入利润表作收入或支出。b. 境外子公司业绩按年内平均外汇牌价换算为人民币。c. 资产负债表项目按资产负债表日外汇牌价换算。d. 现金流量表按年平均汇率换算	a. 折算差额于累计折算储备中列账。b. 境外子公司资产和负债按资产负债表日净投资换算。c. 境外子公司收入和费用按年内加权平均汇率换算。d. 股本、股本溢价及留存收益以历史汇率换算。e. 现金流量表按年内加权平均汇率换算
投资核算	a. 长期投资按权益法核算。b. 对低于 20% 股权及对公司影响不大的投资采用成本法	按国际会计准则 39 号，对投资进行分类	a. 股权投资差额按直线法摊销。b. 期末按账面值与可收回金额执行计价，可收回金额低于账面值计提减值准备	短期投资于结算日按个别投资公允市值列账

续表

主要会计政策	相同	差异		
		中国石油	中国石化	中海石油
资产减值	按资产账面值超过可回收金额，确认资产减值	可使用价值依据现金产出单元未来现金流量估计净现值计算	可回收金额以单项资产为依据结算	可回收金额以单项资产为依据估算
油气资产	a. 油气勘探生产活动采用成果法核算。b. 国际报告中油气资产成本按单位产量法摊销。c. 国内报告中油气资产按直线法摊销。d. 勘探井均须在钻井后一年内对其经济效益做出评估。e. 探明油气储量以未来现金流量的标准化度量	a. 矿区取得成本中的采矿权费用、借款计入管理费用或先计入无形资产，再摊入管理费用。b. 单位产量率按采矿许可证现有年限（55 年），根据油气储量在现有设施中的预计可生产量决定。c. 直线法摊销油气资产，于投产次月按 8 年平均摊入生产成本	a. 探井成本在决定该井是否已发现探明储量前先行资本化为在建工程。b. 摊销率按现有设施可收回的油气储量除以原油及天然气储区的可开采年期及有关生产许可证规定的期限的较短者确定。c. 油气资产按 10~14 年直线法摊入生产成本	a. 由于增加开发成本使其可以成功生产的已探明有商业储量的探井，均需资本化为油气资产。b. 对油气资产未来的拆除费用进行估计。c. 油气资产的折旧、折耗及摊销比例按已生产的油气与估计的剩余已探明储量之比计算。d. 有成果合作勘探投资于投产次月以直线法不少于 1 年摊入生产成本；合作、自营开发投资于投产次月以直线法不少于 6 年摊入生产成本
税项	递延税款按负债法计算暂时性差异，暂时性差异按资产负债表日的资产及负债的纳税基础与其在财务报表中的账面金额之间所有暂时性差异计提	a. 所得税主要税率为 33%。b. 部分省市税率为 15%	a. 所得税主要税率为 33%。b. 部分省市税率为 15%	a. 所得税主要税率为 30%。b. 自营及按石油产品分成合同的生产须交 5% 的产量税

续表

主要会计政策	相同	差异		
		中国石油	中国石化	中海石油
收入确认	a. 销售收入只有当公司向买家转移重大风险及货物所有权的收益时，而且当因交易而产生或将产生的收入额和支出额能够可靠衡量时确认。b. 天然气销售按照付不议合约政策确认收入	从客户收到的未使用的天然气预付额计入递延收入，直到天然气被实际使用	提供服务所得的收入提供服务时在利润表中确认利息收入是以资产的实际回报，按时间比例为基准确认	a. 油气销售收入于所有权相关的重大风险及回报已转移给顾客后按油气销售发票面值确认。b. 天然气预付款计入递延收入直到天然气被实际使用。c. 石油贸易收入等石油所有权及其有关风险和回报于公司向客户出售石油之前自外国合作方和其他非关联的油公司转移予中海石油时确认。d. 服务收入于提供时确认。e. 利息收入在考虑资产的实际收益率后按时间分摊基准予以确认
股票增值权		a. 2003 年 4 月 8 日至 2008 年 4 月 7 日行权。b. 由股票增值权而产生的酬金以中国石油 H 股的市场牌价超过授予价的金额计量。c. 由股票增值权而产生的酬金及其后的变化调整计入雇员酬金成本，相关的负债计入薪金及福利应付款	无股票增值权计划	a. 分期实施股票增值权计划，行权期限为 10 年。b. 股票增值权被行使时，将被认购的股本按票面价值记录为股本；高于票面价值认购的股本其高出部分计入股本溢价

续表

主要会计政策	相同	差异		
		中国石油	中国石化	中海石油
储备	因过去事件而产生的法律或推定责任会引申的有可能导致经济利益流出时，则确认储备	称之为储备。包括担保、环保等的或有责任，土地、道路和房屋的租赁，成本削减措施等	称之为准备	称之为拨备，包括拆除拨备
关联方及其交易	确定关联方关系；确定关联交易价格：a. 以国家规定的价格为准。b. 若国家没有规定价格，则以国家的指导价格为准。c. 若国家既无规定价格，亦无指导价格，则以市价为准	若以上皆不适用，则根据实际成本价；或协议合约价，即就若干建造与技术服务而言，实际成本加上不超过15%的费用，其他类别服务的费用则不高于3%	若以上皆不适用，则以各方协商的价格为准，定价的基础为提供该类服务的合理开支再加上不高于6%的毛利	a. 若无国家定价，则按市价（包括地方或国家市场价格）或中海石油的附属公司向其他独立第三方提供有关物料、公用与辅助性服务的价格。b. 若上述价格都不适用，按中海石油的附属公司在提供有关物料、公用与辅助性服务时产生的成本（包括从第三方获得或购买的成本），另加不超过5%的税前毛利
环保支出	环保支出在发生时入账，并计入会计报表	在或有负债会计政策中说明，除支出计入报表外，无环保责任	与现行持续经营业务或过去业务所导致的情况有关的环保支出均会在发生时作为支出入账	
石油产品分成合同				a. 根据合同中的参与权权益比例确认开发成本以及收入和费用。b. 按浮动比率支付中国政府矿区使用费。c. 按5%税率支付产量税。d. 按预先协议的数额与外方参与油气权益比例分配

（二）三大石油公司油气资产会计处理差异分析

1. 矿权取得成本的处理

矿权取得成本是按照国家规定从国家或第三方取得的勘探、开采油气资源权所缴纳的矿区使用费，其中包括探矿权支出和采矿权支出。由于我国给予中海石油的特殊政策，因而中海石油不缴纳此项费用。对于矿权取得成本的处理，中国石油和中国石化的处理是一致的，本节前已叙及。

2. 地质勘探支出

地质勘探支出包括石油地质（海况）调查、地球物理勘探、钻井、利息、取得探矿权和其他费用支出等。

对于地质勘探支出，中国石油和中国石化在会计处理上基本相同，所不同的是同样业务所使用的会计科目不同。地质调查、地球物理勘探、其他勘探费用以及探矿权取得成本，中国石油和中国石化都记入"地质勘探支出"，于期末结转为"地质勘探费用"（中国石化为"勘探费用"）；对于发生的钻井勘探支出，中国石油先记入"地质勘探支出"，而中国石化先资本化为"在建工程"；当钻井支出发现商业性油气时，将其结转为"油气井及相关设施"（中国石化结转为"油气资产"科目）；对于探井废弃、无效井、完钻一年无结论的探井，将其成本结转为"地质勘探费用"（中国石化为"勘探费用"）。中海石油的会计处理是将勘探支出分为合作勘探投资和自营勘探投资。合作勘探投资发现商业性油气时按不少于一年摊入生产成本，同时记入"合作勘探投资摊销"。合作勘探投资未发现商业油气时，在次年按季记入"销售成本"。而对于自营勘探投资则在发生支出次年全部摊销，记入"自营勘探投资摊销"和"销售成本"科目。

3. 油气开发支出

油气开发支出包括钻前准备成本（如前期研究费、工程设计费、清理场地等）、钻井成本（如钻开发井、开发型参数井、服务井等支出）、生产建设支出（如海上平台、储油轮、联合站、输油气管线、人工岛、气体处理设备等设施建设支出）、开发过程其他费用（如利息支出、管理费用等）。为提高采收率的后续油田维护资本性支出，也在此项目中核算。三大石油公司的油气开发支出会计处理政策基本是一致的，都先行资本化，再按一定的办法摊销到有关生产成本中去。只是在核算过程中采用会计科目不同，其差异比较见表4—5。①

表4—5　　三大石油公司油气开发支出会计处理对比表

	支出项目	发生时记入	转出或摊销条件	转记或摊入科目
中国石油	油气开发全部支出	油气开发支出	交付使用	油气井及相关设施
中国石化	油气开发全部支出	油气开发支出	交付使用	油气资产
中海石油	油气合作开发支出	合作开发投资	投产次月	合作开发投资摊销；生产成本
	自营开发支出	自营开发投资	投产次月	自营开发投资摊销；生产成本

从表4—5可以看出，中国石油和中国石化对于油气开发支出的会计处理基本相同，只是转记的科目不同，中国石油为"油气井及相关设施"，中国石化则为"油气资产"。在"油气井及相关设施"和"油气资产"的具体核算内容方面，两大公司有一定的出入，但基本内容是一致的，包括油气井、注水井、输油气管线、采油设备等。

中海石油将开发投资分为合作开发投资和自营开发投资，当开发投资支出发生时，就已经先行资本化为合作开发投资和自营开发

---

① 林金高等：《石油、天然气会计问题研究》，东北财经大学出版社2003年版。

投资，当投产后，将形成的开发投资分摊时，设"合作开发投资摊销"和"自营开发投资摊销"科目，作为"合作开发投资"和"自营开发投资"科目的相应备抵，表示投资的回收，将摊销额直接记入生产成本。这一特殊的会计处理方法是由中海石油的海上油气生产风险大，主体是同外国公司合作的业务的特殊性决定。

4. 油气生产成本

油气生产成本包括油气生产中的操作费和油气资产或油气勘探、开发投资的摊销。

（1）操作费是指油气生产过程中的人工费、材料费、燃料动力费、海上直升机以及通讯和气象等费用、井下作业费、注水注气费、轻烃回收费、天然气净化作业费、维护及修理费、矿区管理费、天然气净化作业费、维护及修理费、矿区管理费、其他直接费等。在会计处理上，中国石油是将发生的各项费用先行记入对应相关的作业成本科目，如注水注气费记入"注水注气作业"科目，油气处理费用记入"油气处理作业"科目等，期末按一定的标准分配记入"油气生产成本"科目。对于天然气净化作业费，直接记入"主营业务成本"科目，其他操作费用直接记入"油气生产成本"科目。中国石化在核算中不设相应的作业成本科目（井下作业除外），将发生的各项操作费用都记入"辅助油气生产"科目，然后再分配记入油气生产成本，即将井下作业费在发生时记入井下作业成本中，然后再分摊记入油气生产成本，其余操作费用在发生时则直接或分配记入"油气生产成本"科目。中海石油对于操作费在发生时均直接或分配记入生产成本中。

（2）油气资产或勘探、开发投资摊销。三大石油公司对油气资产或勘探开发投资的摊销在国际财务报告中的会计处理方法同国内财务报告中的处理方法不同。按照国际会计准则的要求，资本化了的油气勘探、开发费用要以油田为单位按单位产量法进行摊销；中国石油、中国石化和中海石油都采用单位产量法进行摊销，只是在计算摊销率方面有所出入。国内财务报告中的会计处理，则是将油气资产视同为固定资产，按直线法进行摊销，但摊销期限各公司规定不一致，见表4—6。

表4—6　　三大石油公司油气资产折旧与折耗摊销对比表

	被摊销科目	摊销时间	摊销方式	摊销期限及计算	摊入科目
中国石油	油气井及相关设施	正式投产次月	（国内）直线法	8 年	油气生产成本
			（国际）单位产量法	$DD\&A数额=\dfrac{期末尚未摊销资本化成本}{期初估计储量(55年)}\times本期产量$	
中国石化	油气资产	正式投产次月	国内）直线法	10—14 年	油气生产成本
			（国际）单位产量法	$DD\&A数额=\dfrac{期末未摊销茨本化成本}{期初估计储量(按开采期与开采较短估计)}\times本期产量$	
中海石油	有成果合作勘探投资	正式投产次月	（国内）直线法	不少于一年	生产成本
			（国际）单位产量法	$摊销率=\dfrac{本期产量}{估计剩余已探明储量}$	
	合作、自营开发投资	正式投产次月	（国内）直线法	不少于六年	
			（国际）单位产量法	$摊销率=\dfrac{本期产量}{估计剩余已探明储量}$	
	无成果合作勘探投资、自营勘探投资	支出次产	结转	一年	销售成本

从表4—6中可以看出，中国石油和中国石化将油气资产的折耗摊销额记入油气生产成本，而中海石油则是对油气投资中合作勘探投资有地质成果部分和自营开发、合作开发投资的摊销额记入生产成本，对于无地质成果的合作勘探投资部分及自营勘探投资都记入销售成本。

从对油气资产折耗的会计处理上看，中海石油更注重谨慎性原则，三大公司在折旧、折耗摊销额的计算方面无论是国际还是国内财务报告都不尽一致。

二 三大石油公司境外财务报表披露内容对比分析

会计政策选择主要服务于会计信息的披露。三大石油公司对境外披露的会计报表、会计政策选择都是在国际资本市场及会计准则的要求下进行的。然而，三大石油公司在经营范围、经营理念及会计政策的选择动机等方面是有差异的，使得在财务报告的披露内容方面也存在着差异，通过对比分析这些差异，可以看出和进一步理解三大公司的会计政策取向，分析各公司会计实务方面的特征。三大公司向境外披露的资产负债表、合并资产负债表都采用报告式。会计报表主要包括合并利润表、合并资产负债表、合并现金流量表及其附注、合并股东权益表。下面以三大公司油气生产业务为核心，以油气资产及相关项目为重点，简要分析对比三大石油公司的会计报表披露内容及项目的差别，见表4—7。

表 4—7

	中国石油	中国石化	中海石油
合并利润表	采购、服务及其他。雇员酬金成本。勘探费用（包括勘探干井）。折旧、折耗及摊销。销售、一般性和管理费用（采矿权费用）。关闭生产设施。除所得税外的其他税赋。物业、厂房及机器设备重估减值。其他收入／（支出）净值	采购原油、产品及经营供应品及费用销售、一般及管理费用（采矿权费用）。折旧、耗减及摊销。勘探费用（包括干井成本）。职工费用。减员费用。所得税以外的税金。其他经营费用（净额）	产量税。勘探费用。折旧、折耗及摊销。油田拆除费。原油及油品采购成本。销售及管理费用。销售成本（生产操作费、开发投资摊销、勘探投资摊销）。销售税金（矿区使用）

续表

	中国石油	中国石化	中海石油
合并资产负债表	油气井、支持设备和设施以及油气物业中的已探明矿产权益的资本化成本。油气井、支持设备和设施折耗。油气井、支持设备和设施净值。地质及地球物理成本。油气开发支出。固定资产清理（油气井、支持设备和设施清理）	开发井及相关辅助设备资本化成本。勘探成本，包括地质及地球物理成本、其他干井成本。油气井、支持设备和设施折耗。油气井、支持设备和设施净值。油气开发支出。固定资产清理（油气井、支持设备和设施清理）	合作勘探投资。合作勘探投资摊销。合作勘探投资净额。合作开发投资。合作开发投资摊销。合作开发投资净额。自营勘探投资。自营勘探投资摊销。自营勘探投资净额。自营开发投资。自营开发投资摊销。自营开发投资净额。固定资产清理（海上油气投产清理）
合并现金流量表及其附注	投资活动之现金流量：资本支出。收购联营公司。收购可供出售的投资。收购到期日为不超过三个月有返售协议之应收款项。购买无形资产。购买其他非流动资产。出售到期日为三个月以上有返售协议之应收款项。联营公司偿还注资。出售物业、厂房及机器设备所得款项。处置联营公司投资所得款项。出售可供出售的投资所得款项。出售无形资产和其他非流动资产所得款项。已收股息。减少／（增加）到期日为三个月以上的定期存款	投资活动之现金流量：资本支出。购入投资及于联营公司及合营公司的投资。出售投资及于联营公司及合营公司的投资所得款项。出售物业、厂房及设备所得款项。联营公司及合营公司还款。于金融机构的定期存款增加。已到期于金融机构的定期存款	投资活动之现金流量：收购油气资产及相关预付款。购置物业、厂房及设备。物业、厂房及设备处置收入。对联营公司的投资。减少／（增加）三个月以上到期的定期存款。增加短期投资。处置短期投资

第四节 三大石油公司现行会计政策的总体评价

一 主要会计政策差异分析

我国三大石油公司由于上市背景、会计核算方法的历史传承以及经营特点等因素，决定着其会计政策的选择总体目标一致，但具体的会计政策内容及执行还存在着差异，概括如下：

（一）会计政策选择构成的差异

尽管在上市环境、经营范围及对象方面都有许多共同之处，但三大石油公司在会计政策的选择方面构成不完全一致。例如股票增值权计划，中国石油和中海石油都有此项会计政策，而中国石化则没有；石油产品分成合同则只有中海石油选择，而其他两家公司则未选择；对于租赁、研究开发支出等会计政策的选择和披露各大公司也都不尽一致。这说明三大公司在业务构成、政策选择取向和经营要求等方面还存在着差异。

（二）会计政策内容差异

在选择上趋于一致的会计政策，其执行中的内容也不尽一致。

1. 关于油气资产

在新准则颁布实施以前我国没有关于油气会计核算的准则和规范，对油气资产的范围及核算方法没有统一规定，各大公司依照国际会计惯例，将油气资产单独核算，以适应国际财务会计报告规范的要求。但实务上，各家涵盖的范围和具体的核算方法存在着很多差异。

（1）油气资产的核算科目设置。中国石油在"油气井及相关设施"科目核算，中国石化在"油气资产"科目核算，而中海石油则是将资本化了的勘探开发支出保留在相应的勘探、开发投资科目中。

（2）油气资产的核算范围。中国石油的"油气井及相关设施"核算范围包括：油气井、注水井、注气井、油气集输设施、传导设备、供排水设施和油田内部输油管线，不包括由于勘探、开发支出资本化后形成的非安装设备。中国石化的"油气资产"中不包括集输设施。① 中海石油则未列明油气资产，而是将油气资产包含在勘探、开发投资中。由于油气资产的核算范围不同，在计算油气资产折耗时的计算基数就会出现差异。

（3）油气资产折耗的计算办法。尽管三大公司在国际财务报告披露中都使用单位产量法，在国内财务报告披露中都使用直线法，但单位产量法的计算依据，直线法的摊销年限都有所不同，表4—6已经说明了这些方面的差异，同时在折耗摊销的时间及记入的成本费用科目也有差别。

2. 关于资产减值

我国2001年《企业会计制度》实施后，要求国内上市公司计提八项资产减值准备，并且要求按国际标准，以资产账面价值超过资产可回收金额部分确认资产减值。但是在新准则实施以前我国没有资产减值会计准则予以规范，在制度中也只是规定按单项资产计提减值准备。而国际会计准则36号（IAS36）则明确规定了对组合性资产要以现金产出单元未来现金流量估计净现值计算可回收金额，这样三大公司在估算资产减值额时，对于可回收金额的估算不尽一致，中国石化、中海石油是以单项资产为依据估算，而中国石油则以现金产出单元进行估算，存在着较大的差异。对于三大公司所拥有的油气资产而言，大都是同油气井联系在一起的组合资产，以单项资产估算资产减值显然是不合理的。

---

① 中原油气2004年年报。

3. 关于税收会计政策

三大公司都以纳税影响会计法的负债法计算所得税暂时性差异作为递延税项进行会计处理，但中海石油同其他两家公司的税率及税种有所差异，如中海石油的所得税率为30%，另外对自营及按石油产品分成合同的生产还要缴5%的产量税，在税务会计处理上也不完全一致。事实上，三大公司的税种构成及国家税收政策和公司的税收筹划方法等都存在差异，值得我们进一步研究。

4. 关于收入确认

收入确认政策的选择和实施，三大公司在确认原则的把握上基本是一致的。石油产品销售收入在当公司向买家转移重大风险及货物所有权的收益时，而且当因交易而产生或将产生的收入额和支出能够可靠计量时确认，中海石油在此原则下按发票面值予以确认。而对于天然气销售收入则按照付不议合约政策进行确认，这同《企业会计制度》中规定的确认标准稍有差别。

5. 关于关联方及其交易

三大石油公司对关联方关系的确认，按照会计准则的规定进行，基本一致。对于关联方交易价格，都是以国家规定价、国家指导价为依据，无国家规定价和指导价的情况，以市价为准，在以上三种价格都不能确定的情况下，则采取协商价格，或成本加成价。三大公司的协议价格标准都不一致，如中国石油建造与技术服务按实际成本加15%的费用，其他类别服务的费用在3%以内，而中国石化则是以合理开支加上不高于6%的毛利，中海石油则是按成本另加不超5%的税前毛利。当然，三大公司所面临的分离出去的技术服务队伍的规模、技术水平、社会保障程度不同，对无规定又无市价的内部专用技术服务是较难实施统一价格的，关联方及其交易的价格确定差异是必然的。

（三）会计政策披露差异

会计政策选择构成及内容上的差异，以及三大公司经营管理活动范围和会计处理方面的差异，使得其在会计政策披露内容上也不尽统一。合并资产负债表中关于油气资产的披露，中国石油和中国石化基本一致，而中海石油则主要反映合作、自营勘探、开发投资及摊销、摊销后的投资净额情况，这主要是因为海上勘探开发以及对外合作风险性大于陆地，企业重点要反映投资及其回收情况，而重点不是反映资本化了的油气资产的情况，这同企业的经营环境及条件是分不开的。在合并利润表中，中国石油反映了关闭生产设施情况，中国石化则反映了减少费用会计政策，中海石油披露了油田拆除、产量税、销售税金等特殊的业务。对于合并现金流量表及其附注的披露内容中，关于投资活动产生的现金流量，中国石油披露的内容比较详细，如收购、出售到期日为三个月以上有返售协议之应收款项，收购、出售可供出售的投资等。中海石油则列示了减少/（增加）三个月以上的当期存款，增加、处置短期投资等。

二 三大石油公司会计政策差异的主要原因

（一）会计政策的共同特点

三大石油公司会计政策的选择构成及内容复杂，涉及的会计处理业务广泛，难度较大，且会计政策总体趋于一致。从整体上分析，三大石油公司会计政策的共同特点在于：

1. 符合会计目标的要求

三大公司站在投资者的立场上，兼顾国内外投资者的利益以及对会计信息的需求，既满足境内的相关政府部门、税务、银行和企业内部管理信息的需求，也向境外广大股东提供会计信息，使会计政策的选择服务于会计目标。

2. 同时披露两套财务报告

三大公司在海外上市、中国石化和中国石油同时在国内上市，都需要按照不同的会计标准规范选择会计政策。对海外投资者及相关监管机构要以国际会计准则等为依据，提供符合国际财务报告准则要求的财务报告；在国内，要执行我国的会计准则和会计制度，按我国财务报告标准披露会计信息。三大公司需要选择双重会计标准，并需要很好地调整和协调，才能保证会计信息的可靠性、真实性及相关性。

3. 会计政策选择趋于国际化

尽管在新准则颁布实施以前国内还没有关于油气会计核算的会计准则和制度，但三大公司在进行会计政策选择时，除照顾到国内会计规范的要求，更多地考虑执行国际会计惯例，如以成果法处理勘探费用，以单位产量法计算油气资产的折耗，对储量信息的披露，以及股票期权计划的实施等，在会计政策选择上都已经采用，也为我国进一步确立油气会计核算规范提供了经验。

4. 重视油气特殊资产的核算

油气资产是形成油气生产能力的核心资产，准确、及时地对其核算和反映，对提高石油公司的会计信息质量是至关重要的。三大公司在会计政策上都改变了传统的将油气资产作为固定资产管理的办法，而是将油气资产单独列出，单独核算和反映，实现这部分资产会计核算的改革。

（二）三大石油公司会计政策差异的原因分析

形成三大石油公司会计政策差异的原因归纳起来无外乎外部原因和内部原因两个方面。

外部原因是公司无法抗拒必须依照实行的各种因素，导致会计政策选择方面的差异。首先国际国内不同的会计标准会引起会计政策的差异。尽管我国的会计改革不断地向国际靠拢，但由于传统会计核算方法的传承、会计思想的延续、会计管理体制和会计标准的制定程序，以及我国会计人员的业务素质及社会文化背景等因素的制约，使我国现行的会计标准同国际还有一定的差距，并且在国际上各国之间、各国同国际会计准则委员会的标准之间也有差异，使得我国三大公司在进行会计政策选择面临多重标准和规范，形成会计政策的差异。其次，国家对石油行业的特殊政策及管制，也会导致三大公司会计政策选择的差异，例如不同的税收政策，生产经营过程中不同的优惠政策等。再次，国家对石油行业管理体制，历史上形成了石油行业各大公司的自然垄断，尽管近几年国家通过重组，进行了上下游业务整合，但石油企业自然垄断的局面还未彻底改变，中海石油经营海上油气的勘探与开发，中国石油主要在我国北部地区、中国石化主要在我国南部地区从事油气勘探开发，而国家对海上、陆上的管理政策又不尽一致，由于体制问题形成的会计政策选择方面的差异在所难免。

内部原因主要是企业自身生产经营管理和会计管理引致的会计政策选择方面的差异。中国石油历史上一直从事油气勘探开发生产活动，从玉门油田的接管，到大庆会战、胜利油田会战，以及到塔里木会战新管理体制的建立，形成了一系列的上游生产的经营管理观念和思路，财会管理也具有自身的特色，如会计集中核算、政策性税收筹划等，对会计政策选择起到了重要的作用。而中国石化历史上主要是从事下游油气产品加工活动所形成的适合炼油、化工行业的管理理念和思路，以及会计管理体制与方法同中国石油有着一定差别，从而导致其会计政策的选择同中国石油之间的差异。中海石油自20世纪80年代组建以来，一直从事海上石油勘探开发活动，代表国家对外合作，进行风险投资，并且公司成立伊始就是以国际公司的标准要求，形成了一套较传统国有企业先进的管理思想和管理模式，且风险投资的会计管理和核算体系不同于其他两大石油公司，从而导致其会计政策选择的差异。

总之，三大石油公司所面临的内外部会计环境因素及企业内部会计工作及管理理念、传统的工作办法及程序等，都是造成会计政策差异的原因。认识这些原因，对于促进石油企业会计政策的改革是十分有利的。

三 我国石油公司会计政策的总体评价

通过以上分析，我们可以看出，我国石油上市公司的会计政策的主流是向国际会计标准和会计惯例靠拢的，有着逐步向国际石油公司会计政策选择趋同的态势，会计政策的选择符合会计目标的要求，并且切合国内会计规范和企业的实际，基本能够满足国际化石油公司生产经营、会计管理以及提供会计信息的需要。但总体上我国各公司的会计政策同国际标准还有一定的差距，并且各公司还没有达到相对统一的标准，各公司之间的会计信息可比性还存在着一定的差异。归纳起来，我国三大石油公司会计政策存在的问题主要包括以下几个方面：

1. 国内外会计政策选择差异大

我国三大石油公司对内和对外实行两套会计政策，披露两套报表，表面上是会计政策的内外差异，但实际上反映了我国整体会计规范和标准同国际的差距，尤其是长期以来油气会计没有明确的准则和制度，造成即使在国内，油气会计也得比照其他的会计规范进行处理，使得会计处理及政策的选择不合理，如油气资产的折旧折耗、油气资产的清理等，都是比照固定资产的核算办法进行的。

2. 油气资产核算中采用的成果法还需完善

我国三大石油公司对油气资产已经独立核算，并且比照国际会计惯例和标准进行会计处理，但仍需进一步完善。如对油气资产的折耗摊销，在国际报告中均采用单位产量法，但对单位产量摊销率的计算还不统一，造成各公司间折耗摊销可比性差。又如中海石油对自营勘探投资不论是否发现商业性油气流，均在次年摊入油气销售成本，这与成果法不符，还需要进一步完善。

3. 对油气资产的废弃及环境恢复未按国际惯例进行

油气井的弃置及环境恢复是一项较大的开支，尤其是在国家和社会越来越重视环境保护的前提下，环境恢复是企业义不容辞的一项重要工作。按照国际惯例，油气井废弃及环境恢复需要预先计提准备金，用于这方面的开支，否则在发生时一次性记入当期损益，会导致企业利润不均衡，也不符合权责发生制原则及匹配原则。在我国三大石油公司中，只有中海石油有这方面的会计政策，其他两大公司尚未提取清理准备金，并且在会计处理上比照固定资产清理进行，使这部分会计业务处理不尽合理。

4. 固定资产及油气资产减值估计不规范

根据国际会计准则要求，资产减值的估算是以资产组合的现金产出单元估计资产可收回金额的未来现值的。在我国新会计准则颁布实施以前我国会计制度规定是以单项资产测算，这不符合油气资产测算减值的实际情况。实际上，油气资产是无法以单项资产来估算其未来可收回金额的。没有相关设施，单一的油气井是不能形成产能，也无法计算未来可回收价值的。在会计政策选择上，只有中国石油是以现金产出单元为基础进行测算减值。而其他两家公司则以单项资产为基础进行测试，这也不符合国际会计惯例。新准则颁布实施以后，中国石油和中国石化都是以资产组为基础进行测算减值，而中海石油仍是以单项资产为基础测算减值，但在单项资产不能测算减值时，就以资产组为基础测算减值。可见，新准则的颁布实施，在一定程度上规范了固定资产及油气资产减值的会计处理，但在以后的实践中仍需进一步规范和统一。

5. 有些会计核算方法不规范

如三大石油公司对油气资产的核算各自采用自行设计的会计

科目（各公司都有内部会计核算办法），但整体上从核算内容到科目名称都不统一，这会对三大公司会计信息的解读和使用带来困难，有悖于会计信息披露的初衷。

6. 其他会计政策差异问题

三大公司的会计政策选择构成方面有差异，但同一会计政策内容上也有差异，如关联方交易定价政策、收入确认政策等，都需要相对统一。

以上存在的问题，重要原因是我国没有关于石油公司会计核算，尤其是油气资产核算的统一准则和制度，三大石油公司各自制定自己内部的会计核算办法，从而导致会计政策的差异以及会计政策内容上的出入，显现出上述许多不合理的问题。

针对三大石油公司会计政策存在的问题，我们认为，尽管国家目前已经颁布了第 27 号会计准则，为我国三大公司会计政策选择的统一性奠定了良好的基础，但考虑到我国的实际情况，国家还应制定并发布准则的实施细则，并且配套以石油天然气专业会计核算办法，尽量达到国内会计政策选择标准的统一。同时，鼓励三大公司在依据我国颁布的准则和制度选择会计政策时，尽量采用国际惯例通行做法，缩小国内和国际标准造成的差异，与国际标准取得一致。三大石油公司的业务发展要求会计标准的国际趋同，符合国际惯例的会计政策也会促进我国石油工业的发展。

第五节　新会计准则实施后石油上市公司会计政策选择的变化分析

一　新准则实施后石油公司会计政策的差异概述

2006 年中国企业会计准则体系正式发布，这标志着我国新会计准则体系的正式建立，也标志着中国会计准则基本实现了与国际准则的趋同。2007年是上市公司实施新会计准则的第一年，新会计准则的实施，毫无疑问在一定程度上会导致上市公司会计政策选择的变更。中国石油和中国石化作为在国内A股上市的两大石油公司，其对国内披露的财务报告，由于新准则的执行，也会变更其会计政策的选择，而中海石油虽然没在内地上市，但其国内具体业务处理还是得遵照我国会计准则执行。

对于中国石油来说，由于其2007年11月才在国内A股上市，正好是新会计准则实施的第一年，2007年年报是对国内投资者披露的第一份年报，从严格意义上来说所有会计准则对它来说都是首次执行，因此，中国石油是不存在会计政策变更的情况，因而2007中国石油年报中也并没有披露会计政策的变更。但中国石油在具体业务处理中，因为新准则的实施，其会计确认、计量及记录的变化是不可避免的，从而也会导致会计政策选择的变更。对于中国石化，自2001年在国内上市以来，对国内投资者一直执行的是我国原有的会计准则，因此，新会计准则实施后，其对会计政策的选择及会计政策的变更能够在其年报中清晰的反映出来。我们通过研究中国石化2007年的年报发现，中国石化2007年会计政策的变更达12项之多，当然大部分项目的变更是因国家法律、法规等要求变更而导致的。新准则下中国石化会计政策的变更项目主要有：（1）一般性借款费用资本化；（2）长期股权投资差额；（3）油气资产清理报废；（4）可供出售金融资产公允价值的变化；（5）开办费；（6）政府补助；（7）债务重组；（8）所得税；（9）未确认的投资损失；（10）少数股东权益及少数股东损益；（11）对子公司的投资；（12）对合营企业的投资等。例如一般性借款费用资本化问题，中国石化在新会计准则实施以前用于购建固定资产的一般借款的借款费用在发生时直接计入当期损益,现在符合一定条件时予以资本化,计入相关资产的成本。还有就是政府补助,对于与资产相关的政府补助(不包含政府资本性投入),在满足补助所附条件时原将补助确认在资本公积中,现改为确认在递延收益中,并在相关资产使用寿命内平均分配计入损益。中国石化会计政策的变更,在很大程度上,代表另外两大石油公司会计政策选择的变更,此处不再赘述。可见,新会计准则的实行,导致了石油公司不同期间的会计政策选择的不一致。

而对于三大石油公司间会计政策选择的差异,从2007年的年报分析来看,与本章前部分的差异分析基本一致,并无太大变化。中国石化仍未实行股票增值权政策;对于股利,中国石化和中海石油在宣派期间内均确认为负债,而中国石油并无具体规定;石油产品分成合同仍是中海石油特有的会计政策,其他两大石油公司并未涉及等等。而综合会计报表编报基准项中,中国石油和中国石化基本上都统一,即对于少数股东的应占收益都不包括在综合净利润中,进行单独列示;在资产减值的测算基础上,中国石化也以资产组为基础进行测算减值,基本上也与中国石油相统一,但与中海石油不尽相同,中海石油是以单项资产为基础进行测算,单项资产不能测算的,再以资产组为基础进行计提。可见,随着时间的推移,三大石油公司会计政策选择间的差异也在逐步缩小。

二 新会计准则下石油公司会计政策选择的国际趋同

我国的具体会计准则,大部分已经实现了与国际财务报告准则接轨,有些准则还体现了中国的特色,在2005年11月中国会计准则委员会与国际会计准则理事会的会计准则趋同会议上，国际会计准则理事会的专家既对新准则与国际接轨的程度之高感到惊讶，也对其中具有"中国特色"的内容表现出深厚兴趣。石油天然气行业作为一个比较特殊的行业，有着其独具的行业特色，我国三大石油公司其财务报告应在一定程度反映该行业特别是上游业务的特征。那么我国石油公司会计趋同的情况又是怎样呢？我们通过对比新准则实施前后年度财务报告，来分析石油公司国际趋同的进程。在三大石油公司中，除中海石油外，目前中国石化和中国石油都已在在国内 A 股上市，因此我们的研究重点主要放在中国石化和中国石油两家公司身上，但又由于中国石油 2007 年才在国内上市，其对内提供的财务报表只有 2007 年一年的资料，这样不便于我们研究石油上市公司会计政策国际趋同的演进过程，因此，在这两家公司中我们主要来研究中国石化。中国石化的演进过程实际上在一定程度上也代表了中国石油甚至整个石油行业会计业务核算的一个国际趋同过程。为了研究的方便我们选取新准则实施前后两年的报表进行对比分析，为此，我们选取了 2005 年和 2007 年两年年报进行研究分析。

　　首先我们对中国石化 2005 年年报中就按中国会计准则及制度计算之净利润和按国际财务报告准则计算之本年度利润的重大差异的影响进行分析，① 分析如下：

---

　　① 实际上年报中对我国会计准则与国际会计准则的差异影响分析，还包括对股东权益的影响分析，由于两者所涉及的调整项目都是一样的，因此，本书只列出了对净利润的差异影响分析，这也不影响本书对研究问题的论述，对于股东权益的差异影响分析本书不再赘述，下文同。

表4—8

	注释	2005 年	2004 年
		人民币百万元	人民币百万元
按中国会计准则及制度编制的会计报表之净利润调整:		39,558	32,275
油气资产折旧	(i)	751	761
一般性借款费用资本化（已扣除折旧影响）	(ii)	507	480
开办费	(iii)	435	(288)
股权投资差额	(iv)	200	—
未确认的投资损失	(v)	119	(531)
收购中国石化新星	(vi)	117	117
收购天津石化、洛阳石化、中原石化和催化剂厂	(vi)	—	2,119
土地使用权重估冲减摊销	(vii)	24	19
政府补助冲减折旧	(viii)	4	3
重估资产的减值亏损	(ix)	—	709
油气资产的清理报废（已扣除折旧影响）	(x)	(310)	2,110
以上调整对税务之影响		(485)	(1,755)
少数股东损益	(xi)	2,920	5,772
按国际财务报告准则编制的会计报表之本期间利润		43,840	41,791

数据来源：以上数据摘自中国石化 2005 年年报。

由表4—8 可以看出，2005 年以前我国的会计准则与国际财务报告准则差异比较大的，调整项目达九项之多，这就既增加了投资者对报表的理解难度，也增加了报表之间的转换成本，在很大程度上降低了报表的有用性，也反映了我国会计准则与国际会计准则的差距所在。例如，就油气资产折旧来看，2005 年按中国会计准则及制度，油气资产以直线法计提折旧，而按国际财务报告准则须以单位产量法计提折旧，由于计算折旧的方法不同，每年的折旧额度肯定就会有差异，这样对净利润就会产生差异；同样，2005 年以前对于一般性借款费用资本化按中国会计准则及制度，只有为建造物业、厂房及设备而借入的专门借款所发生的费用才予以资本化为该资产成本的一部分，而按国际财务报告准则，对于一般性借款用于获取一项符合条件的资产，其借款费用应予以资本化为该资产成本的一部分，可见由于资产确认的标准不一样，同样也会对净利润产生影响。总的来说，从中国石化 2005 年的年报分析，我们发现我国会计准则与国际会计准则还是有较大差距的，在石油行业这一点也体现的较为明显。

对于中国石化 2007 年年报，我们还就按中国企业会计准则计算之净利润和按国际财务报告准则计算之本年度利润的重大差异的影响进行分析，分析如下：

表 4—9

	附注	2007 年 人民币 百万元	2006 年 人民币 百万元
按中国企业会计准则编制的财务报表 之净利润调整：		57, 153	52, 983
油气资产	(i)	523	2, 478
土地使用权重估冲减摊销	(ii)	30	30
以上调整对税务之影响及			
税率变动对递延税项的影响		1, 037	(453)
按国际财务报告准则编制的财务报表 之本年度利润		58, 743	55, 038

数据来源：以上数据摘自中国石化 2007 年年报。

由表 4—9，我们可以明显地看出，新会计准则实施后，我国会计准则与国际财务报告准则的差异显著降低，调整项目由

2005 年的九项降低到 2007 年的两项。在这两项调整差异中，对于油气资产的折旧，我国新准则也规定石油公司既可以采用单位产量法折旧，也可以采用直线法折旧，并且新准则提倡石油公司采用单位产量法来进行折旧，只是由于传统习惯，我国绝大部分石油公司，仍采用直线法进行折旧，就这项会计政策本身来看，我国会计准则与国际会计准则并无实质上的差异。由此可见，对于中国石化来说，真正与国际财务报告准则存在差异的项目就只有土地使用权重估这一项。对于土地使用权重估，按中国企业会计准则，土地使用权以重估值列示；而按国际财务报告准则，土地使用权以历史成本减摊销列示。因此反映在重估盈余中的土地使用权重估增值须被冲回。中国石化的这一变化趋势，基本上代表了三大公司的一个变化趋势，通过分析，我们得出，我国石油公司会计政策选择也基本上与国际财务报告准则实现了趋同，只有极个别项目与国际财务报告准则存在差异了。

通过对中国石化 2005 年和 2007 年年报中的我国会计准则与国际财务报告准则的差异分析，我们认为，石油行业（主要指在国内上市的中国石化和中国石油两大上市公司）上市公司的财务报告已实质上实现了与国际财务报告的趋同了。其中的财务准则的个别差异不影响整体财务报告的趋同。在实现与国际财务报告趋同的情况下，我国石油公司财务报告与美国财务报告又有何区别，我试分析探讨之。由于在三大石油上市公司的年报中并无直接列示我国会计准则与美国会计准则差异分析，为此我们分析国际财务报告准则与美国财务会计准则的差异，因为我国财务会计准则已与国际报告会计准则实质上趋同了，国际财务报告准则与美国财务会计准则的差异，很大程度上就代表了我国财务会计准则与美国财务会计准则的差异。为此，我们选取中海石油为研究对象进行研究。以下是中海石油 2007 年年报中香港地区公认会计准则与美国公认会计准则之差异对净利润影响的一个差异调节表。

香港地区公认会计准则与美国公认会计准则之差异对净利润
的影响总结如下：

表 4—10

	净利润	
	2007 年	2006 年
	人民币千元	人民币千元
香港地区公认会计准则呈报之净利润	31，258，299	30，926，943
美国公认会计准则调整影响：		
一重新计量可换股债券嵌入式衍生工具部分公允价值的损失	（2，975，664）	—
一冲回物业，厂房及设备减值准备	—	252，357
一冲回物业，厂房及设备减值准备引起的递延所得税	—	（75，708）
一冲回物业，厂房及设备减值准备而增加的折旧，折耗与摊销	（34，080）	—
一因增加物业，厂房及设备的折旧，折耗与摊销引起的递延税	8，520	—
按美国公认会计准则调整后的净利润	28，257，075	31，103，592
按美国公认会计准则调整后的每股收益		
一基本	人民币 0.65 元	人民币 0.73 元
一摊销	人民币 0.65 元	人民币 0.73 元

数据来源：以上数据摘自中海石油 2007 年年报。

由表 4—10，我们发现中海石油 2007 年年报中香港地区公
认会计准则与美国公认会计准则之差异并不大，只有在可换股债
券的会计处理和长期资产减值的会计处理上香港地区公认会计准
则与美国公认会计准则不同，而其他的差异都是由这两项引起

的。因此，从表4—10看，香港地区公认会计准则与美国公认会计准则差异已经很小了。但是，通过查阅中海石油2007年年报，我们发现香港地区公认会计准则与美国公认会计准则的差异并不仅于此。中海石油年报列示的重大差异包括：（1）长期资产的减值；（2）对可换股债券的会计处理；（3）编制财务报表时所用的估计；（4）分部资料；（5）所得税；（6）油田拆除拨备；（7）所得税率；（8）所得税不确定事项的会计核算等。上表之所以没列出相关重大差异对净利润的影响，是因为中海石油在此前，某些会计政策已按美国公认会计准则要求来做，比如油田拆除拨备和所得税率，在报告期内，中海石油按这两种会计准则计算的金额并无差异，但就香港地区公认会计准则与美国公认会计准则两者本身来说是存在差异的。由此可见，香港地区公认会计准则和美国公认会计准则尽管差异不大，但还是存在一定的差异的。这也表明，我国会计准则与美国财务会计准则还是存在一定的差异，同时也表明我国石油上市公司的会计政策选择与美国财务会计准则还是有一定的差距。这也是我国会计准则下一步改革的目标，在逐步实现与国际趋同的情况下，应尽量多做沟通与协调工作，经双方的努力，进一步实现与美国财务会计准则的实质性趋同，以便于不同投资者对报表的理解，增强报表的有用性，同时也减少报表的转换成本。

三　新会计准则下石油行业会计准则的等效分析

我们通过对上文的分析，得出我国石油公司按我国会计准则编制的会计报表与按国际公认会计准则编制的财务报表已基本实现了趋同；并且与美国公认会计准则虽存在一定差距，但也不是很大了。这样就为石油行业会计准则的等效奠定了良好的基础。当然，石油行业的会计准则等效，必须是在我国会计准则等效的前提下，才能实现。所谓等效就是指具有同等效力。会计准则等效是指我国企业在那些实施国际财务报告准则的国家或地区上市，按照中国会计准则编制的财务报表不再进行调整，即使调整也只对个别项目作出说明或者编制极少项目的调节表，无须再按国际财务报告准则进行全面转换。等效还涉及审计准则，注册会计师按照等效的审计准则出具的审计报告也应当是认可的。我国会计审计准则实现了国际趋同，但要完成与世界主要经济体会计准则的等效，还需要较长时间的努力。

中国企业会计准则与国际财务报告准则实现趋同后，财政部就开始研究并启动与那些实施国际财务报告准则的国家和地区的会计准则等效问题的相关工作，而且进展较为顺利。例如中国与欧盟的会计合作，2006 年 11 月 24 日中国会计准则委员会与欧盟代表就建立中欧会计合作工作机制、欧盟将中国会计准则列为第三国等效准则的安排等问题进行了深入的讨论。会议认为，鉴于中国会计国际趋同所取得的成效，在 2009 年之前，欧盟将考虑把中国作为与国际财务报告准则趋同的国家对待；再有就是中国与美国的会计合作，美国在安然事件以后，其财务会计准则委员会与国际会计准则理事会开始对话和趋同工作。在这种情况下，中美双方加强了会计领域的联系和沟通，随着美国准则与国际准则趋同工作的进展，我们将抓住有利时机，积极推动和解决中美会计准则的合作与等效问题。此外，中国与日本、韩国、澳大利亚、非洲和俄罗斯等国家或地区也加强了会计方面的沟通与合作，所有上述合作机制为我们以后实现与这些国家实现会计等效都打下了良好的基础。[1]

---

① 刘玉廷：《中国企业会计准则体系：架构、趋同与等效》，《会计研究》2007年第 3 期。

三大石油公司作为国家特大型企业，无论是在会计机构设置的科学性、完备性方面，还是在会计人员的整体素质方面，都有很大的优势，因此，在我国会计准则的进一步国际趋同和会计等效上，三大石油公司应该走在其他公司的前面，做我国会计准则国际等效的先锋，积极探讨适合我国的会计准则等效的路径，为我国全面实现会计的趋同和等效提供经验。为此，我们提出以下建议：

第一，进一步统一国内石油公司在会计政策选择方面的差异。作为会计准则等效的第一步，首先国内的各大石油公司在重大会计政策的选择方面要统一，尽量减少各自之间的差异，既便于投资者理解，也便于投资者比较，从而增强财务报表的有用性。只有国内各石油公司，在会计处理、会计核算以及会计政策的选择方面基本上实现统一，才有可能进一步与国际上其他国家实现等效。

第二，在会计处理、会计核算以及会计政策的选择上进一步与国际石油公司接轨。就目前来看，我国三大石油公司的会计业务处理与国际大石油公司来比，还是有差异的，当然这与公司之间成长的经济和社会环境有关系。例如，差异较大的油气资产折旧折耗，目前国际各大石油公司基本上都是采用单位产量法，但我国几大石油公司，对国内投资者披露的财务报告并不是采用单位产量法，这是有悖于国际惯例的；对于矿区废弃处置，我国企业会计准则第 27 号做了相关规定，从 2007 年年报来看，各大石油公司在这方面也做了相关披露，与国际通行惯例更近了一步。但同时我们也应该看到，我国的准则只做了矿区废弃处置义务的规定，并未提及环境恢复问题，因此，对这一问题，我国石油公司还要借鉴国外石油公司的通行做法，以便于更好地同国际石油公司的会计处理趋同。总之，为了实现会计准则的等效，我国石油公司应该借鉴国际石油公司通行的做法，以便于更好的实现国际趋同。

第三，进一步完善我国油气会计准则。油气会计 27 号准则的颁布，规范了我国石油公司的会计业务的处理，为我国三大公司会计政策选择的统一性奠定了良好的基础，也为我国油气会计的国际趋同迈出了重要的一步。但同时我们应该看到，我国 27 号油气会计准则，与美国油气会计准则相比，无论是会计业务处理的完备性还是信息披露的充分性等方面都还是有一定差距的。如，油气矿权交易的会计处理，目前我们的 27 号准则并未涉及，虽然我国矿权交易行为比较少，甚至还未发生油气矿权交易行为，但油气矿权交易在以后是一种发展趋势，作为会计准则，应先前进一步，为以后会计实务处理提供规范；同时目前我国的 27 号新准则规定得还是比较粗略，并未特别细化，未向实务会计提供更加规范、准确的业务处理。我们认为国家相关部门还应借鉴美国、澳大利亚、英国等油气会计准则相对较为成熟的国家的经验，同时也积极吸取国际会计准则理事会颁布的相关会计准则的精华，再结合我国实际情况，发布准则的实施细则，并且配套以石油天然气专业会计核算方法，既要实现国内会计政策选择的统一，也要实现国际油气会计处理的趋同，为油气会计的国际等效打下坚实的基础。

第四，对于一些我国会计准则没有涉及的新业务的处理，相关部门应积极鼓励会计理论工作者加强理论和实务领域的研究，积极促进我国几大石油公司采用国际惯例，以丰富我国油气会计理论，在依据我国颁布的会计准则和会计制度选择会计政策时，尽量采用国际惯例通行的做法，以此来缩小国内和国际标准造成的差异，逐步达到国际趋同和等效。

第六节　章小结

本章基于对我国石油上市公司财务体制及资本市场的描述，比较论述了三大石油公司会计政策的构成特点、构成内容和油气资产的具体处理方法，分析了三大公司间会计政策选择的差异及形成原因，并对其进行了总体评价。本章的主要观点是：

（1）我国石油工业体制改革及三大石油公司的财务体制模式是会计政策选择的前提；石油上市公司面临的资本市场约束及会计规范要求是会计政策选择的重要依据。

（2）三大石油公司会计政策构成各有特点，但总体上是既体现了国际会计准则的要求，也照顾了中国油气会计核算的特殊性，会计政策的选择和执行具有浓厚的中国特色，同国际会计标准还有一定的差距，引致国内、国际两套会计政策和两套信息披露体系。

（3）石油上市公司面向国内财务报告同面向国际的财务报告及会计政策在油气资产核算、无形资产、坏账准备的计提、资产减值、土地使用权重估等方面存在着差异，这些差异只有在会计标准国际趋同的进程中才能不断地缩小和实现统一。

（4）中海石油的会计政策具有较为突出特点，表现在国际石油勘探开发合作的会计处理上，如石油产品分成合同、合作及自营投资的处理等方面，为其他石油公司海上及陆上对外合作模式及会计政策的选择提供了有益的参照。

（5）三大石油公司会计政策共同点在于：符合会计目标的要求，同时披露两套财务报告，会计政策选择趋于国际化，重视对油气特殊资产的核算。但其差异主要包括会计政策选择构成方面的差异、会计政策内容的差异、会计政策披露的差异。

（6）三大石油公司会计政策差异产生的原因主要包括外部原因和内部原因。

（7）三大石油公司会计政策总体上还存在着选择差异大、成果法运用不完善、油气资产废弃及环境恢复处理不规范、资产减值估计标准不一等方面的问题。

（8）我国油气会计准则与国际油汽会计准则已基本实现了趋同，但与美国油气会计准则还有一定差距；在实现会计准则的等效过程中，三大石油公司应做我国会计准则国际等效的先锋。

第 五 章

石油上市公司组建中的会计政策

前面的理论研究中，我们对石油公司会计政策有了一个较为完整的认识，并且我们已经将研究立场锁定在了油气生产上游企业的会计政策、具体会计政策以及与对外信息披露相关的会计政策的研究方面。沿着这一研究思路，石油上市公司具体会计政策的探讨大致可以分为上市公司组建过程中的具体会计政策、上市公司运行中的特殊会计政策，以及石油公司会计信息披露政策三个方面，本章主要探讨石油上市公司组建中的会计政策。

石油生产行业是受国家高度集权管制并且是国家垄断的行业，新中国成立初期一直到 20 世纪 90 年代都处于国家垄断经营的状态。随着社会主义市场经济体制的建立和改革开放的深入，石油企业需要走向市场、走向国际。打破国家垄断格局，推行国际通行的石油公司制度，建立现代企业制度已成为必然。从 1994 年开始，我国陆上石油企业相继进行股份制改造，先后以定向募集方式设立了胜利大明公司、管道龙昌公司、大庆南垣公司、东油集团公司等一批股份有限公司。1996 年中油龙昌、石油大明、石油济柴三家公司向社会公开发行股票，取得了上市的成功。随后1998 年辽河油田、中原油气两家以油气勘探开发生产为主营业务的石油公司又相继上市，开创了油气生产上游公司上市的先例。2000 年以后中国石油、中国石化、中国海油三大集团公司又进行了重组上市，使中国的石油企业从体制上及运行模式上实行了与国际接轨，步入了国际石油跨国公司强势企业的行列。

组建国家石油公司是国际上通行有效的公司组织形式，这是由石油企业的高投入、高风险、高回报率以及资金密集、技术密集的特点决定的。石油公司的组建上市，对分散投资风险、有效募集资金，建立符合国际惯例的企业法人治理结构、理顺产权关系，提高公司运营效率和管理水平，将石油企业建成真的跨国公司有着十分重要的意义。同样，研究石油上市公司组建过程中的会计政策，对于规范上市公司组建中的会计行为，正确进行资产重组和财务剥离，保障各方投资者的利益，实现公司的顺利组建上市和上市后的高效率运作，也都具有十分重要的作用。

第一节 石油企业改制上市的途径选择

石油企业改制上市的途径是指通过什么方式将原石油企业改组成为股份制上市公司。根据已上市的石油股份公司的改制经验、其他行业国有企业改制上市的做法以及国家政策法规的规定，石油企业改制上市可选择以下途径进行：

一 增量带存量，整体改制

将原企业全部资产，包括经营性资产和非经营性资产全部折股投入上市公司中，同时增发新股，向社会募集资金，即"以增量带存量，进行整体改制"。这种方式适用于小型的、社会负担不太重、容易改制的企业，如小型油气田企业。

二 存母派子，切块改制

从石油企业原存量资产中划出一部分资产，形成股份制企业国有法人股，再增发新股，组成股份制上市公司，即"存母派子，切块改制"。这种方法划出的存量资产，一般是企业的优良资产，以吸引新股东入股，原石油企业的社会服务及企业办社会部分留原母体企业。辽河油田、中原油气等上市公司组建就采用这种模式，其他石油股份制上市公司的组建也大都用这种模式。其资产重组模式如图 5—1 所示。①

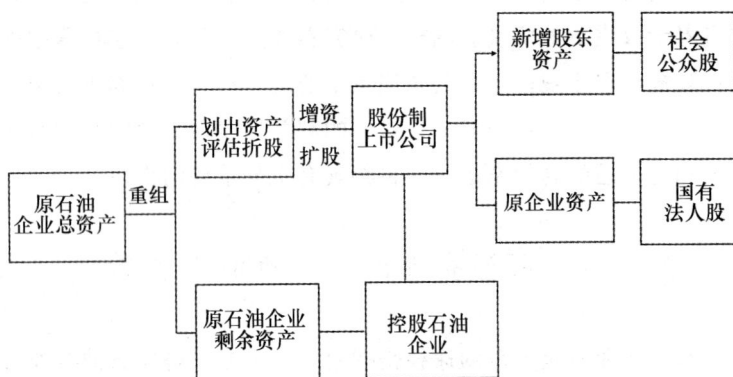

图 5—1　石油企业部分资产重组模式图

这种模式主要适用于资产负债率较高，社会包袱较重的大型油气田企业。

三　股权转让，实现改制

将原有石油企业的存量资产折成股份，拿出一定比例向社会出售，实现股权构成多元化，组成股份制上市公司，即"股权转让，实现改制"。这种方式是原有石油企业资产总量不变，而

---

① 赵选民等：《石油股份有限公司组建与上市问题研究》，陕西人民出版社1998 年版，第 76 页。

拿出部分上市交易，出售产权收回资金用于企业再投资。

这种方式企业的资产的存量规模不扩大，只是股权结构发生变化，出售部分资产股权，要求企业效益要好，资信度高，才能吸引投资者购买，因此这种方式适用于效益较好的石油企业。

四 存量重组，实现改制

将原石油企业的存量资产分成几块，变成几个新的实体。在这种方式下，一般将存量资产划为三块：一块是主业资产，一块是为主业服务的资产，一块是企业办社会的资产。改制时，将主业资产折股并吸收筹资组成股份制上市公司；为主业服务的资产一般则组建成独立的实业公司；企业办社会的资产交政府部门管理。即"存量重组，实现改制"。其资产重组模式如图5—2所示。[①]

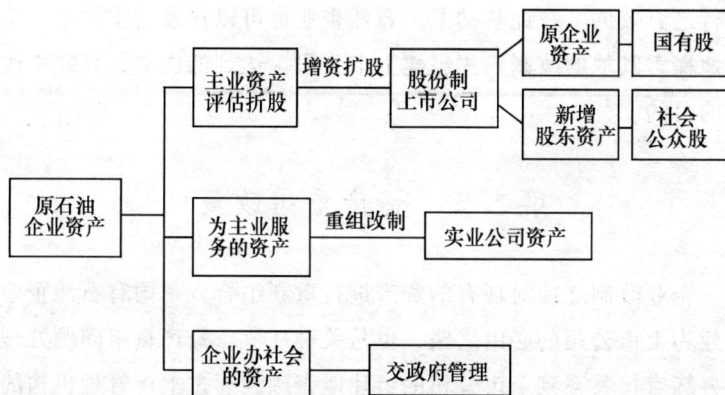

图5—2 石油企业存量资产切块为几个实体资产重组模式图

---

① 赵选民等：《石油股份有限公司组建与上市问题研究》，陕西人民出版社1998年版，第78页。

这种方式在改组过程中，可以取消原企业法人资格，也可以不取消原企业法人资格。如果是取消原法人资格的资产重组和改制，应由石油企业的上级集团公司同当地政府共同协商完成改制工作。这种方式适用于社会包袱较重、企业非经营性资产比重较大的大型或特大型石油企业。

上海石化总厂在最初改制时就采用这种方式。2000年以后中国石油、中国石化上市公司的组建也是采用这种模式。例如中国石油2000年以主业资产改制上市后，为主业服务的资产在全国范围内陆续组建了多个技术服务公司，包括国际工程公司、中油测井公司、中油物资装备总公司等。对于企业办社会，中国石油、中国石化于2003年已全部将中小学教育以及其他企业办社会的资产交于各地政府管理。实践证明，石油企业根据其规模大小，经营范围等约束条件，选择合适的改制模式组建上市公司，是行之有效的。在此基础上，石油企业也可以在改制实践中，不断地探索其他的改制模式组建上市公司，达到低成本、高效率改制的目的。

第二节　资产重组政策

企业改制之前对现有的资产进行重新组合，是国有石油企业组建为上市公司的必由之路，也是关键环节。资产重组问题处理的好坏直接关系到上市公司的组建能否顺利通过上市管理机构的审查，能否顺利地发行公司股票并在国内外资本市场上市并交易，还关系到组建后的上市公司能否成功有效进行资本运营，取得好的经济效益。

石油企业改制上市中的资产重组是一项极为复杂、操作技术很强的工作，涉及拟上市公司与各发起人的关系，与政府各有关部门的关系，与境内外法律、法规之间的关系等，因此必须在满足这些约束条件的前提实施资产重组。

以上市为目的的资产重组，主要是确定将哪些资产投入上市公司，将哪些资产剥离出来不投入上市公司。由于企业改制上市的目的是为了实现企业资源的有效配置，减少关联交易，避免同业竞争，提高资本利润率，增强公司对投资者的吸引力，提高股票发行价格，所以在上市公司组建中，一般都尽可能将盈利高的资产投入公司，即将经营性资产（主业资产）投入到上市公司。这样公司上市过程中的资产重组就主要分为经营资产组合与非经营性资产的剥离两大部分。

一 经营资产的组合

在计划经济体制下形成的陆上石油企业大都是按工艺组成的"大而全"的封闭模式的大企业。企业所属二级单位集油气勘探、开发、生产、辅助生产、多种经营和社会化服务于一体，形成了一个政企不分、主辅不分的小社会。进行资产重组就是解体"大而全"和"小而全"，实行四个分离（办社会与生产经营分离、多种经营与主业分离、辅助生产部分与主体部分分离、物资供销与物资采办分离），按照专业化的要求搞好四个重组（生产经营系统重组、多元开发系统重组、物资供销系统重组、社会化服务系统重组）。① 在此基础上组建石油上市公司。

实现经营性资产组合，就石油企业而言，第一步是对经营性资产实现主辅分离，即将投入上市公司的经营资产剥离出来，形成核心业务资产，组合进入上市公司，所以应突出主营业务。石油上市公司的主营业务选择，应以石油勘探、开发、储运、炼化

---

① 韩世全：《投资石油》，石油工业出版社 1999 年版，第 245 页。

及销售等生产经营过程上下游一体化的业务为对象，可以将整个生产经营过程作为主营业务，也可以选择上游生产经营部分或下游生产经营部分作为主营业务。其选择的目标应是考虑公司的未来发展前景、公司整体发展战略和盈利水平。对于与主业无关且对提高公司利润率作用不大的，甚至有负作用的资产，无论是否是经营资产，都要剥离出上市公司。中国石油在组建上市时，将主营业务分为四大板块，集中上市，包括勘探开发与生产、炼油与销售、化工产品与销售、天然气输送与销售，实现经营性资产主业上下游一体化。

第二步是将不适合上市的经营性资产重新组合，独立组建若干个专业技术服务公司，为主业上市公司提供技术服务，并且为社会市场提供技术服务，使这部分经营性资产以自身的专业技术优势走向市场。中国石油同中油集团分离后，中油集团将剥离出来的其他经营性资产重新整合，形成了中油测井公司、国际工程公司、长城钻井公司等专业技术服务公司，既服务于国内中国石油上市公司，也同时开辟国际市场，在中东、非洲、南美等地区提供专业技术服务。在条件成熟的情况下，从主业中剥离出来的经营性资产组建的专业服务公司，也可以进行资产整合上市。

组建以油气资产经营为主要业务的上市公司，在经营性资产重组时，还要注意以下几个问题：

1. 要将数量可观的可采储量作为资产投入公司

投入上市公司的油气可采储量，必须是经过权威机构论证的，令人信服的可采储量。应注明上市公司所包括的油气田区块面积、探明储量及可采储量、已动用储量和未动用储量等有关数据、油气资源的特点、开采工艺要求及预计年限等，这些都要有详细的资料，对于公司以后不断地增补储量的方式，也要予以说明，如由母公司将来以何种方式提供油气资源储量，或由上市公司自行勘探等，在此基础上，分析上市公司的发展前景。对于发行股票所筹资本投入项目的预期经济效益，也要进行可靠的预测，以增强公司对投资者的吸引力，为股票的发行或者是溢价发行打下基础。

2. 降低上市公司的经营风险

对于投资者来说，石油上市公司雄厚的资产及较高的回报率具有较强的吸引力，但风险问题又是干扰投资者决策的重要因素。美国专家认为，石油勘探的成功率一般在 25%，这其中只有 12.5%—15% 具有商业价值，而可采油量超过 1 亿桶的大油田的成功率只有 5%。[①] 由于大多数投资者是不愿意冒大风险的，因此，处理好上市公司组建中的勘探业务问题是非常重要的。对于重组中勘探业务是否纳入上市公司，其基本原则是，上市公司能担得起风险则担，担不起风险则罢。经营规模大及产能高，需要不断进行滚动勘探和寻找新的储量的企业，在不影响净资产利润大幅度下降的情况下，可以考虑将勘探业务纳入上市公司业务中，以使上游生产一体化，促进公司未来发展。例如我国三大石油公司在海内外上市，都将勘探业务作为整体主营业务中的一部分。而对于重组资产规模小、产能低，则可考虑不将勘探业务列入上市公司，油气资源储量的补偿可通过协议的方式由母公司提供，采取有偿使用的方式进行，降低上市公司勘探风险，增强投资者信心。吉林宏源公司在组建 B 股上市公司的过程中，认为石油 B 股上市一开始不宜把勘探包进去，以单纯开采业务为好。可以在招股书中说明，等公司有了实力，经过股东大会批准，公司可以自营或与他人（包括母公

---

① 吕哲权：《我国石油企业的持续融资问题》，"石油企业改制与上市研讨会论文"汇编，1998 年 2 月。

司）合作进行风险勘探。①

3. 妥善处理好同业竞争问题

我国的石油企业，大都属于特大型或大型企业，企业规模大，内部生产关系及协作关系复杂，油气开发及生产经营活动需要多方协作，是一个共同协作劳动的综合体。在组建上市公司时，多数采取"存母派子，切块改制"的模式，上市公司同原母体企业有着非常紧密的联系，必然产生关联交易问题。上市公司要是同样以油气生产经营为其主业，出现同业竞争问题也不可避免，因此，在组建上市公司时，要在不违背上市原则的前提下，妥善处理同业竞争和关联交易问题。对于境外发行股票的上市公司，由于境外投资者及律师十分关注同业竞争和关联交易问题，应特别注意处理好这一问题。

一般情况下，资产重组时，对于投入上市公司资产与不投入上市公司资产之间，应没有影响上市的关联交易和同业竞争，但石油企业上市公司同母体企业又不可能没有同业竞争及关联交易问题，在处理的过程中，要既达到上市要求，又要保证上市公司的主营业务及生产经营过程不受影响。首先，对于同业竞争问题，尽管上市公司同其母体公司都经营油气产品，但我国油气产品是国家控制产品，其市场的份额及油气价格都受制于国家计划，油气生产企业之间的竞争只是有限制的竞争，并非自由竞争。石油上市公司生产的油气产品往往都是以国家规定价格销售给母体企业，如辽河金马股份有限公司（辽河油田）的原油以国家二档油价销售给辽河油田分公司，在国家产量计划中列入辽河油田分公司的原油产量，因此，上市公司同其母体企业不存在

---

① 谢欣、俞志华：《石油企业 B 股上市的几个重要问题》，《石油企业改制与上市研讨会论文》汇编，1998 年 2 月。

相互竞争的问题，这一点同其他石油公司之间的竞争是不同的。对于境外上市公司的组建，应向投资者及有关机构和人员充分说明这一问题。但是，在国内外市场及国家石油政策发生变化的情况下，应逐步消除同业竞争。如中国石油在其招股说明书中将辽河油田列入并说明，并且于 2005 年 11 月发出要约收购公告，要约收购辽河油田上市公司，终止辽河油田上市，达到消除同业竞争的目的。

二　非经营性资产的剥离

石油企业改制组建上市公司，对于那些没有盈利能力的非经营资产不能纳入上市公司资产，即对这部分非经营资产应予剥离。石油企业由于历史的原因及所处的特定环境，企业办政府、企业办社会问题较为突出，由此而存在着大量的非经营性资产。这些资产主要包括两大类：一是油田公安部门、派出所等"企业办政府"所占用的资产；二是幼儿园、学校、医院、食堂、职工宿舍等"企业办社会"占用的资产。在组建上市公司时，这部分资产都是不宜进入上市公司的，应予剥离出来。

非经营性资产的剥离，是一项涉及面很广的复杂工程，需要结合企业实际，实事求是地进行处理。非经营资产剥离的基本原则应是：保证国有资产不被侵蚀，保证社会的稳定，保证剥离出去的资产与上市公司彻底脱钩，以及剥离过程区别对待。一般情况下，属于企业办政府的资产，应予彻底的剥离，将属于政府管理的职权归还政府；属于企业办社会的资产，应区别实际情况，分别进行处理。

第一，企业办政府问题的处理。企业所办的公安局、派出所等机构，属政权机构，本应由政府投资创办，并承担运行费用，可由于石油企业一般地处边远，地方政府鞭长莫及，只能由企业创办。在组建上市公司时，这部分资产一定要剥离出来。企业采取切块改制为上市公司的，应将这部分资产剥离出来留给原母体企业，其职能在原母体企业发挥；如果石油企业整体改制上市的，则应剥离出来交当地政府，当地没有政府机关的，这部分资产则无法剥离，继续留在企业。对于留在企业的"企业办政府"部分，在企业改组上市时，应明确请示政府部门批准，在上市公司国家股的分红中解决其运行费用，实质上也等于将这部分资产由国家政府承担了。

第二，企业办社会问题的处理。企业办社会主要是指企业所办的学校、幼儿园、医院、食堂等单位的问题。这部分资产，石油企业一般都作为职工的集体福利，纳入企业统一核算。职工享受这部分待遇，一般收费很低，有的甚至不收费，实质是石油企业职工在工资以外的福利补贴，即"暗补"。改制组建上市公司时，为了减轻公司负担，提高公司在市场上的竞争能力，同时兼顾投资各方的利益，这部分资产必须要进行剥离。在具体的投资处置上，可采用如下几种方法：其一，将非经营性资产转化为经营性资产。这是指对于部分非经营资产，将其独立出来，组成一个新的经济实体，通过提高收费，使其自负盈亏。如将招待所、食堂等独立出来，按市场标准收费，取消原来的低收费，使这部分资产能够独立运行，将非经营性服务转化为经营性收费服务，解决企业这部分非经营资产的负担。而对于由于收费标准的提高给职工增加的负担部分，则相应地提高职工工资，使改革后企业职工的收入水平总体不降。其二，将部分单位（如食堂、幼儿园、学校等）留在上市公司。为了方便职工和加强职工培训，在不十分影响上市公司净资产利润率的前提下，可考虑将部分单位仍留在上市公司，采取以收抵支，收不抵支部分由上市公司补贴。但对于由政府负担的全民义务教育的普通中学、小学还要分离出来，以减少企业的负担。中国石油、中国石化改制上市后，已陆续将企业办中、小学分离出来交给地方政府，2003年已全部办妥了资产移交，彻底解决企业办教育问题。其三，石油企业在资产重组时，有意识地创办一些盈利性的企业，吸纳分离出去的人员，以盈利弥补非经营单位的费用，使非经营性单位继续保留在企业内。

第三，离退休职工费用问题的处理。企业资产重组时，由于一般按"人随资产走"的原则，上市公司也应接纳一部分离退休职工。这样，上市公司的离退休职工可分为两部分，一部分是上市公司组建前的离退休职工，一部分是上市公司组建后的离退休职工。对于上市公司组建后退下来的离退休职工，其退休金、医疗费，应采取新人新办法，按照社会保障体制改革的办法办理。

对于上市公司组建前的离退休职工，即随资产重组进入上市公司的离退休职工，其退休金、医疗费用应按国家有关规定办理。按照我国现行的退休办法，原国有企业的离退休职工的社会保障由企业负担。当企业改组后，这部分费用还应由上市公司承担。这是因为国家将国有企业未来用于职工社会保障的资金先用于投资，形成了一定量的资产，并未作为提留基金。这部分资产实质上是企业负债形成的，应由原国有企业承担。然而将这部分离退休职工的社会保障由上市公司包揽下来，长期支付工资及医疗费，非国有股股东的权益又受到损害。为了使公司股东权益公平化，在组建上市公司时，就应妥善解决这一问题。有专家提出，在进行公司化改制时，应当把部分资产划出来，作为职工的医疗保健基金以及退休和将退休职工的养老金，或者把这部分资产变卖，形成医疗保健基金和养老基金。笔者认为，在现行制度下，这种方法是切实可行的。上市公司组建时，对用于离退休职工社会保障的这部分资产划出来，或交给政府统筹机构，由其给予发放，与公司彻底脱钩，或者保留在上市公司，形成专门基金，由公司予以支付。这部分资产不予折股，以保证股东权益的公平合理。

由于社会保障金的支付是一个不确定数，到底应折算出多少资产用于社会保障，既能基本保证需要，又不致折算过多而造成国有资产损失。实际操作中，应予以合理地估算。估算时应按离退休职工的平均工资水平和医疗费支付数额、预期平均寿命、寿命期工资及医疗费增长系数等因素，按年金法进行计算，其计算公式为：

$$\text{预期离退休职工社会保障金总额} = (S \cdot R + RMT) \cdot \frac{1 - (1 + i)^{-n}}{i}$$

式中：S 为离退休职工年平均工资额，

$S = \Sigma$ 某工资级别年工资标准 $\times$ 该工资级别职工人数；

R 为工资增长率，亦可按近几年医疗费的平均增长水平测算；

M 为近几年离退休职工年平均医疗费用；

T 为医疗费增长率，亦可按近几年医疗费的平均增长水平测算；

n 为离退休职工平均寿命。计算时，应先估算离退休职工总体预计的寿命年龄（如 75 岁等），再进行分组测算剩余寿命期，用加权平均法求出离退职工平均寿命，其计算公式为：

$$n = \frac{\Sigma \text{某组职工寿命期} \times \text{该组职工人数}}{\text{离退休职工总人数}}$$

i 为银行利率。

按上述办法计算的预期离退休职工社会保障金总额，可作为划出净资产的依据。必须指出，测算的离退休职工人数，必须是上市公司应负担的人数，对原有企业部分改组为上市公司，应按改组投入公司资产的比例，由上市公司负担离退休人员的社会保障金。

第三节 油气储量转让会计政策

油气储量作为一种资源性资产，是以油气开采为主的上市公司组建和经营的必要条件，也是资产重组中的重要部分。根据我国法律规定，油气资源性资产的所有权归国家所有，矿产资源法授权国土资源部管理中国矿产资源的勘探与生产。石油生产企业必须在国家法律的规定下，取得探矿权和采矿权，才能从事油气生产活动。我国目前中国石油、中国石化拥有陆上油气的开采权，中海石油拥有海上油气的开采权。国家对矿产资源性资产所有权的行使，是通过颁发勘查许可证和采矿许可证的方式进行，并通过收取矿产资源补偿费、矿区使用费以及征收资源税、产量税等方式获得所有权收益。探矿权和采矿权的申请人必须是经国务院批准从事油气勘探与生产的公司。经批准的石油公司首先向国土资源部注册计划勘探的区域，取得勘查许可证，才能从事油气勘探活动。某一区块储量一经探明，石油公司须申请采矿许可证，才能从事油气生产。石油公司取得采矿许可证，说明已经拥有了油气储量资产，这是油气生产企业一项重要的资产。在石油上市公司组建中，为了恰当地反映各方股东的权益，就必须对油气储量资产以公平的价格，合理地组合到上市公司资产当中，即如何将油气资源的经营权（包括探矿权和采矿权）合理地由所有者转让到上市公司。上市公司组建中，油气资源的经营权可采取国家直接授权、租赁和折价入股三种方式。

国家直接授权，是指国家直接向上市公司颁发探矿权和采矿权的许可证，直接将油气资源性资产组合到上市公司。由于在计划体制下，我国油气资源采取无偿经营，作为国家公司的三大石油公司（上市公司的母公司）代表国家进行油气资源管理和经营，国家无须向其颁发许可证。中国石油集团、中国石化集团以及中国海油总公司都是在国家划定的区域内从事陆上和海上石油生产活动。在组建三大上市公司的过程中，根据矿产资源法，必须明确国家在上市公司的权益，三大公司向国土资源部申领了勘查许可证和采矿许可证，将相应的油气资产经营权随同业务重组一并划转到上市公司。例如中国石油经国务院批准，由国土资源部就其所有的原油及天然气储量向中国石油发出采矿许可证，[①]由 2000 年 3 月起生效，有效期按有关储量的估计可生产年期计算，最长可达 55 年。[②] 然而，三大石油上市公司都是国家公司，国家直接颁发采矿权许可证是出于国家大股东利益的需要，其他的石油上市公司组建中一般是无法采用这种方式获得油气资产经营权的。

在租赁制的情况下，出租方（母公司）将油气探明可采储量的某些区块的开采权让渡给受租方（上市公司），由受租方向出租方以其开采的数量支付租金。辽河石油勘探局在组建辽河金马油田股份有限公司时就采用这种方式。然而在租赁过程中，由于规定的储量有偿使用费为国家统一标准，不能反映各油田本身的储量发现成本和价格，因此不能简单地套用国家规定的储量有偿使用费标准。在实际操作中，出租方应结合本油田对投入区块

① 国务院颁布的行政方法规定，采矿许可证最长年限为 30 年。中国石油 2000 年 3 月申领采矿许可证为 55 年，以后再申领的采矿许可证期限为 30 年，除非国务院特别批准。

② 中国石油天然气股份有限公司招股说明书行业概要部分。

的勘探费用计算储量的发现成本，在使勘探费用支出能够完全补偿的前提下，考虑开采速度和期限，同受租方协商谈判确定支付标准，以免国家股东的权益受损。在目前油气储量还未完全商品化的情况下，采用租赁制比较简便切实可行，但储量资产的租赁期限以及油气产量变化的确定因素很多，受租方只是按油气产量支付租金，将油气资源性资产经营的风险推给了出租方，实质上是由国家企业承担风险。

采取折价入股的方式转让油气资源性资产的经营权，是将油气储量资产进行价格评估，确定其公允的交易价格，折成股份投入上市公司，实行产权的一次性交易。采取这种方式的前提是要确定油气储量资产的合理价格，实施完全意义上的资产化管理。采取折价入股方式的优点在于油气储量资产经营的风险由经营者承担，在交易价格公平的情况下，能够较好地反映各方股东的权益，保证在企业改制中的国有资产不被流失，但在目前采取这种方式还要创造相应的条件。首先，要有对油气储量资产进行评估的权威性评估机构，要采用科学先进的评估方法，保证油气储量资产折股定价的合理性。其次，上市公司对折价入股的储量资产，要纳入油气资产管理的范畴，并且将其增减变动及结果作为重要事项在中期和年度财务报告中列示，向广大股东披露。最后，要建立一整套对油气储量资产在取得、使用、投资、转让等方面进行规范化管理的制度。

上市公司以上述三种方式中的任何一种获得油气储量开采权，都要在会计上予以反映。接受国家直接授权开采的油气储量资产，因在勘探费用发生后已采用成果法计入油气资产，在油气资产相关内容中反映，按照美国财务会计准则委员会第 69 号会计准则（SFAS No. 69）要求，在海外上市的财务报告中还要披露储量的变动情况；以租赁方式从事油气储量开采，应将支付的储量使用费列入油气生产成本；以折价入股方式获得的油气储量资产，则应在相关的股东权益中反映。

第四节 财务剥离政策

在原有企业基础上改组为上市公司，国家宏观管理机构以法规的形式明确规定，公司应报出近三年的生产经营、资产与负债、利润等情况的财务报表，以供与公司有利害关系的投资者及国家审批机构参考，同时又规定，上市公司必须是三年连续盈利。对于以"存母派子，切块改制"方式组建的石油上市公司，整理报出企业近三年来的财务报表，是组建中的一项重要工作。然而，切块改制又不是原有企业完全改制，整理出上市公司的财务报表，实际上是对近三年的财务信息资料进行剥离的过程。将上市公司的财务资料从原有企业中剥离出来，也可以称之为财务包装。为了达到上市的目的，进行虚假的财务包装是一种违法行为，其危害非常严重。一方面虚假信息误导投资者的决策行为，为公司的股票发行和交易埋下隐患，影响国家正常的经济秩序；另一方面严重地损害了企业形象，影响公司以后的生产经营活动，给企业带来潜在的财务危机和经营风险，显然财务包装过度是不可取的。相反，财务剥离过程中处理不当，信息数据测算过低，造成财务包装不足，又影响公司的顺利上市。因此，财务剥离应按照《公司法》及证券交易管理部门关于财务信息披露的规定及要求，遵循财务会计制度法规，实事求是地进行。正确的财务剥离，主要应做好如下几个方面的工作：

一 核实原有企业的会计资料

剥离前要认真做好各项财产物资、往来账款等的盘点检查和与之相关的账项调整，整理各项账、表、卡、单等，做到账证、账实、账账相符，保证剥离前的会计资料准确无误，为进行全面资产评估及验资工作做好准备。

二　理清上市公司与原有企业资产产权归属

　　财务剥离中，原有企业的资产哪些作为股本投入，要经过细致的计算和认定，折股投入的资产必须是原有企业合法拥有的资产。在划分油气资产时，上市公司同其他油田区块共同使用的资产（如集输处理设施、道路、管线等）应划清产权范围。具体做法应按照该资产是否同划归上市的油气资产构成一个现金产出单元，或相对独立的油气生产区块进行判断。不能独立划分的应按服务的产能比例和共同使用资产的原值折股列入上市公司资产。在油田区块的边界划分上更应清楚，多大面积区域内的油气资源属于上市公司勘探开发，应在组建公司时明确规定，以便正确计算折股投入的资产数据。

三　正确计算报表数据

　　准确地进行财务剥离，不仅要核实原企业的会计资料，划清上市公司同原企业的资产归属，还要正确计算各项会计报表数据。资产数据的计算，在明确了资产归属的前提下，要准确计算各年资产增减变动以及资产净值，如实列入报表，以真实反映国家股的权益。负债的计算也要先分清其同上市公司的相关性，应由上市公司负担的，要列入财务报告，共同性的负债应按资产比例划分，不能人为地增列或者减少负债数额。对连续三年利润额的计算，则应按照上市公司资产部分历年的产能及销售收入情况，将原有企业的盈利在剔除不合理的因素后，按比例列入财务报告之中。正确的报表数据，是确保上市公司顺利组建的基础。

四 科学预测公司盈利

上市公司的盈利预测关系到公司股票能否顺利发行。盈利预测时一要有标准计算过程和规范的表达格式，预测数据的选用要能够说明问题，二要考虑到公司经营中的各种变化因素及风险，作出科学的令人信服的预测结论，不能因为吸引投资者而任意拔高企业的盈利水平。

只有如实进行财务数据的计算和剥离，正确反映上市公司的财务状况和盈利水平，才能促使公司组建和股票的发行顺利进行，保证股东间的权益关系不被扭曲。

第五节 土地使用权处理政策

石油企业多数以油气开采为主要经营业务，其主要的依托是土地及地下资源，由此决定着石油企业必然要占有大量的土地，且随着勘探开发生产的进展，还需要不断地新增征用土地，土地使用权的处理也就自然成为股份制上市公司组建中的不可回避的重点问题。根据我国法律规定，土地所有权属于国家，土地不能买卖，但使用权可以转让。土地使用权是一种无形资产，其收益的不确定性和使用权限长短不一，使其转化价格的确定难度大。上市公司如何取得土地使用权，一方面涉及上市公司能否顺利运行，另一方面也关系到各方股东的权益能否得到保障，所以在石油企业改制的实践中必须处理好这个问题。目前，我国国有企业股份改制中土地使用权的处理方式主要有以下几种：

第一，将土地使用权以一定的使用年限评估作价，折合成出让金作为国家股投入上市公司，由国家授权的国有资产管理部门或机构代表国家持有。

第二，在企业改制前由其母体企业向国家缴纳土地使用权出让金，取得一定年限的土地使用权或一次性买断获得土地使用权，再由母体企业向上市公司将土地使用权作价，折合成国有法人股投入上市公司。

第三，企业改制前由其母体企业向国家支付出让金获得土地使用权后，用签订租赁协议的办法把土地出租给上市公司使用，上市公司向其母体企业支付租金。

第四，企业改制成为上市公司后，其土地使用权的取得（即上市公司征用新的土地）可直接向国家缴纳土地使用权出让金，从国家取得一定年限的土地使用权，也可向其母体企业以租赁的方式取得一定年限的土地使用权。上市公司成立后，公司在运营中取得的土地使用权只能作为公司的无形资产或租赁的无形资产，而不能作为股本，不体现股东权益。

以上四种处理办法，对石油企业改组上市公司来说，第一种办法由于国家还没有较详细的实施细则，土地使用权折为国家股后的持有人是国有资产管理部门还是土地管理部门目前还不能确定，实践中不好操作，因此大多数上市公司都不采用。第二种办法采用的前提是其母体企业要能够负担这部分出让金，并且土地使用权的作价不十分高，改制上市公司的资产总规模比较大，对上市公司的净资产利润率影响不大，才能考虑采用。由于石油企业改组上市公司的资产规模小，将土地使用权作价入股对上市公司净资产的影响较大，降低公司净资产利润率，对股票发行与上市不利，则可考虑选择第三种办法。至于第四种处理办法，是在企业改制成功上市后，公司可采取灵活的方式进行处理，或者将土地使用权买入，或者将土地使用权租入。

中国石油组建上市公司时，对土地使用权主要采用第三种方法。经国土资源部（国土资函［1999］577 号）批准，中国石油与中油集团于 2000 年 3 月 10 日签订土地使用权合同，中国石油从中油集团租赁了共 42476 亩土地，总面积约 1144960 千平方米，土地使用权租用期为 50 年，由 1999 年 11 月 5 日起计，年租金为 20 亿元人民币。另外中油集团经国土资源部（国土资函 [1999] 552 号）批准，将 183 亩土地，面积共约 3498 千平方米转让给中国石油，[1] 并将土地使用权授予中国石油。辽河金马公司在组建时，考虑到辽河石油勘探局可作为土地使用权国有法人股持股人，有利于划清土地使用权产权边界，企业获得股票发行额度大，净资产较少，将土地使用权折为国家法人股投入，对上市公司净资产利润率不会造成太大的影响，故确定由辽河石油勘探局向国家缴纳土地出让金（土地出让金按土地使用权评估价值的 40% 缴纳），取得土地使用权后，作为辽河石油勘探局的资产折价入股投入辽河金马公司。

由此可见，石油上市公司组建时，可根据组建的具体方式和条件，选择不同的土地使用权处理方式，以保证各方股东的利益不受侵害。

第六节　章小结

本章主要论述了我国石油上市公司组建中的主要会计政策，包括石油企业改制上市的方式、上市组建过程中应用的比较特殊的主要几项会计政策，并论述了这些会计政策的具体实施方法。本章的主要观点是：

（1）组建较小的石油上市公司，即将存量资产的一部分划出改制上市，应采取选用优良资产、切块改制的方法；整体改制

---

① 中国石油天然气股份公司招股说明书附录 5，PV－8。

上市，应采用优良资产整体剥离上市，为主业服务的资产组建实业公司，企业办社会的资产交予政府的划块改制方法。

（2）资产重组政策应将经营性资产同非经营性资产分开，将主营业务资产组建上市，非主营业务的经营性资产划出不予上市。

（3）石油上市公司资产重组，要将可采储量投入上市公司，降低上市公司的经营风险，并且要妥善处理同业竞争问题。

（4）非经营性资产的剥离要将企业办政府的资产交给政府，企业办社会的资产实行自负盈亏，从上市公司资产中剥离。

（5）离退休职工费用属于上市公司负担的，应合理计算社会保障金，交给政府管理。

（6）油气储量的转让应根据具体情况，选用国家直接授权、租赁、折价入股方式进行。

（7）财务剥离应先理清上市公司与母公司资产产权归属，正确计算报表数据，合理进行公司盈利预测，适当、合理进行财务包装。

（8）土地使用权可采用折股、买断、租赁等方式取得。上市公司成立并运营后，取得的土地使用权应作为无形资产处理。

第 六 章

石油上市公司运行中的会计政策

　　基于信息披露及内部管理的需要，石油上市公司运行中涉及各种会计政策的选择，并且各大石油公司会计政策选择种类及执行的内涵都不尽相同。目前，虽然我国已实施了 27 号石油天然气会计准则，但新颁布的 27 号准则内容规定得较为粗略，未对准则的具体实施办法进一步细化，会计政策的可选余地较大；并且各大石油公司在具体执行新准则的过程中，会计政策的选取也有较大差异，因此，有必要对这些会计政策进行探索，寻找更为合理的会计政策设计，使各公司会计政策的内涵统一，增强石油公司间会计信息的可比性。

第一节　油气储量资产的确认与计量政策

　　油气储量是一种地质勘探成果，也是石油公司从事油气生产活动的前提。油气储量通过勘探、购买等方式形成，构成了油气生产企业的重要资产。由于油气储量深埋于地下，必须通过一定的开发手段才能将其采掘出来，形成油气产品，而在未形成油气产品之前，油气储量有很大的不确定性。从会计的角度看，油气储量的发现要付出成本，并且可以给油气生产企业带来预期经济利益，符合资产的定义，应确认为油气储量资产。然而，油气储量的特殊性又给其资产的确认带来了特殊性。

油气储量资产的获取实质上是矿区的取得。在我国矿区取得成本主要包括探矿权费、探矿权价款、采矿权使用费、采矿权价款。在会计核算上，探矿权成本在发生时记入"地质勘探支出"暂时资本化，经过勘探如果未发现探明储量，则作为地质勘探费用记入当期损益，如果发现探明储量，则作为油气井及相关设施予以资本化。采矿权使用费记入管理费用，采矿权价款则资本化为无形资产，分期摊入管理费用。

我国石油企业矿区的取得，以前直接向国家申请，由国家划定勘探区域实施勘探，几乎没有矿区取得成本。如：中国石化在组建上市公司时经过国土资源部（国土资函［1999］705号）文件批准，中国石化集团将165项采矿权和132项探矿权无偿转给中国石化。[①]但随着油气勘探开发生产投资的多元化，国家垄断的油气开发生产的格局将会逐步改变，无偿取得矿区将不复存在。国家对矿产资源性资产价值管理的法律法规也会不断完善，矿区取得成本的计算已是油气会计中必须解决的问题。针对我国现行的会计处理方法，我们认为主要有两个缺陷：（1）取得成本和勘探成本都先行记入地质勘探支出，随后按照成果法将发现探明储量的取得成本予以资本化，形成"油气井及相关设备"，混淆了取得成本和勘探成本的界限，难以得到取得成本的信息数据。（2）将采矿权使用费记入管理费用，将采矿权价款记入无形资产，使这部分取得成本无法摊入油气生产成本，使本该记入成本的费用游离于成本之外，造成油气生产成本不实。因此，我们认为，对现有的矿区取得成本的核算，也就是油气储量资产价值的确认应当进行改革。

我们认为，油气储量资产的取得也是需要花费成本的，将油气

---

① 中国石化股份公司招股说明书，第18页。

储量资产单独确认和计量，有利于进行矿区取得的成本分析，评价这部分投资的效益及风险度，而不应当将取得成本与勘探成本捆在一起。为此，我们可以将矿区取得分别采用"未探明矿区"、"探明矿区"进行核算。首先将探矿权价款暂时资本化，在"未探明矿区"中暂记，然后根据是否发现探明储量，确认为"探明矿区"或勘探费用，以全面体现矿区的取得成本；同时设置摊销科目，按一定的方法对探明矿区进行摊销，构成油气生产成本的一部分。对于采矿权价款应资本化为探明矿区取得成本。这样可以将油气储量资产的确认与计量同其他油气资产区别开来，便于了解矿区取得成本信息。取得矿区后发生的探矿权使用费、采矿权使用费、租金等维持矿区权益的支出，应当记入当期损益。

探明矿区的折耗摊销按照国际惯例一般采用单位产量法摊销，其计算公式为：

$$探明矿区折耗额 = 探明矿区账面价值 \times 探明矿区折耗率$$

$$探明矿区折耗率 = \frac{探明矿区当期产量}{探明矿区期末探明经济可采储量 + 探明矿区当期产量}$$

探明矿区的折耗额应设置"探明矿区累计摊销"科目进行核算，作为探明矿区的备抵。

对于未探明矿区，每年要至少进行一次减值测试，出现减值要提取未探明矿区减值准备，并设置"未探明矿区减值准备"科目进行核算。

经过以上的处理，就可以将油气储量资产价值准确地确认和计量，便于加强对油气资产的管理和会计信息的明确披露。

第二节 油气资产确认政策

油气资产是石油天然气生产企业特有的重要经济资源，在石油企业资产总量中占有较大的比重。然而，油气资产是一种递耗资产（Wasting Assets），具有很强的计量不确定性，如何客观、准确、合理地确认油气资产，是油气资产核算的基础。油气资产的确认，主要是要给出油气资产合适的概念，界定合理的核算范围，在此基础上按照资产的属性进行确认和计量。

一 油气资产的概念及核算范围

关于油气资产，目前不同的学者有着不同的定义。有学者认为，油气资产是石油天然气生产企业最重要的资产，并将其界定为在某一地质场已经发现和正在寻找的石油天然气储量；[①] 也有学者认为，油气资产是为开发油气资源而投入的取得、勘探和开发投资的价值形态，就其表现形式而言，租赁矿区的取得成本、地质和地球物理勘探成本、钻井与开发投资等都应该认为是油气资产的价值形态。[②] 从以上两种定义可以看出，对油气资产的定义口径是不同的。美国财务会计准则委员会（FASB）在 1977 年 12 月公布的第 19 号财务会计准则公告（SFAS No. 19）——石油天然气生产公司的财务会计与报告中，规范了石油天然气的会计核算，尤其对财务报告进行了规范，其中要求石油天然气公司在财务报告重要披露储量数量、资本化成本、当期发生成本等。尽管美国财务会计准则委员会第 19 号财务会计准则（SFAS No. 19）是全球第一个石油天然气会计规范，但未对油气资产给出确切的定义。然而在其要求石油天然气生产公司报告的资本化成本总额中包括矿物权益、井及相关的设备与设施、石油天然气

---

① 龚光明、薛西武：《油气资产报告：对 SFAS No. 19 之报告要求的评价》，《西安石油大学学报（社会科学版）》2005 年第 1 期，第 5 页。

② 李志学、刘德：《油气矿业会计》，西北大学出版社 1999 年版，第 279 页。

生产活动中使用的辅助设备与设施、未完井及设备与设施。显然，该准则是将油气生产中的矿权、井及相关设备、辅助设备等一并作为资本化成本，我们将其理解为油气资产。我国发布的于2007 年实施的《企业会计准则第 27 号——石油天然气开采》同 SFAS No. 19 一样，只是规定在信息披露中要披露："当期在国内和国外发生的矿区权益取得，油气勘探和油气开发各项支出总额。"（第二十五条）① 国际会计准则委员在 2004 年 12 月 9 日发布的第 6 号国际财务报告准则（IFRS6）："矿产资源的勘探和评价"中定义了勘探和评价资产，并对其分为有形和无形资产两类，前者构成井及相关设备的一部分，后者不包括。其中有形资产是指被资本化了的实物资产（例如运输工具和钻机），无形资产则表现为特殊的矿权权能（例如钻井权）。② 从我国油气资产核算实务看，中国石油、中国石化、中海石油三大公司对油气资产勘探生产活动均采用成果法，将勘探活动发现储量的成功探井的支出予以资本化，列入油气井及相关设施。而对于油气田开发过程中的开发成本全部资本化到油气井及相关设施。不成功探井成本及其他所有勘探费用于发生时记入当期费用支出。

综上所述，油气资产范围应当包括：（1）部分勘探与评价资产，即按照成果法计量的探明储量的资本化地质勘探支出。（2）开发活动形成的资产，在会计实务上统一作为"井及相关设备"进行核算。

二 油气资产的特征及核算

从油气资产的构成内容可以看出，油气资产具有如下特征：

---

① 财政部：《企业会计准则 2006》，经济科学出版社 2006 年版，第 136 页。

② 财政部会计司组织翻译：《国际财务报告准则第 6 号：矿产资源勘探和评价》，《会计研究》2005 年第 1 期，第 83 页。

（1）油气资产是综合形成的资产组合体，既包括资本化的地质勘探成果，探明的油气储量资产，还包括针对这些探明储量而采集生产油气产品所必须的开发井和设备资产，这一资产组合中的任何一项资产都不能称之为油气资产；（2）油气资产的生产能力的形成是这一组合体共同作用的结果，没有油气储量资产，井及相关设备是无法形成产能的，反之，仅有油气储量资产而离开了井及相关设备，也无法形成油气生产能力。因此，油气资产的价值就体现在油气资产组合生产能力的发挥及为企业带来的未来经济利益。

对油气资产的核算，我们认为应分两部分进行，一部分是关于勘探与评价资产，另一部分是油气田开发资产。勘探与评价资产，即探明的油气储量资产，设置"探明矿区"科目核算，单独反映形成探明油气储量资产的资本化成本支出，并以此为依据按照产量法进行折耗摊销；对于油气田开发支出，资本化后在"井及相关设施"科目核算，单独计量这部分开发支出，并按照单位产量法或直线法计提折耗。油气资产按照这两部分进行核算，可以清楚地反映矿区取得成本和勘探开发成本的界限，便于会计信息的正确披露。在实务中，中国石化将有关油气井及相关设施直接设置"油气资产"科目进行核算，我们认为是值得商榷的。而对于矿区取得权益，目前三大石油公司都没有专门设置科目进行核算，还是延续传统的无偿取得矿区的核算方法，我们认为不符合国际惯例，也不符合市场经济条件下油气会计核算的发展趋势。值得称道的是，我国于2006年2月发布的《企业会计准则第27号——石油天然气开采》，已经将这些核算内容予以规定，这将会进一步规范我国石油公司关于油气资产确认与计量的方法，推动我国油气会计的发展。

第三节 油气勘探成本计量政策

油气勘探成本是指为了识别勘探区域，或者探明油气储量而进行的地质调查、地球物理勘探、钻探活动以及其他与油气勘探相关的活动发生的支出。油气勘探成本的计量与核算，国际上一直存在着完全成本法和成果法之争。我国三大石油公司在会计政策选择方面都按 SFAS No. 19 的相关规定，选择成果法进行计量与核算。我国油气会计准则（第 27 号）中也将成果法作为油气勘探成本会计处理的唯一方法。因此，我们应在成果法条件下探讨油气勘探成本的计量与核算。

按照美国证券交易委员会（SEC）在 SX4 – 10 条例对油气勘探成本规定的主要类型是：

（1）地貌的、地理的和地球物理研究的成本，取得进入矿区实施这些研究的权力的费用，地质学家和地球物理工作人员的工资和其他费用，实施这些研究的其他费用。这些费用有时全部作为"地质和地球物理成本"。

（2）未开发矿区的持产和保留成本，诸如延期成本，对矿区的从价税、产权纠纷引起的法律费用、土地维持和租赁矿区记录的维持费用。

（3）干井贡献及井底贡献。

（4）钻井和准备钻勘探井的成本。

（5）勘探型参数井的钻探费用。[①]

SFAS No. 19 中关于油气勘探成本规定的主要勘探成本种类

---

① Horace R. Brock 等：《石油会计——原则、程序和问题》，王国梁等译，石油工业出版社 1999 年版，第 466 页。

与 SEC 的 SX4－10 条例上述的内容基本一致。① 关于勘探成本的具体内容规定，我国会计制度中没有规定，而是三大石油公司在自行制定的内部核算办法中对费用的划分进行了归类。在《企业会计准则第 27 号——石油天然气开采》中，对油气勘探成本进行了规定，但详细程度还不够。我们认为，关于勘探成本的内容，国家应当在会计准则或在专业会计核算办法中作更详细的解释，其内容可以比照 SFAS No. 19 中的相关内容，以便三大石油公司及其他石油企业对勘探成本的计量与核算有统一的规范。

按照成果法的计量原则，所有勘探成本发生时都要记入费用，除了一些发现了探明储量的探井成本（包括勘探型参数井）。根据 SFAS No. 19 及 SEC 的 SX4－10 条例规定的勘探成本构成内容，油气勘探成本可分为非钻井勘探成本和钻井勘探成本。在规定的上述 5 项内容中，（1）、（2）、（3）为非钻井勘探成本，（4）、（5）为钻井勘探成本。我国的油气会计准则也在第十二条中将油气勘探支出划分为钻井勘探支出和非钻井勘探支出。并且指出，钻井勘探支出主要包括钻探区域探井、勘探型详探井、评价井和资料井等活动发生的支出；非钻井勘探支出主要包括进行地质调查、地球物理勘探等活动发生的支出。按照我国关于勘探成本支出的内容，在成果法下，勘探成本的会计处理可以见表 6—1 列示。

---

① 王世定、李海军主译：《美国财务会计准则（第 1—137 号）》上册，经济科学出版社 2002 年版，第 206 页。

表6—1 成果法下勘探成本的会计处理

钻井勘探成本	非钻井勘探成本
钻区域探井的费用； 钻勘探型详探井的费用； 钻评价井的费用； 钻资料井的费用	地质调查活动发生的支出； 地球物理勘探等活动发生的支出
发生时先行资本化 成功井：转为井及相关设备； 干井：作为勘探费用转当期损益	发生时计入当期损益

按照我国油气勘探费用资本化的传统处理方法，确定部分井段发现了探明经济可采储量的，发现探明经济可采储量的有效井段的钻井勘探支出结转为井及相关设备成本，无效井段钻井勘探累计支出转入当期损益。

第四节 固定资产折旧政策

有学者研究表明：中国利用会计收益数据制定的对上市公司进行管制的法律条款确实会诱发经理人员选择可提高会计收益的会计程序。[①] 在通过会计政策变更提高或平滑企业会计收益中，首选的会计政策是折旧方式的变更。在研究的20例自发性会计程序变更的样本中，有7例是固定资产使用年限的变更，有4例是固定资产折旧方法的变更。与《证券时报》"上市公司经理人月度调查"中，"利润包装手法首选'改变折旧方式'"的结果不谋而合。[②] 可见上市公司对固定资产折旧政策的选择都是非常重视的。

---

① 蒋义宏、魏刚：《中国上市公司会计与财务问题研究》，东北财经大学出版社2002年版，第56页。

② 同上书，第54页。

就三大石油公司的固定资产折旧政策来看，在国际财务报告中，对油气资产都按单位产量法计算折耗，对固定资产都采用按使用年限直线计提折旧。在国内财务报告中，对于油气资产和固定资产一并按直线法计提折旧，并且各大公司各自规定的折旧年限不统一（见第五章，三大石油公司会计政策比较）。在固定资产使用年限的规定上，各石油公司都规定有弹性区间，例如中国石油、中国石化在计算折旧损耗时采用的可用年限见表6—2、① 表6—3。②

表6—2　　中国石油辽河油田固定资产分类折旧年限表

固定资产类别	使用年限（年）	年折旧率（%）	预计净残值率（%）
房屋建筑物	25—30	3.88—3.23	3
油、气水井	10	10	0
输油、气（水）管线及集、输、储设施	10—30	10—6.25	0
机器设备	4—10	24.25—10	3
运输设备	8	12.50	3

表6—3　　中国石化中原油气固定资产分类折旧年限表

固定资产类别	使用年限（年）	年折旧率（%）
房屋及建筑物	8—40	2.43—12.13
油气集输设施	8—20	4.85—12.13
运输设备	8—10	9.7—12.13
机器设备	6—20	4.85—16.17
其他设备	4—30	3.23—24.25
油气资产	10—14	7.14—10

① 辽河金马油田股份有限公司2004年年报。
② 中国石油中原油气高新股份有限公司2004年年报。

比较表6—2和表6—3可以看出，辽河油田同中原油气的固定资产分类折旧年限是不同的。上述两家公司都是中国石油和中国石化下属的子公司，其折旧年限都是由中国石油和中国石化公司总部确定，下属上市子公司只能在其范围内进行会计政策的选择。针对这种情况我们可以看出，石油公司固定资产折旧政策存在的问题一是各大公司总的固定资产使用年限不统一，二是下属子公司在其母公司规定的折旧年限范围内具有较大的弹性空间，三是固定资产都采用直线法计提折旧。由此，我们认为，石油上市公司的固定资产折旧政策应当做如下的改进。

第一，三大石油公司固定资产在分类及折旧年限的规定上应尽量趋于一致，如机器设备、房屋设备等，各公司之间应缩小差距，使得折旧政策选用时相差不会太大，否则，企业在选择时，固定资产分类差异大，折旧年限规定不同，企业在会计政策选择时又在一定弹性范围内，几种因素造成会计政策选择差异大，很难保证各大公司之间的会计政策及会计信息有可比性。

第二，每类固定资产中，使用年限弹性区间较大，如房屋及建筑物8—40年等，企业可根据需要，在规定的区间内调整使用年限，以调整折旧率，合理地提取折旧。尽管是直线法，缩短计提折旧的年限，也能将固定资产折旧在更新之前提完，加快资本的回收。企业在确定使用年限时，还应考虑每类固定资产的技术进步和换代速度等因素，折旧政策的制定应是有利于固定资产更新换代，以保证公司物质装备的先进性，增强企业的实力。

第三，加速折旧办法的选用。根据国家现行财务制度的规定，企业经国家有关部门批准，可以采用加速折旧办法，如双倍余额递减法和年数总和法。加速折旧在固定资产使用前期提折旧额多，以后则逐步递减，这样可以使企业快速收回资本投资，避免固定资产更新换代过快而造成资本回收不足的风险，同时可以将给国家缴纳的部分税款递延，给企业在理财上创造有利时机，当企业将已提足折旧的固定资产转卖时，还可以实现部分合理避税。因此，国外企业大都实行加速折旧的方法（美国有 80%，英国有 90% 的企业实行加速折旧）。

加速折旧政策的选用，还要根据企业的生产经营形势而定，我们认为，在油价走高的情况下，比如当前，国际石油价格居高不下，企业有很大的利润空间，石油公司应选用加速折旧会计政策，一方面可以分散油价走低为企业带来的收益的大幅波动，平滑企业的利润指标，保持上市公司良好的业绩指标形象；另一方面可以改善企业的经营环境和融资条件，促进企业加速发展。

第五节　油气资产减值会计政策

石油上市公司的长期资产都存在减损的测试及减值准备的计提问题。石油公司除油气资产外的其他长期资产，其减损的测试与判断同其他行业企业内容及方法基本一致，都遵循相关的资产减值会计准则和会计制度，在此不再作为研究的对象。而油气资产尽管也属于长期资产的范畴，但其具有特殊性，在资产减值的测试及判断方面也需要采用区别于一般长期资产的方法。

前已叙及，油气资产是综合形成的资产组合体，既包括资本化的地质勘探成果，即探明的油气储量资产，还包括针对这些探明储量而采集、生产油气产品所必需的开发井和相关设备资产，因此，在测试油气资产是否减值时，不能以单项资产进行测算，而应将其以一个资产组合为单位进行测试和判断。

一　油气资产减值的基础：现金产出单元

油气资产生产能力的发挥不仅仅与油气资产中的各项设施相

关，还同地下油气资源的丰度、可采储量、剩余可采储量的多少等有着密切的关系。油气资产减值的估算，应当以能够独立发挥作用或带来经济利益的最小资产组合为对象。我国新颁布的《企业会计准则第8号——资产减值》（简称第8号准则）规定："企业难以对单项资产的可收回金额进行估计的，应当以资产所属的资产组为基础确定资产组的可收回金额。"（第十八条）① 这就为油气资产减值测试基础提供了依据。依照我国资产减值测试的规范和国际会计准则的规定，我们引入现金产出单元的概念，并以此为基础对油气资产减值进行测试。

1. 油气资产现金产出单元的概念

国际会计准则中的现金产出单元（Cash generating unit）是指："从持续使用中产出的现金流入的最小的可辨认资产组合，而该资产组合的持续使用很大程度上独立于其他资产或资产组合。"我国第8号准则指出："资产组的认定，应当以资产组产生的主要现金流入是否独立于其他资产或者资产组的现金流入为依据。"（第十八条）由此可以看出，我国关于资产组的认定同现金产出单元基本是一致的。美国财务会计准则委员会在确认长期资产减值时，使用了"资产组合"的概念，其实质内涵与现金产出单元是一致的。②

2. 油气资产现金产出单元的界定

引入现金产出单元的概念测试和计量油气资产减值，关键是要界定这一资产组合的范围。油气生产的对象是地下储存的石油天然气（油气藏）。不同地质单元（区块）采出同样产量的油气

---

① 财政部：《企业会计准则2006》，经济科学出版社2006年版，第40页。

② 崔华清、赵添冀：《现金产出单元减值问题的思考》，《中国农业会计》2004年第10期。

产品，所耗费的成本是不相同的。为了准确地计算油气采出成本，石油企业大都实行单井成本核算，核算对象为油井、气井、注水井等，并且对各类油气井按采油方式、生产油层等进行细分，分别计算其成本数据。尽管已细分到单井成本核算，但油气资产的现金产出单元是否可以以单井为对象确认并计算其资产减值呢？答案是否定的。这是因为：

第一，油气生产过程中，尽管单井可以计算井口产量，但单井形成的产量是同除了该油气井外的其他资产共同作业的结果，如注水井，注水站的资产，虽然不产出油气，但它是为了增加地层压力，驱动油气流，顺利采出油气产品所必要的工艺措施，再如油气输送管线、计量站、油水分离设备等，都是形成单井生产能力的资产组合部分。

第二，尽管单井生产也属于一种资产组合，但是油、水井在生产一定时间后功能可能会发生转变，如油井转水井，水井转油井等，以单井作为现金产出单元测试其是否减值存在着许多计算上的困难。另外，为了维持产量，在同一区块还需要打加密井，以补充原有油气的产量递减，因此以单井作为现金产出单元不能客观地反映油气资产的整体价值变动情况。

第三，油气生产依托于油气地质储量，对油气储量存量增减变动的测算和评价，往往是以地质单元（区块）为对象的，也就是说，每一油气生产区块都有着比较完整和详细的地质资料。综合评价分析这些地质资料，以及储量动用及产量递减规律[①]的资料，对于正确估算该区块整体产量以及预期各年的产量和收益是必须的。由于会计核算中各单井的成本资料是可获取的，属于

---

① 产量递减规律是油气生产普遍存在的规律，即随着油气的不断开采，储量不断减少，地层压力减少，开采难度不断加大，生产投入增加，产量减少。

某一区块的单井成本及设施费用的汇集就构成了一定时期该区块的整体成本费用，按照配比原则，就可以估算这一区块的可产生的收益（现金流量）。

因此，油气资产现金产出单元应当以区块为单位进行界定。不同区块地质构造及储量情况不一样，可分为若干个现金产出单元，据此测算油气资产的减值情况。但是，有些整装油田，区块规模过大，形成的油气资产价值过大，作为一个现金产出单元过于复杂庞大，也可以以某一井组作为资产组合确定现金产出单元。

二　油气资产减值测试的计量标准：在用价值

目前资产减值会计的计量标准主要包括：重置成本、现行市价、销售净价、可变现净值、未来现金流量折现值（或称在用价值）、公允价值、可收回金额等。油气资产属于长期资产，应以可回收金额作为计量标准。第 8 号准则规定："可收回金额应当根据资产的公允价值减去处置费用后的净额与资产预计未来现金流量的现值两者之间较高者确定。"（第六条）预计未来现金流量的现值实际上是指资产的在用价值。根据油气资产的特征，我们可以做以下分析：（1）油气资产是一组组合资产，具有不可位移的固定性特征，除非整体（如某一区块）进行转让，其单项资产是无法在市场上销售的，而这一整体转让往往是不常发生的。（2）油气资产的价值，即为企业带来的未来经济利益是依托于地下的油气储量，在油气资源采尽的情况下，油气资产价值的就会变得很低，其处置收入很小。因此，油气资产价值的计量应该主要是以未来现金流量的现值（在用价值）作为计价的基础。

三 油气资产减值的测试方法：未来现金流量现值的计算

从理论上讲，油气资产现金产出单元预计未来现金流量（所得税后的净现金流量）现值计算，一般来讲，净现金流量包括现金流入和现金流出，以下对公式进行分解和合并。

$$PV_{t=0} = \sum_{t=1}^{p} \frac{NCF_t}{(1+r)^t} = \sum_{t=1}^{p} \frac{(NCF_I - NCF_O)_t}{(1+r)^t}$$

PV：净现金流量的现值，$t=0$：现在，$NCFt$：第 t 期的净现金流量期望值，r：折现率。

NCF_I：现金流入，NCF_O：现金流出，t：或资产组合的有效期限。

1. 现金流入量

油气资产的现金流入量可由油气销售收入、储量转让收入、处置油气井及相关设施清理收入三部分组成。即：$NCF_I = PQ + CL + SC$

其中：PQ 为油气销售收入。

PQ = 油气销售价格 × 油气产量 × 油气商品率

CL 为储量转让收入：CL = 储量单位转让价格 × 油气产量

SC 为油气井及相关设备清理收入。

2. 现金流出量

油气资产现金流出量包括为开发和生产油气产品的生产经营成本、折旧、折耗费、销售税金及附加、所得税、油气井预计清理费等部分组成。即：$NCF_O = TC + ST + TA + PA - DC$

其中：TC 为生产经营成本。

TC = 直接材料（TC_1）+ 直接人工（TC_2）+ 期间费用（TC_3）+ 其他费用（TC_4）

DC 为折耗、折旧费。在会计核算上，折耗、折旧费用记入油气产品成本，但事实上它是资本化了的资产的摊销和回收，不发生现金流出，因此应作为现金流出项目的减项。PA 为油气井预计清理费。ST 为销售税金及其附加，包括增值税、消费税、教育附加费和资源税。TA 为企业所得税。

在具体计算现金流出量时，还要将生产成本中各项目进行分解，具体测算。如直接材料费为材料费、燃料费、运输费、测井试井费、修理费、动力费、井下作业费之和；直接人工费包括生产工人工资、职工福利费之和；期间费用为销售费用、管理费用、厂矿管理费之和；其他费用包括其他开采费、驱油物注入费、油气处理费、轻烃回收费、热采费之和。具体将其分解为表6—4：

表6—4

具体项目公式		变　量
材料 = 单位材料费 × 开发井数	$C_1 = C_{11} \cdot N$	单位材料费 C_{11}、开发井数 N
燃料 = 单位燃料费 × 年产液量	$C_2 = C_{22} \cdot QY$	单位燃料费 C_{22}、年产液量 QY
运输费 = 单位运输费 × 年原油产量	$C_3 = C_{33} \cdot Q$	单位运输费 C_{33}、年原油产量 Q
测井试井费 = 单位测井试井费 × 开发井数	$C_4 = C_{44} \cdot N$	单位测井试井费 C_{44}、开发井数 N
修理费 = 单位修理费 × 开发井数	$C_5 = C_{55} \cdot N$	单位修理费 C_{55}、开发井数 N
动力 = 单位动力费 × 开发井数	$C_6 = C_{66} \cdot N$	单位动力费 C_{66}、开发井数 N
井下作业费 = 单位井下作业费 × 开发井数	$C_7 = C_{77} \cdot N$	单位井下作业费 C_{77}、开发井数 N

续表

具体项目公式		变量
生产工人工资 = 单位生产工人工资 × 开发井数	$G_1 = G_{11} \cdot N$	单位生产工人工资 G_{11}、开发井数 N
提取职工福利费 = 生产工人工资 × 提取比例	$G_2 = G_1 \cdot 14\%$	生产工人工资 G_1、提取比例 14%
其他开采费 = 单位其他开采费 × 开发井数	$E_1 = E_{11} \cdot N$	单位其他开采费 E_{11}、开发井数 N
驱油物注入费 = 单位注水注气费 × 年注水量	$E_2 = E_{22} \cdot QS$	单位注水注气费 E_{22}、年注水量 QS
油气处理费 = 单位油气处理费 × 年注水量	$E_3 = E_{33} \cdot QS$	单位油气处理费 E_{33}、年注水量 QS
轻烃回收费 = 单位轻烃回收费 × 轻烃产量	$E_4 = E_{44} \cdot QT$	单位轻烃回收费 E_{44}、轻烃产量 QT
热采费 = 单位热采费 × 年注气量	$E_5 = E_{55} \cdot QZ$	单位热采费 $E55$、年注气量 QZ

根据上表，则：$TC_1 = C_1 + C_2 + C_3 + C_4 + C_5 + C_6 + C_7$；$TC_2 = G_1 + G_2$

$TC_3 = Q_1$（销售费用）$+ Q_2$（管理费用）$+ Q_3$（厂矿管理费）；$TC_4 = E_1 + E_2 + E_3 + E_4 + E_5$

3. 现金净流量的现值

根据上述现金流入和现金流出的公式详细介绍，最后得出

$$PV_{t=0} = \sum_{t=1}^{p} \frac{NCF_t}{(1+r)^t} = \sum_{t=1}^{p}$$

$$\frac{[(PQ + CL + SC) - (TC + ST + TA + PA) + DC]_t}{(1+r)^t}$$

利用上式计算油气资产组合的在用价值主要涉及参数的确定：销售收入可以通过对油气资产现金产出单元预期产量和油价的变动趋势进行预测；储量收入可参照当前的储量交易方式及单

位储量交易价格以及该现金产出单元的储量出让数量确定；油气资产清理收入应分别不同的情况处理，如果企业建立了拆除、恢复和废弃基金，清理费用支出以基金抵消，可不考虑这一项收入。如果企业没有建立拆除、恢复和废弃基金，则该清理收入很可能是负数，应从总收入中减去。个别情况下，油气资产清理如果预计有收入（清理收入大于清理支出），则将其计入现金流入量总额之内；各种现金流出预计数，可从当期财务资料中获取，并根据其变动因素（如成本上升率、税率变动等）进行适当调整计算；对于折现率的估算，一般用类似资产当前市场交易中的内含报酬率或上市公司类似资产的加权平均资本成本评估测算。

四 油气资产减值的判断

油气资产减值的判断是比较复杂的，既要考虑油气田开发活动形成的实体资产的减值因素，还要考虑勘探与评价资产的减值因素。开发活动形成的资产减值的判断，可以参考固定资产减值判断的标准确定，我国《企业会计制度》规定，如果由于市价持续下跌，或技术陈旧、损坏、长期闲置等原因导致其可回收金额低于账面价值的，应当将可回收金额低于其账面价值的差额作为固定资产减值准备。然而所不同的是，油气资产必须按资产组合进行计提减值准备，其"可收回金额"就是指预计未来现金流量的现值。如果未来现金流量的现值低于油气资产的账面价值，就要计提资产减值准备。

勘探与评价资产是油气资产现金产出单元形成现金流量的先决条件，判断油气资产是否发生减值，首先要判断勘探与评价资产是否减值。国际财务报告准则第 6 号（IFRS6）在勘探和评价资产减值测试部分规定，"当事实和情况表明账面金额超过可收回金额时，主体应按照国际会计准则第 36 号（IAS36）计量、列报并披露所有已形成的减值损失"，另外还说明"主体应确定一项会计政策，将勘探和评价资产分配到现金产出单元或现金产出单元组中，以便对这些资产进行减值评估"。IFRS6放弃了勘探与评价资产的现金产出单元的概念，而是将其隐性化了，[①]将勘探与评价资产的减值同所依托开发过程中形成的资产的减值一并测试和计量。在判断勘探与评价资产减值时，IFRS6规定，不仅要按照IAS36《资产减值》所列举的外部信息来源和内部信息来源所反映的资产减值迹象，还要依据如下一项或多项事实和情况予以判断：（1）主体在特定区域拥有的勘探权在本期已失效或在不久的将来即将失效，并且预期不会再获得；（2）在特定区域对矿产资源进行进一步勘探和评价所需要的重大支出额未列入预算也未列入计划；（3）在特定区域对矿产资源进行的勘探和评价没有发现具备商业价值的矿产资源数量，并且主体已决定终止在该区域的此类活动；（4）有充分数据显示，尽管可能在特定区域继续进行开发，但勘探和评价资产的账面金额不能通过该特定区域的成功开发或出售而全部收回。[②]

　　勘探与评价资产价值是构成油气资产整体价值的重要部分，决定着油气资产组合的生产能力和未来现金流量。因此，笔者认为，对于油气资产减值的判断，应分为三步进行：第一，利用已有的勘探评价支出数据资料，分析资本化了的勘探开发支出，即勘探与评价资产的价值变动情况，再结合技术部门提供的储量变动资料，分析油气储量的动用量、剩余量、可供进一步进行商业化开采的量，依据IFRS6规定的标准，判断其是否减值、减值的

---

　　①　党红：《关于石油天然气会计研究的最近进展及启示》，《会计研究》2005年第1期，第77—81页。

　　②　财政部会计司组织翻译：《国际财务报告准则第6号：矿产资源勘探和评价》，《会计研究》2005年第1期，第82—84页。

程度，以及对未来现金流量现值的影响；第二，分析开发过程中形成的资产的生产能力发挥情况，依据会计制度及会计准则的判断标准，测定这部分实体资产是否能够正常发挥生产能力，以及对未来现金流量现值的影响程度；第三，综合油气储量（勘探与评价资产）和开发过程中形成的资产的减值情况，判断油气资产现金产出单元是否发生减值。如果减值，应分析其减值程度，确定其减值率或减值的绝对数，据以计提资产减值准备。应当指出的是，油气生产具有产量递减和成本递增的规律，应综合考虑这些影响因素，合理确定油气资产减值的数额。

第六节 矿权流转会计政策

矿权（矿业权）是油气资源所有权及其派生的各种权利的总称，包括油气资源的所有权、使用权、收益权及处置权。石油公司出于分散风险、筹集资金、实现纳税利益、提高作业效率等方面的原因，可能将拥有的矿产权益，或非经营权益以出售、出租、交换等方式转让。在美国，矿权转让情况比较普遍。美国SFAS No. 19 第 42—47 条，就讨论了不同种类的矿产转让问题，并规定了相应的会计核算处理方法，这也是在世界各国油气会计规范中对矿权转让最为细致的会计政策。

矿权流转属于矿权制度的组成部分。各国的矿权制度安排不同，决定了矿权流转的方式、内容及会计处理也不尽一致。在美国等高度发达的市场经济国家，其油气资源相关法律规定的基本原则是矿权从属于地权，因而地下油气资源归地表所有者所有。而我国则不然，我国的土地法明确规定土地实行社会主义公有制，即全民所有制和劳动群众集体所有制，即土地实行两级（全民与集体）所有制制度，这样地权是二元的。对于矿权，我国的矿产资源法明确规定矿产资源归国家所有，由国务院行使国家对矿产资源的所有权，地表或地下的矿产资源的国家所有权，不因其所依附的土地的所有权或者使用权不同而发生改变，因此我国的矿权又是一元的。这种矿权制度体系，保障了国家中央政府对油气资源的高度控制权，因此，在我国的矿权交易情况很少，并且会计核算规范也没有相应建立。就在我国新发布的《企业会计准则第 27 号——石油天然气开采》中，也没有规定关于油气资源矿权流转的有关内容。

随着我国市场经济的进一步发展，油气资源开发利用制度也会向市场化、资产化、法律化的方向发展。油气矿业活动将实行市场化，也就是说矿权的竞争招标、有偿转让和勘探成果实现商品化。[①] 我国矿产资源法和国务院下发的三个配套法规及 1998 年 2 月 12 日颁布的第 240、241 和 242 号令，矿产权转让市场有了行为规范和法律依据。《探矿权、采矿权转让管理办法》第三条第二款中指出：已获得采矿权的矿山企业，因企业合并、分立、与他人合资、合作经营，或是因为企业资产出售以及有其他变更企业资产权的情形，需要变更采矿权主体的，经依法批准，可以将采矿权转让他人采矿。国家一系列的关于矿权制度的法规及规定，促进了我国油气矿权流转制度的发展。尽管目前我国矿权流转业务还比较少，但随着矿权流转制度的建立、完善和发展，矿权流转业务也会不断发展和繁荣，针对矿权流转业务探讨矿权流转会计政策，也具有重要的意义。

矿权流转业务涉及的市场主体主要有三方，一方是作为卖方的石油企业，另一方是作为买方的石油企业，第三方则为拥有油

① 胡健、马行天等：《世界各国油气矿权制度与矿权收益的比较分析》，《西安石油大学学报（社会科学版）》2004 年第 4 期。

气资源所有权的政府。当然，在这种交易中，政府已不再参与市场的交换，而是以法律的制定者、执行者、监督者和资产收益者的身份出现。在规定了法律规范的基础上，政府主要通过各种税费实现收益。在我国，作为交易买卖双方目前主要是四大石油公司，即三大国家石油公司外，还有地方性的陕西延长石油集团公司。但是这四大公司基本都是勘探、开发、生产一体化的综合企业，并且国家基本都划定了勘探、开发和生产的区域，各公司之间的矿权交易很少发生。但这并不意味着以后各公司间，或者同其他公司间的矿权交易不发生。为此，笔者认为，在我国目前矿权交易不规范不发达的情况，矿权交易问题的会计处理可以简化，国家应在专业会计核算办法中，对石油企业具体的油气会计业务核算给予规定，尤其是对矿权交易的会计处理事先应给出指导性规范，以适应以后不断发展的油气勘探市场。

在进行会计核算办法设计时，笔者认为可借鉴美国 SFAS No.19 中相关的内容，将其简化，以货币性转让内容为主，涵盖以下主要内容，见图6—1。①

根据图6—1所示的油气矿权转让分类，我们设计的主要会计处理方法如下：

1. 油气矿权交易所需要设置的会计科目

油气矿权交易涉及出让方和受让方，均需要设置有关矿权交易的会计科目。两方设置的会计科目内容基本一致。如同前已叙及的油气储量资产的确认和计量政策一样，矿权交易的核心是油气储量资产的交易，买卖双方都需要设置"未探明矿区"、"未探明矿区减值准备"、"探明矿区"、"井及相关设备"、"探明矿区累计摊销"、"井及相关设备折耗"等会计科目，用以核算双

---

① 龚光明：《油气会计准则研究》，石油工业出版社2002年版，第122页。

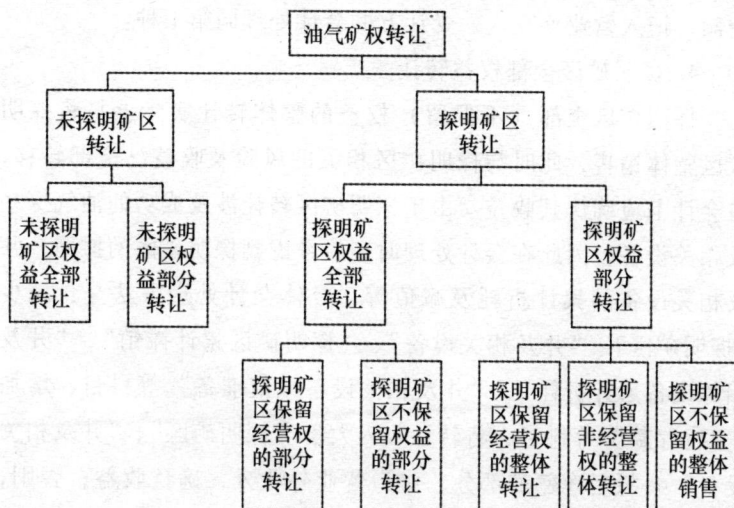

图6—1　油气矿权转让方式分类

方矿权交易业务会计事项。

2. 未探明矿区权益全部转让

未探明矿区权益的全部转让，出让方应根据"未探明矿区"账面价值及"未探明矿区减值准备"的账面余额以及转让的价款计算损益。如果转让收入大于"未探明矿区"备抵已提减值准备以后的余额，作为转让收益，否则作为转让损失，记为营业外收入（支出）。受让方则按其支付的实际转让成本，作为"未探明矿区"入账。

3. 未探明矿区权益部分转让

未探明矿区权益部分转让，出让方在会计处理上应作"未探明矿区"的减少；对转让所得价款超过其账面价值的业务，作减少"未探明矿区"、"未探明矿区减值准备"，同时确认收入，将转让收入超过"未探明矿区"备抵已提减值准备以后的余额，记入营业外收入。受让方的会计处理同第1种。

4. 探明矿区全部权益转让

探明矿区全部（不保留）权益的整体转让实际上是将探明矿区整体销售，此时与探明矿区相关的风险及收益已全部转移，在会计上应确认其收益。由于探明矿区转让涉及成功的油气探井及相关设备，因此在会计处理时还应考虑到探明矿区的摊销、井及相关设备的累计折耗及减值等。具体会计处理方法是：减少"探明矿区"、"井及相关设备"、"探明矿区累计摊销"、"井及相关设备累计折耗"、"井及相关设备减值准备"等科目，增加"银行存款"等科目，将转让收入大于"探明矿区"、"井及相关设备"备抵后净额的部分，作为营业外收入，确认收益；否则，则作为营业外支出，确认损失。受让方则按其支付的实际成本，作为"探明矿区"入账。

5. 探明矿区保留经营权的整体转让

探明矿区保留经营权益的整体转让，其出让部分是非经营权益，其目的是为了取得现金或某种服务。由于此种转让，与探明矿区相关的风险和收益并未发生实质性转移，因此，企业在转让时，一般不需要确认收益。在会计处理上，如果是收取现金，出让方应借记"现金"或"银行存款"科目，贷记"其他应付款"科目；受让方则应借记"其他应付款"科目，贷记"现金"或"银行存款"科目；如果以非经营权益换取相应的服务（如钻一口探井）时，出受让双方不需要进行处理，只需进行相应的备查登记。[①]

6. 探明矿区保留非经营权的整体转让

探明矿区经营权转让，仅保留非经营权，探明矿区的相关资

---

① 龚光明：《油气会计准则研究》，石油工业出版社2002年版，第125页。

产要发生转移，而保留的非经营权是以后向受让方收取费用的依据。转让时，除转让价格与探明矿区等资产账面值之差确认收益或损失外，其后收取费用的收入在转让时并未实现。在会计处理上与探明矿区全部权益转让相同。

7. 探明矿区不保留权益的部分转让

探明矿区不保留权益的部分转让，实质上是探明资产的部分销售，出售部分的探明矿区相关的风险与收益已全部转移，在会计上应确认收益。其计算方法为：

$$探明矿区转让收益 = 转让收入$$

在会计处理上，由于是部分资产销售，需要作为资产清理。出让方需要设置"油气资产清理"科目。首先将部分"探明矿区"以及相关的"井及相关设备"，相应的"探明矿区累计摊销"、"井及相关设备折耗"等科目余额结转为"油气资产清理"；取得的转让价款冲减"油气资产清理"；发生的清理支出增加"油气资产清理"；最后结转油气资产清理损益，记入营业外收入（清理收益）或营业外支出（清理损失）科目。

8. 探明矿区保留经营权益的部分转让

探明矿区保留经营权益的部分转让也可分为保留经营权、出让非经营权或保留非经营权、出让经营权两种情况。在会计处理上，出让非经营权的业务可比照第 6 种处理，只是需要确认出让的非经营的范围以及出让方式；出让经营权的探明矿区部分转让，可比照第 7 种进行会计处理。

第七节　联合经营权益会计政策

联合经营权益是指在一个矿区上有两个或多个主体享有经营

权益。联合经营的主要形式第二章已经叙及。我国经过多年的实践，形成了以中国海油为主要代表的合作经营模式，这种模式可以简单描述为：外方承担勘探开发、生产的作业和全部投资，但投资可以在油气生产中先期回收，中方参与剩余油气的分配，国家则以资源所有者身份获得矿区使用费并以行政管理者身份获得增值税等税收，投资回收期满后，中方接管成为作业者。石油联合经营主要包括中外合作勘探和中外合作开发。

在油气矿区联合经营中，通常各方签订一个联合作业协议，其中一方被指定为作业者（通常是经营权益最大的一方），负责矿区的开发、经营等日常作业，但所有经营权益所有者都要对矿区有影响的重要决策进行表决，以参与对矿区的管理。除了作业者的其他各方则为协议的非作业者。协议各方按照协议约定及投资比例承担勘探、开发、生产成本，分享油气生产收入。

各方签订的联合作业协议中包括了取得一致意见的会计核算程序，由于协议模式不同，各公司要根据合作油气田不同的合作模式，并按有关规定制定不同的核算及管理办法。这些会计核算程序及办法不一定同会计准则完全相符。每一个经营权益的所有者保持着自己的会计记录。在合作矿区，作业者通过建立联合账簿来核算对合作勘探、开发和生产油气资源的投资。

关于联合经营权益会计核算，我国会计制度及新发布的油气会计准则都没有对此进行规定，根据中海石油及陆上石油公司对外合作的会计处理实践，我们认为：对外合作矿区发生的任何经济业务，中方合作者都应认为是本企业经济业务向合作矿区的延伸，应按照本企业正常会计工作中所遵循的会计准则和会计制度进行处理。

1. 联合经营会计需要设置的会计科目

联合经营会计主要反映的是中方投资及回收，以及向政府支付矿区使用费等，会计科目应按照联合账簿核算内容的要求进行设置，不一定按照会计制度规定的科目设置，因我国会计油气准则和会计制度中都没有此项规定。根据联合经营会计核算内容的要求，联合账簿使用的主要会计科目如表6—5所示。[①]

表6—5中，资产类备抵账户3个，同相应的投资账户备抵后，反映各类投资的净额；负债与权益类备抵账户3个，反映各类投资的已回收情况同已投入的各类相应投资账户备抵后，计算未回收的投资净额。

2. 联合经营资金投入

中方投入用于合作勘探、开发油气区块的资金，发生时应按实际支付（含贷款利息）金额予以资本化，记入"合作勘探投资"、"合作开发投资"。中方发生的前期勘探投资由外方给予的部分补偿，在油气田正式投入商业性生产以前，作为"勘探投资回收"处理；油气田正式投产以后，作为"主营业务收入"处理。

表6—5　　　　　　　　　　联合账簿主要会计科目

资产	负债与权益
流动资产（略）	流动负债（略）
非流动资产	资金投入与回收
合作勘探投资	预收合作勘探投资额
减：合作勘探投资摊销	预收合作开发投资额
合作开发投资	预收合作生产作业投资款
减：合作开发投资摊销	已投入合作勘探投资

---

① 林金高等：《石油、天然气会计问题研究》，东北财经大学出版社2002年版，第40页。

续表

资产	负债与权益
合作生产作业投资	减：合作勘探投资回收
减：合作生产作业投资摊销	已投入合作开发投资
	减：合作开发投资回收
	已投入合作生产作业投资
	减：合作生产作业投资回收
	应付矿区使用费
	应付合作勘探投资回收
	应付合作开发投资回收
	应付合作生产作业投资回收
资产总计	负债与权益合计

3. 联合经营勘探、开发结果及作业费用处理

按照成果法核算的要求，合作勘探有地质成果就进入开发阶段，于油气田投产的次月起按不少于一年的期限分月摊销，作借记"油气生产成本"，贷记"合作勘探投资摊销"；合作勘探没有成果，在合同中止后的次年分季摊销，记入销售成本，同时记入"合作勘探投资摊销"科目。合作开发投资也按规定分期摊销，记入"油气生产成本"和"合作开发投资摊销"科目。合作开发油气田投产后发生的作业费用，列入油气生产成本。对于中方在担任作业期间发生的试生产作业费用，列入油气生产成本，与本企业经营油气田发生的作业费用一样处理。

4. 联合经营中与非作业者的业务处理

按照分成协议预收非作业者勘探、开发、生产作业投资款，应分别记入"预收合作勘探（开发、生产作业）投资款"等科目。按照分成协议约定，分配由非作业者承担的地质勘探费用、

油气生产成本等，分别冲销"预收合作勘探（开发、生产作业）投资款"等科目，对于预收的非作业者勘探、开发、生产作业投资款，应按照合同或协议规定进行结算，多收退回及少收补付，均作"预收合作勘探（开发、生产作业）投资款"处理。非作业者根据油气产品分成合同及作业者的分配额确认收入，记入"主营业务收入"，并上缴增值税等各种税费。

5. 联合经营中中方收入的确认

中方担任作业者期间获得的试生产作业收入交纳矿区使用费和增值税后列作主营业务收入。合作油气田投入商业性生产后，中方从合作油气田获得的任何产量（作业费用回收、投资回收或剩余收入分配）均应作为主营业务收入。按照石油产品分成合同缴纳的产量税以及矿区使用税，均应作为主营业务税金及附加处理。

第八节　矿区废弃及环境恢复会计政策

矿区废弃及环境恢复是指当一个油气田（区块）资源已采尽，没有继续商业开采的价值，石油公司将其整体报废，或者是对达到经济开采极限，无商业开采价值的油气井废弃，所进行的油气井封堵，地面设备拆除，恢复自然环境原貌等活动。矿区废弃后的环境恢复，避免环境污染，是企业一项重要的社会责任。世界各国自 20 世纪 70—80 年代就已对此问题高度重视，展开了研究，并制订了多种相应的会计政策。我国政府近年来也越来越重视环境的治理，在工业企业广泛推广职业健康、安全与环境管理体系标准（HSE，Health、Safety and Environment）管理，石油企业的矿区废弃及环境恢复问题已经提到了重要议事日程，同时也为矿区废弃及环境恢复会计政策的研究提供了条件。

矿区废弃及环境恢复费用主要体现在两个方面，一是油气井的封堵及地面设施的拆除、清理，主要是"井及相关设备"的清理，这项费用支出为清理费用；二是矿区（油气井）废弃后对环境的恢复，如井场绿化及植被的恢复，水源的净化等，这项费用支出为环境恢复费用。由于矿区的清理和环境的恢复必须达到相关环境法规的要求，因此这项工作投入大，耗费多。在国际国内对环境保护要求越来越严格的情况下，环境恢复成本在不断加大，这项费用支出也越来越多。由此，也对这些费用的会计核算提出了新的问题，这笔数额较大的费用支出是费用化还是资本化？是当期确认记入损益还是分期记入损益？以及这笔费用如何计量，这些问题也是矿区废弃及环境恢复会计政策研究的核心问题。

我国三大石油公司都很重视 HSE 管理，在各自的网页上或对外公布的财务报告上，对环境保护问题作出承诺，从而承担了相应的推定义务。三大石油公司对此项业务的会计政策是：中海石油对油田拆除计提拨备，计提的基础是个别油田，即以油田为单位，以未来将要发生的预期拆除费用的现值作为标准计提拨备，作为油田拆除费用的准备金；中国石油在会计政策上没有像中海石油那样明确，而是通过提取储备来承担环保责任，在油气生产期间，按油气井及相关设施折耗的 5% 提取"油气资产弃置资金"，同时废弃油气设施高价收入增加弃置资金。① 中国石化在其国际财务报告中列示出其环保支出会计政策，而没有计提拨备或储备政策，对发生的环保支出在发生时作为支出入账。"与未来补救成本有关的负债是在很可能会进行环境评估及清洁工

---

① 吴杰：《油气井预计清理费用的确认与计量》，《石油大学学报》（社会科学版）2002 年第 3 期。

作，以及可合理估计有关成本时入账。"① 可见，中国石化没有建立统一的矿区废弃及环境恢复准备金的计提制度。

从以上三大石油公司对矿区废弃及环境恢复费用支出的会计处理上看，中海石油更注重这一会计政策的规范化，这主要是因为中海石油在海上钻井、采油平台等设计的拆除方面，必须遵守我国《海洋环境保护法》的要求以及国际日内瓦会议公海条约和外大陆架土地法规"任何要废弃的或不再使用的安装设施必须整体拆除"的相关规定，必须遵守而为之。在国内上市的辽河油田和中原油田两公司，在其会计政策中则没有关于矿区废弃及环境恢复费用会计处理的相关内容。通过国际目前对此项会计政策研究的现状及我国石油公司会计的实践分析我们可以看出，我国油气会计中对于矿区废弃及环境恢复会计政策同国际发达国家还有较大的差距。就油气会计面临的发展环境而言，一方面石油公司会计政策要面临同国际会计惯例接轨，实现趋同化；另一方面我国及世界各国（指石油公司在海外的合作项目）都在加大环保的力度，环境恢复的要求越来越严格，发生的费用也会越来越多，如果不进行适当的会计处理，就会影响会计信息的质量；此外，在日常的会计核算中，不考虑或不恰当地处理矿区废弃及环境恢复的费用支出，也不符合谨慎性原则及配比原则的要求，因此，我国各石油公司应当重视这一会计政策的改革。

第二章已经叙及，国际上对矿区废弃和环境恢复费用的会计处理政策有资本化法、费用化法、负残值法和计提备抵的方法等。国际会计准则委员会采掘业委员会在发布的《采掘业会计问题文本》第八章中明确指出，不管投资前活动采用什么会计方法，必须制定对移动和恢复成本的会计处理方法。可见，我国

① 中国石油化工股份有限公司 2004 年年报。

对矿区废弃及环境恢复制定相应的会计政策已势在必行。我国颁布的《企业会计准则第 27 号——石油天然气开采》中对此问题已做初步规定。准则的第二十三条指出："企业承担的矿区废弃处置义务，满足《企业会计准则第 13 号——或有事项》中预计负债确认条件的，应当将该义务确认为预计负债，并相应增加井及相关设施的账面价值。"① 由这一规定，我们可以看出，我国会计准则采用的是美国 SFAS No. 143 中的资本化法，即将未来 DR&A 成本全部估计金额在开发期确认为一项长期负债的同时，将其资本化，作为井与相关设施成本的一部分，然后在生产期内和其他资本化的井与相关设施一起在已开发探明储量的基础上进行摊销。同时，我国会计准则规定的资本化法，也符合 IAS37.14 中规定的确认一项备抵所需满足的条件。因此，笔者认为，我国油气会计准则中规定的方法符合国际惯例，同时也适用于我国石油公司目前的情况，简单易行，便于操作。

需要指出的是，我国油气会计准则第二十三条的规定未提及环境恢复问题，仅将矿区废弃处置义务予以确认，然而，矿区废弃处置往往是同环境恢复联系在一起的，也是企业应当履行的义务，企业在估计矿区废弃处置所需费用金额时，应将环境恢复需支付的费用一并考虑并予以资本化。

在具体会计处理上，石油公司应设置"应付矿区废弃及环境恢复准备金"科目，按照"探明矿区"、"井及相关设备"设置明细账进行核算。在探明矿区交付使用时按照某矿区废弃及环境恢复预计的金额，计提矿区废弃及环境恢复准备金时，增记"井及相关设备"等科目，同时增记"应付矿区废弃及环境恢复准备金"科目；增加的"井及相关设备"的成本按其规定的办

---

① 财政部：《企业会计准则 2006》，经济科学出版社 2006 年版，第 136 页。

法计提折耗，记入油气生产成本。矿区报废进行清理时，将探明矿区、井及相关设备等油气资产折余价值转入"油气资产清理"科目。支付的拆除、清理及恢复环境的费用，借记"应付矿区废弃及环境恢复准备金"科目，贷记"银行存款"、"油气资产清理"科目。

第九节 石油公司纳税筹划政策

纳税筹划是通过对税法进行精细比较后，对纳税支出最小化和资本收益最大化综合方案的纳税优化选择。纳税筹划是站在纳税人的立场上，筹划的目的是为了减少税费支出，增加企业收益。从理论上讲，纳税筹划属于税收筹划的一部分，因为税收筹划还有从征税人角度进行多征税收的筹划。从用词习惯上讲，人们将纳税筹划也称之为税收筹划。本文所述的税收筹划实质上是指纳税筹划。

一 石油公司税收筹划的实践分析

（一）我国现行石油税制

我国石油税费制度的形成是伴随着经济体制改革以及石油资源有偿使用制度的形成而逐步建立和发展起来的，历经了"工商统一税"、两步"利改税"、1994 年税制改革三个阶段，形成了目前以增值税和所得税为双重主体的石油税费体系。1994 年国家税收制度进行了重大改革，石油企业同其他企业一样，实行统一的税收待遇，国家不仅对石油企业征收增值税、所得税、消费税、营业税、资源税等一般企业固定的税种，而且还针对石油资源开采的所有权益的实现问题，对油气资源开发征收矿产资源补偿费。目前石油企业主要的税费种类包括：增值税、消费税、营业税、城建税、教育费附加、资源税、资源补偿费、土地使用税、房产税、所得税、车船使用税、印花税、耕地占用税、投资方向调节税、关税等。中外海洋及陆上合作开发石油天然气，国家还要征收矿区使用费。

石油企业涉及的税种较多，税收负担较重，税收支出占企业成本和税前利润的比重很大，因此，做好税收筹划工作，维护企业的合法权益，减少企业税费支出，提高企业经济效益，都具有重要的意义，同时也就成为石油公司理财的重要工作内容之一。

（二）石油税收筹划成功案例分析

就上游石油工业而言，中国石油集团一直是领军企业，其税收的筹划影响着其他两大石油公司（中油集团争取到许多税收优惠政策，中国石化及中海石油搭便车享受）。在实践中，中国石油一直在税收筹划方面处于领先地位，中国石油的税收筹划也就代表了其他石油公司。在长期的理财工作实践中，中国石油集团总结出了其税收筹划的主导思想："依法纳税，合理筹划，节约税费支出，决不偷税、漏税。"依照这一指导思想，中国石油纳税筹划的前提是依法，目的是节约税费支出，整个纳税筹划的过程就是在这一要求下寻找平衡点，进行合理筹划。

案例 1　石油公司增值税的筹划

增值税按照"进项税额"的扣除方式，可分为两种类型：一是只允许扣除购入的原材料所含的税金，不允许扣除外购固定资产所含的税金；二是所有外购项目包括原材料、固定资产等所含税金都允许扣除。通常前者称为"生产型增值税"，后者称为"消费型增值税"。我国实行的是"生产型增值税"。由于石油企业的生产特点决定，油气田开发同采油生产是同步进行的，往往以新的产能建设增加井及相关设备提高产量来弥补油气产量递减，维持油气稳产或增产，这就需要购入和建造大量的固定资产。按照生产型增值税扣除方式，石油企业大量的固定资产所含税金不能抵扣，极大地加重了石油企业的税收负担。据统计，1994 年与 1993 年相比，在产量下降 12.7 万吨的前提下，税费总额增加 89.5 亿元，增加了 1.37 倍；吨油税负增加 67.72 元，增加了 1.37 倍；销售收入税负增加了 6.91 个百分点，达到 13.77%。1995 年与 1993 年相比，税费总额增加 113.5 亿元，增加了 1.74 倍；吨油税负增加了 86.89 元，增加 1.76 倍，销售收入税上升 7.21 个百分点，达到 14.07%。1995—1997 年中油集团增值税年均递增速度为 15%。① 可见，无论税额还是税负、绝对增加还是相对增加，1994 年税制改革对石油行业的冲击都是很大的，使得投资不足的矛盾更加尖锐，这显然影响了石油经济的发展，与国家发展石油产业的政策背道而驰。

中油集团对增值税产生的机理进行了分析，由于生产型增值税对购进固定资产价值不允许做任何扣除，将折旧作为增值额的一部分据以课税，显然是对固定资产的重复征税。这对于固定资产比重较小的企业表现不突出，而对固定资产比重较大的石油行业而言，分割了石油生产过程，否定了石油行业的生产与建设一体的生产特殊性，导致了石油企业税负的加大。对此，中油集团财务管理人员进行反复分析讨论，提出了石油生产全过程理论，即石油生产和经营是一个完整的主体，各专业作业分工属于整个生产活动的一部分，都构成最终的油气生产成本，以完整主体论、完全过程论、完全成本论来解释石油生产过程。以此作为理论基础，中油集团同财政部和国家税务总局反复讨论、协商，据理力争，经过诸多回合的博弈过程，最后达成了共识。财政部同

---

① 中国石油天然气集团公司财务资产部提供。

国家税务总局于 2000 年 3 月下发了财税字［2000］32 号文件，即《关于印发〈油气田企业增值税暂行管理办法〉的通知》（以下简称 32 号文件）。32 号文件明确规定了油气田企业增值税的进项税抵扣范围，除规定的六大类 100 项不能扣除外，其余油气田购建的固定资产所含税全都可作进项税抵扣。

32 号文件的出台，降低了石油企业的税负，照顾了石油行业的特殊性，同时也使增值税在石油行业实行了率先转型改革。尽管改革后的石油企业增值税还不完全属于消费型，但它向消费型增值税大大迈进了一步，我们称之为准消费型增值税。中油集团的这一税收筹划也符合我国目前增值税转型改革的总体趋势，符合其税收筹划的主导思想，是一项成功的税收筹划。

案例 2 石油公司所得税筹划

1999 年中国石油进行了重组改制：即核心产业与非核心产业分立，核心产业改制为中国石油股份公司并在海外上市，非核心部分以存续企业形式保存在中国石油天然气集团公司，由此形成了两个独立的纳税主体。中国石油集中了大量的优良资产，利润水平大幅度提升；而中油集团则主要是技术服务、生产、生活和辅助单位、文教卫生等，即原企业办社会部分都剥离给了中油集团。中油集团集中的是大量不良资产，许多下属企业亏损，生存困难。另外，中国石油由于按照国际惯例进行会计核算，取消了原来一次性进成本的油田维护费和储量有偿使用费，导致利润额迅速膨胀，所得税增涨幅度大。这样中油集团和中国石油母子公司之间，一个是生存困难，一个是利润猛增，整体税负大幅度提高，为整个中油集团造成很大的税收压力。

1998 年，中油集团实现利润总额 44.4 亿元，其中盈利企业利润 110.9 亿元，亏损企业亏损额 66.5 亿元。集团公司重组上市后，将核心业务（股份公司）从中油集团分离出来，按 1999 年数据测算，存续公司亏损为 109 亿元。经审核，原集团公司直接补给下属公司文化教育、医疗卫生、工矿区公益服务等发生的补贴收入 31.2 亿元以及补给直属院所事业单位的费用 8.5 亿元，两项合计 39.7 亿元，因中油集团重组后失去来源，要相应增加中油集团存续公司的亏损。但另一方面，存续公司的技术服务亏损 10.96 亿元、辅助生产亏损 20.15 亿元应调整由上市公司承担，因而应调减存续公司的亏损；这样，存续公司亏损应为 117.6 亿元。石油股份公司成立后，按现行石油价格测算，1999 年股份公司利润总额将达到 330 亿元。盈亏相抵后，石油集团公司实现利润总额为 212.4 亿元，比 1998 年增加 168 亿元。主要增利因素：（1）亏损净增加而使上市公司增加利润 51.1 亿元；（2）取消储量有偿使用费和油田维护费后，相应增加利润 40 亿元（已抵扣油维资产 529 亿元纳入账内核算和评估增值 1400 亿元增加国有股权益后，提取折旧对利润产生的影响）；（3）原油（价格上升）、成品油（成本上升）以及化工产品（成本上升）综合价格、成本影响增加利润 30 亿元；（4）节约成本和费用开支增加利润 30 亿元；（5）其他增利 17 亿元。[①]

在中油集团进行重组的过程中，国务院领导针对重组上市中的有关税收问题，作出了不因重组改制而增加企业的税收负担的批示。依据国务院领导的批示和企业的实际情况，中油集团提出了整体所得税返还的政策。其理由是：（1）国家规定不增加改制企业税收负担，而事实上企业税负加重；（2）中油集团存续企业原有的大而全的文教卫生、安全保卫等都是为政府代行职能，政府应予以补贴；（3）职工分流安置需要大量资金，此问

---

① 中国石油天然气集团公司财务资产部提供。

题影响到油区社会稳定。据此经过多次协商，最后财政部同意对中国石油集团实行整体所得税返还政策。2000 年 3 月 27 日，财政部下发了《关于中国石油天然气集团公司执行所得税政策问题的通知》（财经字［2000］173 号）文件，规定了"定额递增上交，超额返还"的办法。

按照这一文件规定，中油集团同中国石油母子公司统一算账，由中国石油按规定向国家上缴所得税，而国家对中油集团实行"定额递增上缴，超额返还"的政策，确定 2000 年中油集团整体所得税上缴基数为 15.8 亿元，从 2001 年起每年递增 8%，超过部分予以返还，执行到 2005 年。举例说明如下：假定中国石油 2003 年实现利润 1000 亿元，向国家上缴所得税为 330 亿元，而 2003 年递增上缴基数为：$15.8 \times (1 + 8\%)^2 \approx 18.429$（亿元），返还部分为：$330 - 18.429 = 301.571$（亿元）。2004 年在上缴数为 18.429 亿元的基础上，递增 8%，以此类推。整体所得税返还政策的实施是中油集团税收筹划的又一成功案例。这一政策的争取使石油存续企业得到了很好的调整，为以后的发展奠定了良好的基础。

（三）石油公司税收筹划政策的特征

从中油集团税收筹划的案例可以看出，其税收筹划具有自身的显著特征。

1. 税收筹划不属于技术层面的筹划

技术层面的税收筹划是在税法的范围内，利用税法的优惠政策及有关规定，在生产经营各个环节的有关财务处理上采用一定的技术手段，达到少缴或延迟缴税的目的。如采用固定资产加速折旧政策，可以减少企业固定资产使用前期的所得税上缴额等。而中油集团的税收筹划则是通过各种充分的理由，促使税务管理部门改变对该企业的政策，达到节税的目的。

2. 税收筹划是一个政治过程

中油集团的税收筹划是同税收管理部门反复协商、讨价还价，最终达到共识，修改原政策或形成新政策。并且这些政策的实施其他类似企业也可适用。如增值税抵扣政策，中国石化也可以执行，因此，这种税收筹划实际上是一个政治过程。

3. 税收筹划需要充分的理由作为依据

由于中油集团的税收筹划目标是要让国家改变或修正政策，所以必须有充分的理由和强有力的理论作为依据，而这些理由足以使税收管理部门产生修改原来政策的动机，这种税收筹划才能取得成功。

通过以上分析，我们可以看出，中油集团的税收筹划开辟了一个新的领域，形成了一种新的方式，我们将此称之为政策性税收筹划，以区别于一般的税收筹划。

二　石油公司税收筹划的理论分析

（一）政策性税收筹划概念探讨

前已叙及，中油集团的税收筹划有别于一般企业技术（手段）层面上的税收筹划，我们提出了政策性税收筹划的概念。如何解释政策性税收筹划，我们试图通过对这类税收筹划的过程的理解，给出如下定义：所谓政策性筹划，是指纳税义务人利用企业性质、经营、组织结构等方面的特点，在不违背税收立法精神的前提下，与税务、财政等部门进行协商，试图改变现有的税收政策中对企业不适用的各项规定（主要包括纳税地点、纳税义务人、纳税范围），以实现企业价值最大化为目标而选择适用的税收政策理财方法。简单地说，当企业适用的税收政策与国家税收立法精神发生冲突时，企业可以根据自身的优势，与政府进行协商，寻求更加适用于本企业的和有助于财务管理目标实现的税收政策，以此来替代旧的税收政策。

通过分析政策性筹划的概念不难发现，它与一般的纳税筹划策略存在较大的差异，但是它并非是对目前纳税筹划研究成果的背叛，而是对纳税筹划理论研究和实务操作的延伸和扩展。

（二）政策性税收筹划的理论依据

政策性税收筹划作为税收筹划的一种特有方式，应该有一定的理论依据支撑其合理性，我们从博弈论和制度经济学的观点分析其理论上的可行性。

1. 博弈论理论的分析

（1）博弈论的讨价还价问题。一个二人讨价还价问题由如下三个要素构成：第一，两个局中人，即局中人1和局中人2。第二，一个结果集合 S，由可行备选方案组成，谈判破裂 d 显然是一个可行备选方案。第三，每个局中人 I 在结果集合 S 上定义的效用函数为 $Ui: S \rightarrow R$，满足：谈判破裂结果给两个局中人带来的效用都是最低的，即对任意结果 $s \in S$，$U1(s) \geqslant U1(d)$，$U2(s) \geqslant U2(d)$；至少有一个结果给两个局中人带来的效用都大于谈判破裂的效用，即至少存在一个 $s \in S$，使得 $U1(s) > U1(d)$，$U2(s) > U2(d)$。

（2）政策性筹划属于二人讨价还价问题。分析如下：

其一，政策性筹划存在两个局中人，即筹划者和政府。这里的政府具体是指国家税务、财政等部门，由于在筹划中两者处于同一位置，因此用政府来代表。

其二，政策性筹划结果是一个集合 S，由可行的备选方案构成，每种结果记作 s，协商失败 d 是一个可行备选方案。不同于一般的二人讨价还价问题，政策性筹划的结果集合是个有限集。

其三，政策性筹划中筹划者和政府作为局中人在结果集合 S 上定义的效用函数为 Ui，对于每次筹划者与政府协商的结果 s

（$s \in S$），都有局中人的一对效用值 $U1$（s）、$U2$（s）。在筹划过程中，筹划者可以将筹划收益抵减筹划成本的数额作为效用；对于政府而言，在考虑政策性筹划方案时，会更多地考虑筹划方案可能带来的宏观效应。政府考虑的宏观效应主要包括：筹划方案对整个国民经济的影响、是否能够完善税收制度、对企业乃至行业发展的影响等等。

其四，效用函数 Ui 满足：对于任意筹划方案 $s \in S$，存在 $U1$（s）$\geqslant U1$（d），$U2$（s）$\geqslant U2$（d），并且至少存在一个 $s \in S$，使得 $U1$（s）$> U1$（d），$U2$（s）$> U2$（d）。具体分析如下：第一，筹划者进行纳税筹划的目标是实现企业价值最大化，因此对于筹划者而言，企业预先设定的筹划方案与双方协商的筹划方案给筹划者带来的效用一定大于或等于协商失败的效用，换言之，协商失败给筹划者带来的效用是最低的，所以对于有限的筹划方案 $s \in S$，存在 $U1$（s）$\geqslant U1$（d）。第二，政策性筹划是企业与国家税务部门、财政部门进行协商的过程，筹划客体不是企业普通的应税经济活动，而是国家的税收政策，因此对筹划者提出了更高的要求。筹划者在设计筹划方案时要特别注意的是，不仅要考虑筹划方案对企业自身的影响，还要从宏观角度考虑筹划方案对国家财政收入、税收制度的影响，不仅要有现实依托，还要具有理论依据，否则筹划者无从提出筹划方案。同时，只考虑微观效应不考虑宏观效应的筹划方案也是不可行的。从这个角度分析，筹划方案对政府而言是不会产生负效用的，即预先设定的筹划方案与双方协商的筹划方案给政府带来的效用必定大于或等于协商失败的效用，对于有限的筹划方案 $s \in S$，存在 $U2$（s）$\geqslant U2$（d）。第三，从以上两点的分析中可以得出结论：政策性筹划的筹划方案中至少存在一个方案给两个局中人带来的效用大于协商失败产生的效用，即至少存在一个 $s \in S$，使得 $U1$（s）$>$

$U1$（d），$U2$（s）＞$U2$（d），否则政策性筹划无从谈起。根据二人讨价还价问题的纳什解法可以确定政策性筹划解集：

$$\int N = \{s \in argmaxs \in S[U1(s) - U1(d)][U2(s) - U2(d)]\}$$

以上利用博弈论证明了政策性筹划在理论上是可行的。

2. 新制度经济学的分析

政策性税收筹划的内容是要改变与行业特殊性不适应的税收制度，依据新制度经济学的观点分析，其实质是税收制度的创新。特大型企业集团发现现行税收制度的非均衡，从而产生的税收制度创新需求，政府根据这一制度需求对税收制度的供给进行调整，以实现税收制度均衡。这就是说，政策性税收筹划是一种新的更有效率的税收制度来改进、替代另一种税收制度的过程。这一基本论断是本书从新制度经济学的视角来透视政策性税收筹划的基本依据。

（1）政策性税收筹划的起点：税收制度的非均衡。

根据新制度经济学的基本理论，税收制度的非均衡则可理解为税收博弈的参与人对现行税制不满意状态，从供求关系看，它是指制度供给与制度需求不一致的一种状态。政策性税收筹划实际上就是对税收制度非均衡的一种反应。

从政策性税收筹划的实践看，我国税收制度的非均衡主要表现为税收制度的需求缺口，即对新的税收制度需求的产生先于该制度实际供给的形成，从而造成税收制度有效供给的不足。税收制度的这种非均衡产生的原因主要是源于税收政策实施中的统一性与行业执行特殊性的矛盾。因为现有的国家层面上的税法与各种税收政府的制度和实施，是基于全国"一盘棋"的考虑，它强调全局性、统一性、整体性。但从现实的情况看，由于国民经济中各行各业存在巨大的差异，这就使形式上公平的税收法律和

政策在实施中出现了结果上的不平等。以石油行业为例，1994
年的税制改革确立了生产型增值税作为我国流转税的主体税种，
这一税收制度安排虽然对于保持财政收入稳定发挥了重大作用，
但它忽视了行业间的差异及新旧体制过渡时期的特殊性，导致石
油企业的税负大幅度上升。显然，这种不平等压抑了行业生产的
积极性，势必会影响到该经济主体的利益，导致其在竞争中处于
劣势，失去同其他同类企业竞争的公平性，从而导致效率损失。
因此税收制度的非均衡必然意味着现行税制安排的净收益小于另
一种可供选择税制安排的净收益，而基于行业特殊性的对原有税
法与税收政策的修正的部分的改进，正体现了税收制度由非均衡
到均衡的运动，由于这种改进符合公平与合理的税收原则，国家
的利益不但不会减少，反而会因为行业生产积极性的提高将大幅
度增加，这就形成了税收制度创新的潜在收益，导致新的潜在制
度需求，从而构成了政策性税收筹划的逻辑起点。

　　（2）政策性税收筹划的逻辑路径：税收制度由非均衡到均
衡的变迁。

　　政策性税收筹划的过程是税收制度由非均衡走向均衡的过
程。税收制度的非均衡表明了潜在收益的存在，而这种潜在收益
在现存制度中是无法获取的。只有通过改变原有的税收制度安
排，选择和建立一种新的均衡基础上的制度安排才能获得这种潜
在收益。税收制度由非均衡到均衡的轨迹就是政策性税收筹划的
逻辑路径（见图6—2）：

　　这一逻辑路径的主要思想是，现行税收制度的非均衡是政策性
税收筹划的出发点，政府和税务部门应该在这一基础上，充分考虑
纳税人对税收制度的接受程度，不断地调整税收制度的供给以满足
税收制度需求，从而实现税收制度由非均衡到均衡的运动。

　　需要指出的是，在税收制度创新过程中，参与税收制度创新

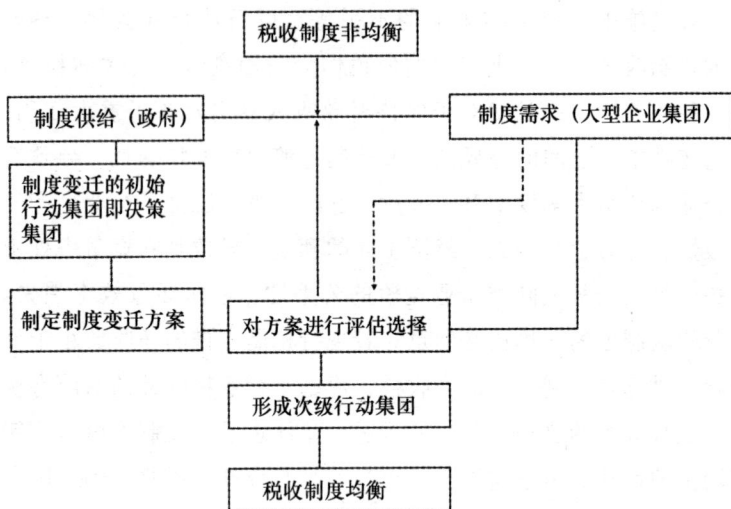

图 6—2

的主体的地位是不同的。政府作为税收制度的供给者，会从自身利益出发进行税制设计和政策选择。同时，特大型企业集团作为税收制度的需求者，也有从自身利益出发选择有利于自己利益的税收制度的动机。所以反映双方利益最大化的税收制度的均衡既不单方面取决于税收制度的供给，也不单方面取决于税收制度的需求，而是由该制度的供给和需求共同决定的。然而，由于国家追求税收政策全局性、统一性、整体性的目标导向和信息的不完备性，国家追求这种潜在的收益的积极性要相对微弱，相比之下，处于市场竞争的企业在生存本能的驱使下对这种潜在收益的追求要强烈和持久。因此，税收制度创新的主体是企业，而国家只不过是名义的税收制度的供给者而已。

3. 政策性税收筹划的意义

（1）为企业节约了税费支出，促进了企业财务管理目标的实现。通过政策性筹划，企业可以节约税费支出，从而增加企业的净现金流量，为企业创造更多的投资机会。

（2）使税收政策更好地体现税收立法原则，推动了我国税收体制的完善。政策性筹划的出发点就是寻找现行税收政策与国家税法的立法精神发生冲突之处，因此能够直接对两者不一致的地方进行修正，使税收政策更好地遵循税收立法中的各项原则，有效地完善税收体制。

（3）丰富了纳税筹划理论，提供了筹划新思路。政策性筹划不仅丰富了纳税筹划应用理论，从某种程度上也丰富了纳税筹划的基本理论研究。企业在运用该方法设计筹划方案时，需要遵循成本效益原则，对筹划的成本和收益进行综合平衡。

三　政策性税收筹划的基本思路

由于政策性税收筹划是对国家税法制度的筹划，它要改变不合理的、与行业特征不适应的税收政策，与一般性税收筹划相比，政策性税收筹划要艰难得多。根据上述政策性税收筹划的逻辑路径，政策性税收筹划的技术路线如下：

1. 深入研究税收理论和税收制度

进行政策性税收筹划的企业首先要深入研究税收理论和税收制度，准确把握税收理论的前沿和税收制度演进的规律。国家税收政策代表着国家的利益取向，税收制度的改革方向，在一定程度上代表了国家经济体制的改革方向。只有准确把握税制完善的方向，才能为政策性税收筹划营建一个成功的平台。

2. 深入研究国家现有的税收制度的非均衡性

国家的税收制度的设计均是从全局和宏观的角度出发，这是由政府所处的地位决定的。而国民经济的各行业却是具体的、特殊的。只有善于敏锐地发现并深入研究国家现有的税收政策对行业生产的非均衡性，才能提出合理的税收制度改革的建议。

3. 提出政策性税收筹划的理论依据

作为一种特殊的对国家税收政策的筹划，不能将政策性税收筹划片面地理解为向国家"要政策"，政策性税收筹划要遵循"有理"的原则。石油企业在进行石油增值税筹划时就提出石油全生产过程理论作为其筹划依据，取得了良好的效果。

4. 加强与国家税务机关的交流与沟通，形成税制改革的基本意见

企业要向国家税务机关如实地反映情况，强调现有的税收制度由于对行业生产的不适应性，最终会损害国家利益，从而提出兼顾企业和国家双方利益格局的税收制度的改革方向。

5. 形成具体的国家税收修正政策的实施细则

作为政策性税收筹划的最后一个环节，就是在国家和企业的共同努力下，形成既体现国家利益，又反映行业特殊性的具体的国家税收修正政策的实施细则。实施细则的制定和颁布标志着政策性税收筹划的完成。

必须指出的是，政策性税收筹划作为一种高层次的对国家税收制度的筹划，它只适用于我国足以影响国民经济发展的、处于行业领袖地位的特大型企业集团，不适用于一般企业。一般而言，进行政策性税收筹划的企业应具备以下特征；第一，这类企业在国民经济中处于基础地位，举足轻重，其兴衰成败关乎国计民生；第二，产品生产具有特殊性，具有高投入、高技术、高风险的"三高"特征；第三，由于历史原因，这类企业的社会包袱沉重，与国外同类企业的竞争面临初始条件的不平等。我国的石油、钢铁、电力等行业的大型企业集团就符合上述特征。毋庸讳言，这些企业进行政策性税收筹划不但可以提高其自身竞争力，而且可以丰富我国税收筹划的理论，对于税收筹划的实践具

有指导意义。

第十节 章小结

本章论述了石油上市公司运作过程中与石油生产经营活动紧密相连的几个主要会计政策，并探讨这些会计政策的内容及择定的改进。本章的主要观点是：

（1）油气储量资产的取得是需要花费成本的，在会计上应将油气储量资产单独确认和计量，并重视对其的披露。

（2）油气资产是石油公司的核心资产，是一个资产组合体，包括勘探和评价资产、井及相关设施，应分别进行核算。

（3）油气勘探成本的计量在我国应采用成果法。

（4）石油公司的固定资产折旧在目前油价上涨的情况下，应采取加速折旧政策。

（5）油气资产减值应引入现金产出单元进行计量和减值测试，判断的标准是油气资产的在用价值。

（6）矿权流转会计在我国目前的研究处于初级阶段，随着中外合作开发油气田的进展，应强化这方面的研究。

（7）我国应重视矿区废弃及环境恢复的会计核算，应当采用负债法处理的会计政策。

（8）政策性税收筹划是中国石油集团的创新，其理论研究及实践推广具有较大的空间。

第 七 章

石油上市公司信息披露会计政策

第一节 会计政策与会计信息披露

会计作为一个信息系统，最终的目标就是提供会计信息。按照受托责任观点，现代企业可以看作是一种以委托代理契约为纽带的契约关系的网络。[①] 企业的所有者作为资源提供的一方与企业管理当局作为经营的一方形成了一种经济上的委托代理关系。这种委托代理关系的双方往往是信息不对称的。为了定期了解企业的财务状况、经营业绩，评估企业管理当局对受托责任的履行情况，企业的所有者和债权人就要求企业管理当局定期提供财务报告，披露会计信息，以作为他们进行投资或信贷决策的依据。客观上，会计信息使用者对企业管理当局提供的会计信息有选择性的要求，而企业管理当局在经济业务处理中所选择的会计政策往往又是有着有利于对企业进行良好业绩评估的倾向，这就构成了会计政策选择同会计信息披露（信息披露方式和方法的选择也是一种会计政策）相互依赖和相互制约的关系。

---

① 葛家澍、余绪缨主编：《会计学》，高等教育出版社 2000 年版，第 22 页。

一　会计信息需求者对会计政策选择的制约关系

在市场经济条件下，以"销"定"产"是个普遍规律。会计信息的使用者（需求者）和提供者也是一种求与供的关系。会计信息使用者为了对企业的财务状况、经营业绩、现金流量等情况做出正确的评价，准确地进行决策，必然要对会计信息披露的范围、内容、披露的时间和方式等提出要求，同时也要求企业管理当局提供可靠的、有用的高质量的会计信息。会计信息使用者的要求，一方面由政府会计管理以及资本市场管理部门通过发布有关的会计标准规范来实现，如颁布会计法律、法规、准则、制度等制约和保证提供的会计信息内容、时间、形式和质量；另一方面是由政府之外的能够代表会计信息使用者的团体，如行业协会、信贷机构以及会计信息使用者自身提出的关于信息披露的具体内容、形式及其他规定来满足会计信息使用者对会计信息的需求。国家关于会计管理的法律、法规、准则、制度和行业、团体的一些规定，都是站在国家宏观管理（本身也需要准确、可靠的会计信息）和保护投资者、债权人的立场上对会计行为进行规范，以保证会计工作秩序正常进行，会计信息的提供准确无误。

企业管理当局作为受托责任者，也是被所有者评估的对象，财务会计信息是评价其经营业绩，决定其报酬和升迁的重要依据。同时良好的经营业绩又是企业进一步发展壮大的前提。因此，客观上企业管理当局有着粉饰财务信息的动机。然而这些动机又受国家法律、法规、会计准则和制度的制约，因此，企业管理当局对会计政策的制订和选择是在国家会计准则和制度的范围内进行的，否则就是违法。从这个意义上说，代表会计信息使用者的政府管理部门及其他团体，对会计政策的选择起着制约、规范和引导作用，如会计法及会计准则、制度规范了会计期间、会计主体等会计核算的前提条件，对会计信息的质量特征提出具体要求，对会计确认和计量等会计核算的方法进行规范等，同时也规范了企业会计政策的选择范围，空间、形式及具体的实施方法等。

二 会计政策选择对会计信息披露的影响

会计政策的产生主要是源于会计实务的多样性和复杂性，以及人们对会计事项的不同看法和不同处理方式，由此决定着会计政策不是单一的，而是多种多样的，这也就使会计政策的选择具有客观的可能性。然而，企业会计所面临的经济环境是复杂多变的，各种经济环境因素的变化都会影响到会计活动。客观真实地反映各种因素变化情况下企业财务状况，正确评价企业的经营业绩，使企业提供的会计信息与企业历史同期及行业内同类企业具有可比性，满足会计信息使用者正确进行经营决策的要求，企业管理者必然要进行会计政策选择。适度的会计政策选择，有助于维护和增长企业自身利益，有利于实现管理人员的经营思想，还有利于企业根据自身的特点建立相应的会计管理体系和核算系统，保证会计信息的真实性、可靠性和可比性，提高会计信息的质量。

会计政策选择对会计信息披露的影响既有有利的方面，也有不利的方面。第一，会计政策选择具有一定的空间，并且在合法的范围内，如果选择恰当，就会保证会计信息质量，如果滥用会计政策，则会导致和加剧会计信息失真。纵观近年来中美两国的会计造假案，都是利用了会计政策的选择。例如 PT 北旅充分利用了在修订前 2000 年有效的《企业会计准则——债务重组》规定，将有关债权人放弃部分债权 15204.04 万元和北京市财政局同意该公司免去欠缴的财政周转金及土地占用费 1795.58 万元作为债务重组收益计入了当期利润，使 2000 年中期，每股收益 −0.14 元，到 2000 年年报上升为每股收益 0.91 元，业绩增长着实惊人。① 不利用会计政策，该公司再怎样努力，也不会在半年内取得如此巨大的经营业绩。第二，会计政策选择贯彻了企业管理当局的经营理念，同时也影响了会计信息披露的内容和导向。如经营者为了树立企业形象，提高企业知名度，可能就会选择在财务报告中能够多反映经营业绩的会计政策，企业为了进行税收筹划，节约纳税成本，可能就会选择减少利润总额的会计政策。第三，企业管理人员由于在企业经营中处于优势地位，往往利用信息不对称这一客观条件，有动机地对会计政策作出对其最有利的选择，直接影响会计信息披露的质量，影响到会计信息使用者的利益。

总之，会计政策选择是一把"双刃剑"。上市公司如果能恰当地进行会计政策选择，对于保证会计信息的相关性、可靠性和透明度，塑造良好的企业形象，促进企业的不断发展壮大具有非常重要的意义。但是，滥用会计政策选择进行会计操纵，会降低会计信息质量，进而危及会计信息使用者的利益和资本市场的健康发展，影响社会资源配置的效率和效果。②

三　会计信息披露的实质就是一项会计政策

会计信息披露的主要形式是财务报告。通过财务报告揭示信息是对财务会计信息的再确认，即原始财务会计数据被记录以

---

① 张跃进、张耘编：《会计政策及其选择》，浙江人民出版社 2001 年版，第 32—33 页。

② 谢诗芬、张荣武：《浅议我国上市公司会计政策选择与会计信息质量》，《上海会计》2003 年第 5 期。

后，企业定期编制财务报告，要将会计账簿记录进行归纳、整理、分析后，有选择或经过加工后列入财务报告，再予以揭示，以满足会计信息使用者进行投资决策或信贷决策的需要。因此，财务报告揭示必须符合会计信息的质量特征，保证其符合相关性、可靠性、及时性、可比性等要求。

"财务报表是对企业财务状况和经济业务的结构性财务表述"。① 即财务报告揭示的内容不仅包括财务状况，而且还涉及对企业经济业务相关信息的揭示，以利于会计信息使用者全面了解企业的财务状况、业绩、现金流量的信息和管理层对受托资源经管责任的成果。财务报告揭示的内容从总体可概括为三个方面：（1）数量性信息，即用具体金额表述的相关信息，如资产、负债、权益、收益和费用（包括利得和损失）、现金流量等。（2）非数量性信息，即那些不能用数量表示的信息。非数量性信息主要包括所使用的会计政策、会计政策的变更等。（3）期后事项，即资产负债表日后事项，是指在报表编制后但尚未正式公布前所发现的有关事项，包括对财务报表金额直接有影响的事项，对未来收益和计价不明了或不确定的事项等。

财务报告所揭示的内容涉及面宽，主要来自于企业的经济业务及日常的会计记录，然而将日常的会计记录及有关事项归纳到财务报告规定的揭示内容中，比较规范地提供会计信息，需要对以前记录的会计要素进行进一步的确认和计量，往往在编制财务报表时还需要改变计量基础，如短期投资、存货采用历史成本与市价孰低法的计价政策、会计报表的合并政策等，在财务报告编制过程中如何运用重要性原则，有选择地揭示有关非数量性信息

---

① 财政部会计准则委员会译：《国际会计准则 2002》，中国财政经济出版社 2003 年版，第 51 页。

以及期后事项等，都属于会计政策选择的范畴，因此，我们可以说，财务报告揭示本身就是会计政策。

财务报告揭示会计政策包括揭示内容方面的会计政策，揭示各种内容所选择的会计政策以及揭示方法的会计政策等。财务报告揭示又是会计政策选择的过程，无论报告前会计政策选择如何，进行财务报告编制和披露必须进行许多新的会计政策选择。对于会计政策的考察研究，财务报告揭示会计政策是一个重要的方面。

四　会计政策选择与信息披露要求的协调

（一）　会计政策选择与信息披露要求的矛盾

我国近年来会计信息质量问题已是全社会关注的热点，已成为严重制约国民经济发展和资本市场正常发育、运作的障碍。形成会计信息质量差的原因是多方面的，抛开会计信息提供者故意造假等因素，仅从会计政策的层面而言，会计政策选择也是导致会计信息质量下降的重要原因。我们认为，由于会计政策选择导致会计信息质量下降的根本在于企业会计政策选择与会计信息披露的要求实质不协调，目标取向不统一，致使会计信息使用者得不到或者不能充分得到所需的正确的会计信息。

第一，作为委托代理关系的双方期望目标存在着矛盾。由于双方信息不对称，委托者期望受托者尽可能提供全面、真实、有用的会计信息，作为评估企业经营状况的依据。而受托者则主要是考虑如何满足委托者对考核指标认同，不管实际经营状况如何，总希望得到好的评价结果，实现自身的利益取向。由此而引致利用会计政策选择，去不利因素而存有利因素，粉饰财务报告，致使会计信息失真。然而委托者需要决策有用的会计信息，但他们也是追逐个人效用最大化的理性经济人，对会计信息的要求往往是从个人或团体利益出发，如果企业完全按照委托者的要求提供会计信息，有可能损害企业整体或其他会计信息使用者的利益，因此，会计信息的提供者和会计信息的需求者会长期存在供求质量要求方面的差异。

第二，选择会计政策的技术水平同提供高质量会计信息之间的矛盾。会计政策选择是一个技术性很强的过程，需要会计人员有着较强逻辑分析、职业判断以及技术处理能力。从事会计政策选择的会计人员不仅要有厚实的专业知识，丰富的经验积累，还要具备良好职业道德和社会责任感，才能较好地把握会计政策选择的尺度。但事实上，企业管理当局有着提供高质量会计信息的愿望，而没有具备良好的选择会计政策的人才，出现事与愿违，从而客观上降低了会计信息披露的质量。

第三，会计政策选择的盲区与会计信息披露之间的矛盾。由于我国的会计处于改革和发展时期，会计标准体系还不十分健全，许多会计业务的处理及披露政策选择没有规范标准可依，出现了会计政策的选择和披露的信息要求之间的矛盾。我国长期没有特殊行业的会计处理准则和规范，致使有些特殊行业重要的会计信息无法提供或无提供的规范要求，使得会计信息披露不全面。例如石油天然气生产所依据的基础是油气储量，而我国没有关于油气勘探、生产方面的会计准则和制度，在会计信息披露方面也没有储量资产的揭示，使国内石油公司的财务报告信息残缺，不能真实反映油气生产企业真实的经营业绩。其他的采掘业、特殊行业也是如此。

（二）会计政策选择与信息披露要求的协调

协调会计政策选择与信息披露要求之间的矛盾，就是要使两者建立一种对立统一的关系，以达到会计信息披露质量最优。

协调会计政策选择与信息披露要求，主要应从以下几方面入手：一是国家会计管理机构要不断研究和发布适合新会计业务的会计准则和方法，提供更广泛的会计政策选择的依据，使会计政策选择都有相应的基础，避免会计政策的滥用。对于我国还未进行规范的新的会计业务，应允许企业应用国际会计惯例和标准，并在财务报告揭示中予以说明。二是进一步健全会计法律、法规体系，加强其执行的刚性和力度，将会计信息需求者对会计信息披露的要求和企业会计政策的选择都统一到国家或权威机构规定的标准之内，协调两者的矛盾，逐步使会计信息的需求与提供趋同，增强会计信息的相关性和有用性。三是要强化会计人员的业务素质教育，提高其职业判断能力，促进其较好地把握会计政策的选择，处理好贯彻管理当局理念同合法性的关系，处理好会计信息的相关性原则与可靠性原则，谨慎性原则与一致性原则，实质重于形式原则与重要性原则等的关系，掌握好各种会计方法的运用及会计估计的判断，提高会计信息质量，使会计政策选择达到既满足信息披露的要求，又能够贯彻企业经营理念，服务于企业发展目标，促进企业不断发展壮大的目的。

第二节　石油上市公司会计信息披露政策

一　会计信息披露政策的一般要求

《国际会计准则第 1 号——财务报表的列报》（IAS No. 1）中对会计信息的披露规定了总体要求，即"公允列报和遵从国际会计准则"。① 公允列报是指财务报表应公允地反映企业的财务状况、财务业绩和现金流量。IAS No. 1 对公允列报提出了具

---

① 财政部会计准则委员会译：《国际会计准则 2002》，中国财政经济出版社 2003 年版，第 52—54 页。

体要求，即：（1）企业管理层应选择和运用企业的会计政策，使其财务报表遵从每项适用的国际会计准则和常设解释委员会解释公告的所有要求（第20条）；（2）按提供相关、可靠、可比和可理解的信息方式列报信息，包括会计政策；（3）当国际会计准则的要求不足以让使用者理解特定交易或事项对企业财务状况和财务业绩的影响时，应增加披露的内容。达到公允列报的三项要求中，应是按国际会计准则及解释的要求编报财务报表，揭示会计信息，并且会计信息还必须具有相关、可靠、可比和可理解等会计信息的质量特征。

我国 2006 年 3 月 9 日颁布并于 2007 年 1 月正式实施的《企业会计准则第 30 号——财务报表列报》① 第一次对我国会计信息的披露实施专门的规范，其中第二章对我国企业财务报表的列报提出了八条基本要求（第四条至第十一条）。我国 30 号准则指出："企业应当以持续经营为基础，根据实际发生的交易和事项，按照《企业会计准则——基本准则》和其他各项会计准则的规定进行确认和计量，在此基础上编制财务报表。"（第四条）同国际会计准则的公允列报要求一样，我国 30 号准则也要求企业在会计政策选择时要执行我国基本会计准则和各项具体会计准则的相关规定，同时对反映会计信息质量特征的主要会计原则，如一致性原则、重要性原则、可比性原则以及充分披露原则等。根据我国会计准则和国际会计准则对财务报表列报的要求，我们可以对会计信息披露的政策、方法的一般要求得出两项结论：一是基于会计信息披露的会计政策的制定和选择必须严格执行规定的会计规范和标准，即财务会计信息的确认、计量和报告必须符合会计准则的各项要求；二是披露的会计信息要符合其质量特征

---

① 财政部：《企业会计准则 2006》，经济科学出版社 2006 年版，第 143 页。

的要求。

为了保证财务会计信息的质量，使企业会计政策在制订和选择时有可依据的标准和规范，我国目前已经初步建立了较完整的会计准则和制度体系。国家目前颁布基本会计准则一项，具体会计准则38项，其中直接用于规范会计信息披露的准则主要包括会计政策、会计估计变更和差错更正（28号）、资产负债表日后事项（29号）、财务报表列报（30号）、现金流量表（31号）、中期财务报告（32号）、合并财务报表（33号）、每股收益（34号）、分部报告（35号）、关联方披露（36号）、金融工具列报（37号）、首次执行企业会计准则（38号）等11项，并且在每一个具体业务处理准则中都规定有披露的具体内容，这对规范我国企业会计信息披露质量奠定了良好的基础。

会计信息质量特征是指会计信息为满足信息使用者的需要而应具备的质量要求。会计信息主要质量特征是相关性和可靠性，其次还包括可比性和一致性。美国财务会计准则委员会在公布的第2号《财务会计概念公告》的"会计信息质量特征中对会计信息的基本质量要求进行了系统的说明"。美国注册会计师协会财务报告特别委员会综合报告《论改进企业报告》在阐述企业报告的信息质量时指出："用户十分关心信息的相关性、可靠性，可比性。"[1] 相关性是指会计信息系统提供的会计信息能够导致投资者、信贷者的决策差别能力，它包括及时性、预测价值和反馈价值三个方面。[2] 可靠性也包括三个方面的内容，即可核实性、中立性和真实性。可比性要求不同企业或同一企业不同时

---

[1] 美国注册会计师协会财务报告特别委员会综合报告：《论改进企业报告》，陈毓圭译，中国财政经济出版社1997年版，第28页。

[2] 葛家澍、余绪缨：《会计学》，高等教育出版社2000年版，第23页。

期发生的相同的经济事项采用相同的计量和报告方法。[①] 可比性包含三个方面的意思，一是企业之间的可比性（部门间的分析）；二是各期间的一贯性（用于时序分析）；三是报表项目间的一致性（用于财务比率分析）。[②] 可比性是与一致性相联系的，必须以一致性为前提。要保证会计信息的可比性，企业采用的会计政策在前后各会计期间尽可能保持一致，除存在充分理由外，企业不得随意变更会计政策。

会计信息质量特征为企业披露会计信息提出了基本的要求，是企业所必须遵守的信息披露原则，我国企业基本会计准则和第 30 号财务报表列报准则，也都具体规定了会计信息质量特征的具体要求，如真实性原则、实质重于形式原则、相关性原则、可比性原则、一致性原则、及时性原则、清晰性原则等，为我国企业会计信息的披露提供了明确的规范和指南，是衡量企业会计信息质量优劣的标准，也为企业改进信息披露工作树立了目标。

二 会计信息披露的成本效益原则

客观地讲，会计信息使用者的愿望是尽可能获得企业充分的完全符合质量特征的会计信息，以减少信息不对称导致其对企业真实财务状况、经营业绩以及现金流量的了解，在充分占有信息的基础上，对投资行为做出正确的决策。然而，根据经济学的原理，任何信息的提供均是有成本的，会计信息也不例外。石油上市公司收集、加工和对外披露会计信息都均需要支付代价，这些

---

① 尚志强编著：《企业会计信息披露与分析》，立信会计出版社 2000 年版，第 8 页。

② 张福康、姚九斌：《论企业会计政策选择对会计信息的影响》，《商业研究》2002 年第 3 期（下半月版）。

代价构成了信息披露的成本；而会计信息使用者，企业外部利益相关者，以及企业自身利用会计信息，可以减少决策的失误，降低损失，把握好的决策机会等，这些均为会计信息披露带来的效益。按照成本收益原理，石油公司披露信息的收益大于其成本，这一工作才是可为的，否则是不可为的。但是，石油公司披露信息的成本基本是可以预计、估算的，而会计信息披露带来的收益或减少损失是不好估算的，因为会计信息的效益体现在多方面，有的体现披露信息的公司本身，包括公司的投资者，而有的则体现在企业外部的利益相关者，如企业产品的消费者，企业的竞争对手等，因此效益是分散的，其最大化是很难估算的。信息披露成本的相对集中性和效益估计的分散性使得单独对会计信息的成本效益进行较准确的对应分析是不太可能的。会计信息的披露是会计政策选择的结果，从某种意义讲"会计其实是一门貌似精确但事实上并不精确的科学，会计理论和实务中的好多问题并没有一条放之四海而皆准的取舍标准，因此会计过程的最终产品——会计信息多半是主观判断的产物，是各个利害关系集团如股东、债权人、政府、企业管理当局等各方利益博弈均衡的结果"。① 不同的会计政策选择会产生不同的利益分配格局，影响到利益关系集团各方的经济利益、决策行为和资源配置，从这个角度讲，会计信息的效益更不好估计。但是成本效益分析困难并不意味着在会计信息披露时不考虑成本效益问题，不计成本地追求信息披露量的最大化和最充分化，而需要有针对性进行分析，在成本和效益基本均衡的尺度上披露会计信息。

对于会计信息披露成本效益分析，美国注册会计师协会财务

---

① 张福康、姚九斌：《论企业会计政策选择对会计信息的影响》，《商业研究》2002 年第 3 期（下半月版）。

报告特别委员会进行了系统的研究。该委员会以有效信息为研究前提，尽量地对成本和收益进行全面的深入的考察，并探索两者的关系。

该委员会研究的有效信息，是指有助于决策的信息，而不管其成本相对于收益是否过高。经过研究分析，该委员会认为有效信息的收益主要包括：（1）资本的配置和计价，即通过有效信息，将大大完善用户对企业前景的评价，从而减少资本配置的风险；（2）消费者保护，即保护消费者的利益，因为有效信息意味着对消费者的公平。有效信息的成本主要包括三类：（1）处理和提供信息的成本；（2）因信息披露而引起的诉讼的成本；（3）披露导致竞争劣势而产生的成本。美国注册会计师协会财务报告特别委员会通过研究，提出了一套衡量披露事项的成本和收益标准，包括是否是有关企业的信息？企业是否是这些信息的最佳渠道？信息对于评价一个企业或衡量信贷风险是否大有帮助？潜在的诉讼成本是否很高？提供的信息的潜在竞争成本是否很高？编报、审计、传递信息的潜在成本是否很高六项衡量标准。① 但该委员会没有研究出一套数量手段用来计量披露的最大化。

我国学者对会计信息披露的成本效益问题尚未见展开研究，但大家已经关注到基于会计信息披露的会计政策选择时的成本效益原则。尚志强指出：会计信息的成本效益不应仅从单个公司的角度和单个信息使用者的立场来分析和对待，而应该将上市公司作为一个整体来看待，将信息使用者作为一个整体来研究。② 企

---

① 美国注册会计师协会财务报告特别委员会综合报告：《论改进企业报告》，陈毓圭译，中国财政经济出版社1997年版，第30—43页。

② 尚志强：《企业会计信息披露与分析》，立信会计出版社2000年版，第23—24页。

业在选择会计政策时应权衡提供会计信息的成本与效益，在基本会计信息质量得到保证的基础上，企业应选择便于理解和实施的会计政策，并尽可能地降低操作成本。① 笔者认同国内外学者对会计信息披露的成本效益分析所做的研究结果。对于在实践中如何运用成本效益原则，达到成本与效益的均衡，笔者认为：会计信息披露中的成本效益分析是一个模糊的问题，不可能精确地进行量化，但并不是不执行成本效益原则，在实践中应当重视信息披露的成本对披露的量和质的约束。首先，政府应加强对会计规范的研究，不断提高会计规范的质量，使企业在会计政策选择时较好把握；避免偏差，甚至滥用会计政策，在达到同样效益的前提下降低成本。其次，企业在披露会计信息时不仅要考虑充分披露问题，同时也要考虑成本问题，包括提供信息的生成成本以及信息披露后对企业产生各种影响带来的成本和效益，在分析的基础上（主要是依据各种可能因素进行经验判断和定性分析），慎重决定会计信息披露的内容和范围。最后，在信息披露上要贯彻重要性原则。"重要性是指财务报表某项目的省略或错报会影响使用者据此作出经济决策的，该项目具有重要性。"② 对于无关紧要或不足以影响会计使用者决策和理解的信息，尽量简化或舍弃，以降低信息的披露和传递成本。

石油公司属于特殊生产企业，在满足成本效益原则的基础上，还应披露反映行业生产经营状况的会计信息，以帮助信息使用者全面理解信息内容，既要披露比一般企业较多的信息，同时也要考虑披露成本，达到成本效益的均衡。

---

① 谢诗芬、张荣武：《浅议我国上市公司会计政策选择与会计信息质量》，《上海会计》2003 年第 5 期，第 35 页。

② 财政部：《企业会计准则 2006》，经济科学出版社 2006 年版，第 144 页。

三 石油上市公司信息披露内容分析

（一）石油公司国际财务信息披露

石油上市公司会计信息的披露内容主要取决于上市地资本市场监管部门的规定。三大石油公司在香港等地上市，其信息披露的内容要符合国际会计准则的有关规定。以中国石油2004年年报为例，披露的公司信息主要有：公司简介、董事长报告、财务概况、管理层对财务状况和经营结果的讨论及分析、公司治理结构、董事会报告、监事会报告、业务回顾、原油天然气储量资料、国际核数师报告、财务报表、石油及天然气勘探及生产活动补充资料（未经审计）、国际财务报告与美国公认会计准则的重大差异（未经审计）、公司信息、2004年大事记。在公司信息中，主要的信息属于财务信息。上市公司年报中，财务报告由三项内容组成：审计报告、财务报表、会计报表附注。

中国石油的审计报告由香港罗兵咸永道会计师事务所进行审计并出具称之为国际核数师报告。该报告按照国际审计准则进行审核。

中国石油年报中的会计报表主要包括综合损益表、综合资产负债表、资产负债表、综合现金流量表、综合股东权益变动表。

会计报表附注作为财务报表的组成部分，主要包括所有在会计报表表内未提供的、与公司财务状况、经营成果和现金流量有关的、有助于报表使用者更好地了解会计报表且可以公开的重要信息。中国石油会计报表附注中披露40项重要信息，主要包括：（1）组织结构及主要经营活动；（2）编制基准；（3）主要会计政策（主要是指在第四章中已叙及的25项会计政策）；（4）营业收入、利润分配，主要有营业额、税前利润、股东应占利润、每股基本及摊薄盈利、股息；（5）雇员酬金，董事、监事及高级管理人员酬金；（6）税项；（7）物业、厂房及机器设备；（8）投资，主要有联营公司投资、可供出售的投资、附属公司；（9）无形资产和其他资产；（10）应收、应付项目，主要有应收账款、预付款和其他流动资产、应收票据、有返售协议之应收款项、应付账款及应计负债；（11）借款；（12）现金及现金等价物、经营活动之现金流量；（13）储备养老金、递延税项、或有负债；（14）有关联企业交易、主要客户、最终股公司；（15）板块信息，主要指中国石油勘探与生产、炼油与销售、化工与销售、天然气与管道等四大板块（业务分部）有关的信息；（16）金融工具等。

中国石油在美国纽约股票交易所上市，在信息披露方面还要遵守美国证券交易委员会（SEC）及美国会计准则委员会（FASB）的有关规定。最典型的是按照美国财务会计准则委员会第 19 号财务会计准则（SFAS No. 19）和第 69 号财务会计准则（SFAS No. 69）披露有关油气储量的信息，同时还要说明中国石油依据国际会计准则编制的财务报告同以美国会计准则为依据编制的会计报告之间的差异。

按照美国 SFAS No. 69 的规定，要求以"历史成本＋储量数量"模式披露油气储量资产，即要披露油气储量资料、探明储量估计，以及标准化度量的有关数据。

中国石油根据独立工程顾问公司德·高乐和迈克·诺顿（DeGolyer and MacNaughton）编制的报告而编制的以 2002 年 12 月 31 日、2003 年 12 月 31 日和 2004 年 12 月 31 日为基准日的探明储量和探明开发量见表 7—1。①

---

① 中国石油天然气股份有限公司 2004 年年报。

表 7—1

	原油 （百万桶）	天然气 （十亿立方英尺）	合计 （油当量百万桶）
探明开发和未开发储量	10, 937.0	38, 816.8	17, 406.4
对以前估计值的校正	199.2	277.6	245.4
扩边和新发现	475.7	2, 853.3	951.3
提高采收率	81.2	0	81.2
购置储量[1]	0	0	0
当年生产[2]	−773.7	−878.5	−920.1
基准日 2003 年 12 月 31 日的储量	10, 919.3	41, 069.2	17, 764.2
对以前估计值的校正	147.3	55.7	156.6
扩边和新发现[4]	542.2	4, 405.3	1, 276.4
提高采收率	109.0	43.0	116.2
当年产量[5]	−777.4	−1, 019.6	−947.3
基准日 2004 年 12 月 31 日的储量	10, 940.5	44, 553.6	18, 366.1
探明开发储量			
基准日为 2002 年 12 月 31 日	9, 198.1	11, 921.2	11, 185.0
基准日为 2003 年 12 月 31 日[3]	8, 884.8	13, 373.7	11, 113.7
基准日为 2004 年 12 月 31 日[6]	8, 748.1	16, 787.1	11, 546.0

注：2003 年 4 月，中国石油收购赫斯印尼控股公司 50% 的权益，该公司在加邦区块拥有 30% 的权益。

[1] 未包括中国石油由此分享该公司在加邦区块的原油储量 16.8 百万桶、天然气储量 76.6 十亿立方英尺、合计油当量储量 29.6 百万桶；

[2] 未包括中国石油由此分享该公司在加邦区块的当年原油产量 1.21 百万桶、天然气产量 1.01 十亿立方英尺、合计油当量产量 1.38 百万桶；

［3］未包括中国石油由此分享该公司在加邦区块的探明开发储量原油 4.1 百万桶、天然气 21.3 十亿立方英尺、合计油当量 7.7 百万桶；

［4］未包括中国石油由此分享该公司在加邦区块的原油储量 0.69 百万桶、天然气储量 4.60 十亿立方英尺、合计油当量储量 1.45 百万桶；

［5］未包括中国石油由此分享该公司在加邦区块的当年原油产量 1.07 百万桶、天然气产量 3.67 十亿立方英尺、合计油当量产量 1.68 百万桶；

［6］未包括中国石油由此分享该公司在加邦区块的探明开发储量原油 2.9 百万桶、天然气 19.2 十亿立方英尺、合计油当量 6.1 百万桶。

中国石油按照独立工程顾问公司德·高乐和迈克·诺顿（DeGolyer and MacNacghton）编制的报告厘定的以 2003 年 12 月 31 日及 2004 年 12 月 31 日的探明储量估计见表 7—2。①

表 7—2　　原油、凝析油及天然气净储量估计及已开发、未开发净储量变化表

	原油及凝析油 （百万桶）	天然气 （十亿立方英尺）
已开发与未开发的探明储量		
于 2003 年 1 月 1 日的储量	10,937	38,817
变化调整：		
对以前估计的修正	199	278
采收提升	81	
扩边和新发现	476	2,853
产量	(774)	(879)
于 2003 年 12 月 31 日的储量	10,919	41,069

①　中国石油天然气股份有限公司 2004 年年报。

续表

	原油及凝析油 （百万桶）	天然气 （十亿立方英尺）
变化调整：		
对以前估计的修正	148	56
采收提升	109	43
扩边和新发现	542	4，405
产量	（777）	（1，019）
于 2004 年 12 月 31 日的储量	10，941	44，554
已开发探明储量		
2003 年 12 月 31 日	8，885	13，374
2004 年 12 月 31 日	8，748	16，787
在联营公司探明储量中的权益比例		
2003 年 12 月 31 日	78	78
2004 年 12 月 31 日	78	91

于 2004 年 12 月 31 日的探明已开发与未开发储量中，109.1 亿桶的原油及凝析油储量与 443，617 亿立方英尺的天然气储量位于中国境内；3.055 万桶的原油及凝析油储量与 1.919 亿立方英尺的天然气储量位于印度尼西亚。

按照 SFAS No. 69，中国石油有关探明油气储量未来现金流量的标准化度量，是按照各期间终结时的价格和成本、现行法定税率和 10% 的贴现率计算。其 2003 年和 2004 年度探明油气储量经贴现的未来净现金流量标准化度量见表 7—3。[①]

中国石油截至 2003 年 12 月 31 日和 2004 年 12 月 31 日两个

①　中国石油天然气股份有限公司 2004 年年报。

年度每年末期有关探明石油及天然气储量的经贴现的未来净现金流量标准化度量列示如下：

表 7—3

于 2003 年 12 月 31 日	（人民币百万元）
未来现金流量	2, 991, 193
未来生产费用	(765, 111)
未来开发费用	(88, 556)
未来的所得税支出	(635, 169)
未来的净现金流量	1, 502, 357
以 10% 贴现率估计现金流量的时间	(807, 037)
经贴现的未来净现金流量标准化度量	695, 320
于 2004 年 12 月 31 日	
未来现金流量	3, 894, 766
未来生产费用	(865, 257)
未来开发费用	(90, 938)
未来的所得税支出	(906, 035)
未来的净现金流量	2, 032, 536
以 10% 贴现率估计现金流量的时间	(1, 061, 260)
经贴现的未来净现金流量标准化度量	971, 276
应估联营公司在经贴现的未来净现金流量标准化度量	
2003 年 12 月 31 日	3, 744
2004 年 12 月 31 日	5, 371

中国石油截至 2003 年 12 月 31 日和 2004 年 12 月 31 日两个年度的经贴现净现金流量标准化度量变化见表 7—4。[①]

表 7—4

	截至 12 月 31 日年度	
	2004 年	2003 年
	人民币（元）	人民币（元）
经贴现未来现金流量的标准化度量的变化		
年初	695，320	615，386
减去生产成本后的油气产品销售及转移	（179，478）	（146，580）
价格及生产成本及其他的净变化	355，109	90，150
扩边、新发展及采收提升	117，560	65，150
开发成本支出	9，693	1，730
前期数量估计修正	13，236	15，520
贴现增值	98，935	87，580
所得税的净变化	（139，099）	（33，616）
年末	971，276	695，320

中国石油依据国际财务报告准则编制的财务报告同美国公认会计准则（GAAP）之间存在着较大的差异。这些差异主要来自于：（1）依据的计量方法不同；（2）要求额外披露的信息。

由于计量方法不同导致的主要是会计报表中反映项目的金额差异，主要披露两种准则下的重大差异对净利润的影响和对股东权益的影响，披露的数据包括在国际财务报告准则下的净利润、股东权益金额、按 GAAP 的调整、GAAP 下的净利润、每股摊薄利润、股东权益以及股东权益的变动情况。

---

① 中国石油天然气股份有限公司 2004 年年报。

要求额外披露的会计信息主要是指：物业、厂房及机器设备重估、关联交易、一次性职工住房补贴，以及最近美国会计准则公告等。例如中国石油在 2004 年年报的额外披露会计信息中披露了美国 2004 年 12 月修改的 SFAS No. 123（R）"以股份为基础的支付"；2004 年 11 月 24 日发布的 SFAS No. 151 "存货成本"；2004 年 12 月 15 日发布的 SFAS No. 153 "非货币资产的交换"等新的会计准则信息。

（二）石油公司国内财务信息披露

中国石油和中国石化在香港地区和国外各占 10% 股份的股东，除按国际会计准则和美国会计准则的要求编制对外的国际财务报告外，对国内 90% 股份的股东按我国的具体会计准则和《企业会计制度》进行报告，两者的差异较大。现以中国石化为例说明同中国石油国际财务报告（中国石化的国际财务报告内容与格式同中国石油相似）说明国内财务报告的信息披露。

中国石化的审计报告由毕马威会计师事务所审计，在国内称之为审计报告（国际乃称为国际核数师报告），该报告依照中国会计准则和会计制度进行审核。

中国石化的国内会计报表种类同国际财务报表基本相同。其会计报表附注信息则有较多的不同之处。中国石化国内会计报表附注共披露了 47 项会计信息，其中同中国石油国际财务报告中会计报表附注披露信息内容的区别主要在于：（1）对资产披露比较详细，主要有存货、长期投资、固定资产、工程物资、在建工程等；（2）对所有者权益分项目进行披露，包括股东、资本公积、盈余公积等；（3）各项费用列示得比较详细，如勘探费用、财务费用、主营业务税金及附加、营业外支出等；（4）公司负债的披露包括：长期借款、一年内到期的长期负债、应付债券、其他长期负债；（5）分行业资料；（6）资产负债表日后事项、非经常性损益等。对于国际财务报告会计报表附注中的雇员酬金、董事、监事及主管人员酬金、每股基本及摊薄盈利、现金及现金等价物、养老金、金融工具、板块信息等则没有披露。可见，在执行国际会计准则和国内会计准则及制度的情况下，企业要求披露的信息存在着较大的差异，也说明了我国会计标准同国际会计标准之间的差距。应当指出的是，我国现行会计准则及会计制度没有关于石油公司披露油气储量信息的规定，因此，中国石油和中国石化的国内财务报告均没有关于油气储量信息的披露。随着 2007 年 1 月我国新油气会计准则的施行，石油公司国内财务报告同样也要披露油气储量信息，同时，在执行会计业务处理的其他新规范和标准时，国内财务报告信息披露的结构及内容也会有较大的变化，使其更趋近于国际会计标准。

（三）石油公司会计政策的信息披露

会计报表附注披露的内容中，会计政策的揭示是重要的组成部分。企业的经济业务事项处理在规定的规范内可根据会计人员的职业判断采取不同的会计政策，而会计政策选择的不同又会影响到会计报表内容。客观上，各会计主体在业务处理中不会采取完全相同的会计政策。为了保证会计信息的披露能够公正、客观地反映企业的财务状况和经营业绩，增强会计信息的可比性，使会计信息的使用者更好地理解会计报表的内容，正确分析企业的财务状况，对企业的经营业绩做出合理的估计和判断，会计政策的揭示就显得十分重要。

从发展的轨迹看，"会计政策的揭示经历了一个'不揭示——自由揭示——限定揭示'的过程"。① 《国际会计准则第 1 号（IAS No. 1）——财务报表的列报》在第 97—101 段专门对会计政策的

_____

① 龚光明、林涛：《企业会计政策的选择与揭示问题》，www.cnki.net。

揭露进行了规范，指出财务报表附注中会计政策部分应表述的内容有：（1）编制财务报表时使用的计量基础；（2）对于恰当地理解财务报表所必需的各项特定会计政策。IAS No.1 还列示了企业可以考虑列报的包括收入确认合并原则，对子公司和联营企业、企业合并等20项会计政策（但不限列示的20项）。① 我国于2000年6月颁布的《企业财务会计报告条例》中首次对会计政策的披露进行了法规层面的规范，《企业会计制度》在此基础上规定了会计报表附注至少要包括：不符合会计核算基本前提的说明；重要会计政策和会计估计的说明；重要会计政策和会计估计变更的说明等九项揭示内容。在财政部已公布并于2007年实施的企业会计准则30号也在会计报表附注披露内容中要求揭示财务报表的编制基础、遵循企业会计准则的声明、重要会计政策的说明、重要会计估计的说明等7项内容（第三十三条）。

石油公司在会计政策的披露方面目前仍执行国际、国内两种标准。我国新的会计准则体系实施后，尽管向国际趋同大大靠近了一步，但我国具体会计准则的规范内容及要求同国际标准还存在差异，石油公司执行国际、国内两种标准的情况还无法根本消除。三大石油公司需要揭示的主要会计政策在第五章已叙及，概括其内容，主要可分为三大类，一类是重大会计政策，如合并的基础、收入确认、外币折算、折旧方法等；另一类属于特殊行业的会计政策，如油气资产及其折耗、石油产品分成合同、勘探费用的处理、矿区废弃及环境恢复等会计政策；还有一类属于非常或创新的会计政策，如关联方交易、金融工具、资产减值等。石油公司对于重大或重要的会计政策，要按照国际国内的会计准则

---

① 财政部会计准则委员会译：《国际会计准则2002》，中国财政经济出版社2003年版，第66—67页。

及制度要求进行揭示，揭示内容描述要详细，并且要说明所依据的会计规范和标准；对特殊行业会计政策要结合油气生产与经营的实际，依据特殊行业会计规范（油气会计准则）规定的方法、程序进行揭示，对没有现行规范的，对会计政策选择的动机及合理性应予以说明。创新类的会计政策一般揭示内容不多，且多数属于新的业务处理程序和方法，甚至有的还处于探索阶段，需要揭示创新的原因、具体的实施情况及对会计报表的影响等。

会计政策的揭示比较复杂，尤其是石油公司在按照多种标准进行揭示的情况下，要分清会计政策选择所依据的会计原则、标准进行合理揭示，对于各种不同标准揭示引起的差异还需要披露，以使会计信息使用者正确地理解和运用会计信息，对企业财务状况和经营业绩作出正确的判断。

第三节　石油公司会计信息披露政策的改进

一　会计信息披露政策改进的总体趋势

会计信息披露政策是指关于会计信息披露的结构、方式、范围、原则及程序，具体是指财务报告的结构体系，披露信息范围及内容的规定，呈报的原则、方法和程序。会计信息披露的主要形式和载体是财务报告。财务报告是会计活动最终的结果，也是会计政策制定、选择以及执行的最终反映。会计信息披露的目标选择，决定着会计活动中会计政策的选择。会计信息使用者需求的变化，促进着财务报告的改革，财务报告的改革同时又推动着会计活动及会计政策的改进。因此，会计信息披露的政策既是一定时期内会计改革的起点，又是会计改革的终点。

近年来，世界经济全球化和信息技术的飞速发展，使会计环境发生了重大的变化。会计信息采集、加工处理、传递以及披露的技术手段和载体发生根本性的变革，会计信息的关注和利用程度日益增强，客观上促使会计信息的披露日趋多样和复杂，需要披露的信息量也大。同时，对现有财务呈报结构和体系以及呈报方式的改革的呼声也越来越高，会计信息披露政策的改革趋势也越来越明显。

（一）财务报告总体变化趋势——国际趋同

会计作为一种"商业语言"，重要的功能是发挥经济交流媒介的作用。经济的全球化，已经促进了会计标准的国际化，如前第三章所述，欧盟、英国，包括美国在内的西方国家都已经启动了会计报告国际化的进程，因此，会计信息披露的总体趋势是：财务报告国际趋同的步伐越来越快。在财务报告的内容及体系方面，我国同国际标准还有一定差距，尤其是同国际财务报告标准（IFRS）还存在着差异。我国企业在国际资本市场上融资需要根据 IFRS 另外编制报表，必须将国内财务报表进行转换，国际投资者在选择我国企业作为投资对象时要将我国的会计准则同国际会计准则相比较，理解与分析我国企业的财务报告相对困难，这就大大地妨碍了国际投资的发展和资本市场的国际化，与我国迅速融入国际经济大循环的要求和趋势不相符合。因此，实施会计改革，推进财务报告国际趋同对我国来讲是迫切需要也必须解决的重要问题。

我国财政部于 2006 年 2 月已发布了 39 项会计准则和 40 多项审计准则，按照国际标准对会计标准进行了重大改革，并且向国际标准大大靠近了一步，顺应了国际趋同的形势，取得了长足的进步。但是我们还应当看到，目前新颁布的会计准则体系由于受我国经济、文化、政治、法律等多种因素的影响，同国际标准还有一定的差距，在今后的实践中随着会计环境的变化还需要进一步改革。另外，尽管我国新的准则体系实现了国际趋同，但在实践中要很好地执行新的准则体系，真正实现会计业务和信息披露体现准则的基本精神，同国际接轨还有很长的路要走。尽管如此，财务报告国际趋同的方向是肯定的，并且趋同的步伐也会越来越快，这也对石油公司会计信息披露的政策取向规定了明确的框架。

（二）财务报告体系及内容的变化趋势——多样性

财务报告的改革自 20 世纪 90 年代开始，国际会计理论界就开始研究，并且将研究的重点放在财务报告内容的改进方面。美国注册会计师协会于 1991 年 4 月成立了财务报告特别委员会，专门研究会计信息披露的类型和内容，以及审计师应对这些会计信息作出怎样的报告。研究结果表明：用户所需要的信息包括五类，即财务和非财务数据、管理部门对财务和非财务数据的分析、预测信息、关于股东和管理部门的信息、公司的背景。[1] 在界定了财务报告的信息类型的基础上，财务报告特别委员会提出改进财务报表的八项建议，包括（1）改进企业分部信息的披露；（2）创新金融工具的核算和披露；（3）对表外融资的特征、机会、风险的披露加以改进，反思表外融资的核算方法；（4）分别报告核心业务和事项以及非核心业务和事项的影响，按公允价值计量非核心资产和负债；（5）特定资产和负债项目计量上的不确定性的披露及其改进；（6）单独披露第四季度报告，按季度提供分部资料；（7）取消缺乏相关性的披露内容；（8）其他建议。[2] 这些研究结果是该委员会在做了大量调查，并按信息披露做了成本效益分析的基础上形成的，对进入 21 世纪美国及国际财务报告

---

① 美国注册会计师协会财务报告特别委员会综合报告：《改进企业报告》，陈毓圭译，中国财政经济出版社 1997 年版，第 19 页。

② 同上书，第 66—99 页。

的改进已经发挥并且还在继续发挥着重要的作用。

世界著名会计学家、美国斯坦福大学教授威廉·H. 比弗
（Willian H. Beaver）对财务呈报作了系统地研究，在其著作
《财务呈报：会计革命（Financial Reporting：An Accounting Revo-
lution）》中，对财务呈报的现行趋势进行了总结并列表说明，见
表7—5。[①]

表7—5　　　　　　　　财务呈报中的现行趋势

Ⅰ 总体
1. 财务会计从经济收益观向信息观转移
2. 日益强调财务呈报环境和财务信息专业用户的复杂性
3. 认识到选择财务呈报制度的社会选择性质
Ⅱ 具体
1. 呈报要求的快速增长
2. 盈利重视程度的减弱与披露重视程度的增强
3. 强调更具专家化解释的披露要求
4. 强调"软"数据
5. 对经济后果的争论

从表7—5总结的内容我们可以看出，一是财务报告将从以
前的注重盈利数据的收益观向需要多种多样的信息观转化，并且
强调表外信息（呈报环境）的披露；二是对财务报告提出更多的
要求，会计政策的选择会更受到重视。

我国学者在研究财务报告改进的问题上，认为企业不仅要披
露美国财务报告特别委员会提出的五类信息，还要披露企业社会

---

① ［美］威廉·H. 比弗：《财务呈报：会计革命》，薛云奎主译，东北财经大
学出版社1999年版，第14页。

责任报告信息，重视披露企业全面收益信息，即除损益表已实现确认的损益外，还包括未实现的利得或损失。① 通过以上研究结果及观点我们可以得出这样一个结论：现行的财务报告存在着许多缺陷，无法反映企业更多的非财务信息和表外数据，无法反映企业的受托责任、企业机遇及风险等信息使用者所需要的信息。要满足会计信息使用者日益增长的需求，信息的多样化，充分披露及财务报告体系的改革势在必行。

（三）会计信息披露手段的变化趋势——信息技术的应用

信息技术革命给全社会各方面都带来了翻天覆地的变化，同样也给会计这一信息系统带来了革命性变革。随着信息时代的到来，会计信息使用者在会计信息的需求上发生了显著的变化，对信息需求的质与量、内容与范围以及接受信息的方式都有了新的需求。首先，会计信息量的拓展，非财务信息数据的增加不仅仅是在财务报表中能够完全反映出来的，需要在报表之外了解大量的关于企业经营情况及风险、行业发展背景、不确定性信息、定性信息等更为复杂的信息，需借助于现代信息技术强大存储和快速传输系统来完成；其次，会计信息使用者不再仅仅关注历史信息，更关注企业未来的带有前瞻性的信息，也需要通过计算机系统进行预测生成；再次，社会经济的不断发达，跨地区、跨国的大型企业不断涌现，需要加强各地区、业务分部的信息传递，并且要及时报告分部信息，合并母子公司的财务报告，需要借助于现代信息技术。另外，会计政策的发展与改革，会计的计量模式也日益向公允化、合理化发展，历史成本不变的计量模式会不断地得到修正和替代，代之的是公允价值、市场价值、重估价值等多样化的计量模式。这些计量模式计算难度大，需要借助于现代

---

① 龙森：《关于改革企业财务报告的思考》，《商业经济》2005年第6期。

信息技术。可以说现代信息技术及手段促进会计计量模式的变革，使会计信息更趋相关性和有用性，而会计计量模式的改革又会促进现代信息技术在会计信息系统中的应用，两者是相互促进的。因此，会计信息披露手段现代化依赖于对新的信息技术手段的应用。这一趋势也告诉我们，结合新的信息技术革命不断开发和创建现代会计信息系统，快速、准确地提供使用者需要的会计信息，是会计及相关工作者义不容辞的任务。

二　石油公司现行会计信息披露情况分析

我国石油上市公司现行的会计信息披露执行国际国内两套标准，编制两套不同的财务报告，其内容差异前已叙及。分析我国国内财务报告信息披露的现状，主要存在以下几个方面的问题：

1. 国内财务报告没有充分揭示有关油气生产活动的相关信息，不利于用户理解会计信息

由于我国一直没有油气生产行业的会计准则和核算制度，致使许多反映油气生产企业经营特征的信息无法揭示，会计报告令人费解，信息透明度不高。如我国石油公司的国内报告一直无储量信息、矿区权益的揭示，没有关于矿区废弃及环境恢复等方面反映油气生产特征的信息揭示，并且执行的会计政策也没有照顾油气生产实际，包括油气资产折耗政策，矿区减值政策等，不利于会计信息的使用者很好地理解和利用会计信息数据，也反映我国关于油气生产企业的会计信息披露同国外的差距。

2. 会计信息披露标准不统一，增大了信息披露成本

石油上市公司尽管在国际资本市场所占份额不大，但需要以国际财务报告准则编制财务报告向国际投资者披露会计信息，同时还要编制国内财务报告，两类报告执行的会计标准不同，报告的内容及披露范围都有较大的差异。不仅如此，石油公司

还需要对北美投资者编制财务报告补充资料，说明国际会计准则和美国会计准则之间的差异对财务报告的影响，将从国际会计准则为基础的财务报告有关指标按美国会计准则的标准予以转换，形成适合北美资本市场披露的会计信息资料。这样石油公司执行多重标准，会计信息披露转换环节多造成转换工作量大，使会计信息披露的成本加大，不符合会计信息披露的成本效益原则。

3. 执行的会计政策不统一，使会计信息披露缺乏可比性

由于国内财务报告编制执行国内的会计准则和企业会计制度，对石油公司会计政策的选择有了一定的范围限制，如在会计报表中将油气资产列入固定资产范围，按直线法计提折旧和折耗，而国际惯例则采用产量法，差异较大；又如同样都是国内石油公司，由于没有统一标准，中国石油和中国石化在有关油气资产核算的会计政策的选择方面存在着较大的差异，油气资产在财务报告中反映名称不一，包括的范围不完全相同，使得会计报表不仅在国际和国内之间无可比性，就是在国内石油公司之间的可比性也打了折扣，不利于投资者对会计报告的理解和使用，背离了会计信息披露的目标。

4. 会计信息披露中的前瞻性信息少，使会计信息的整体有用性减弱

石油公司按现行会计标准披露的会计信息中，对企业的风险分析、未来的机会及企业管理方面的信息披露较少，注重的是历史信息，而忽视了未来的前瞻性信息的披露，会计信息使用者很难从提供的信息中全面了解企业的未来发展趋势、面临的机遇或挑战。对于信息使用者来说，企业未来的信息甚至比历史信息更重要，因此，忽视了企业未来相关信息和披露就降低了财务报告的整体有用性。

三　石油公司会计信息披露的改进

财政部于 2006 年 2 月发布了新的会计准则体系，是中国会计发展史上的一个重要里程碑，在我国会计改革中具有划时代的意义。新的准则体系，既体现中国会计特色，又力求同国际会计准则趋同，在会计理论、会计核算及报告等方面进行了较大幅度的改革，为石油公司会计信息披露的改进提供了重要的依据。

新会计准则体系结合我国会计环境及会计工作实际，在诸多的会计标准方面实现了国际趋同，但趋同不等于完全接轨，不等于同国际会计准则标准完全一致，因此，石油上市公司在今后会计信息披露中，还面临编制两套非常接近和趋同的财务报告。当然其信息披露转换的成本则会大大减少，会计信息的披露更加符合成本效益原则。

根据会计信息披露的发展趋势、财务报告编报的国际惯例以及我国新颁布的会计准则体系，结合石油公司现行会计信息披露的实际，特提出如下改进建议。

（一）关于表内项目的改进

会计报表中所揭示的项目和内容，是依赖于日常会计信息加工、处理的结果。财务报告的缺陷及不足，都是由会计政策的选择引致的。会计报表项目的改进必须从源头开始，即要遵循会计政策改革先行的原则。对会计政策制订选择和执行进行改进，才能落实到对会计报表项目的改进。在石油公司日常会计业务处理中，必须选择同国内、国际会计准则要求相一致的会计政策，解决了油气生产经营中各项业务的会计确认、计量等方式后，才能进行较好的表内披露。关于会计政策的改进前面章节已叙及。石油公司会计信息表内项目列报主要应从以下几个方面改进：

1. 在资产负债表内应单列油气资产项目

油气资产是油气生产活动所发生的支出按一定的会计规则的资本化，应当列入资产负债表。而油气资产在资产负债表中资产类别的确认、列示的位置、方式，以及按总额还是净值列示等，都影响到人们对资产负债表指标的运用和评价。[①] 油气资产不同于固定资产，不应归入固定资产类别之中，而应在固定资产项目之外单独列示。具体应包括：井及相关设施、井及相关设施折耗（备抵）、井及相关设施净值。对已发生但未形成"井及相关设施"的地质勘探支出、油气井开发支出在"井及相关设施"后单独列示。我国新颁布的《企业会计准则第 30 号——财务报表列报》（简称 30 号准则）第十九条规定，资产负债表至少应单独列示反映货币资金、应收及预付款、交易性投资等 11 个项目，其中列有"生物资产"但无"油气资产"或"矿业资产"。既然 30 号准则至少应列示 11 个项目，那么将油气资产的相关项目单独列示也就是合理的，更能明确地反映油气资产各项目的财务状况信息。

将"井及相关设施折耗"项目列入资产负债表，涉及如何选择折耗方法这一会计政策问题。《企业会计准则第 27 号——石油天然气开采》（简称 27 号准则）第二十一条规定："企业应当采用产量法或年限平均法对井及相关设施计提折耗。"[②] 27 号准则规定的折耗方法可以任选产量法或年限平均法一种，但国际惯例要求是选择按产量法计提折耗。在列入资产负债项目后，为了保证各石油公司"井及相关设施折耗"项目的可比性以及同

---

① 龚光明、薛西武：《油气资产报告：对 SFAS No. 19 号报告要求的评价》，《西安石油大学学报（社会科学版）》2005 年第 1 期，第 6 页。

② 财政部：《企业会计准则 2006》，经济科学出版社 2006 年版，第 135 页。

国际惯例取得一致，减少信息的转换环节，我们建议石油上市公司应当选择产量法，而未上市的石油公司，如陕西延炼集团的延长油矿，披露此项目时的会计政策可选用直线法，便于同传统会计处理方法结合，方便实际工作操作。

2. 在利润表中列示油气资产减值，包括探明矿区及未探明矿区计提的减损，并及相关设备减值等项目

30号准则在第二十七条规定了利润表至少应单独列示反映的12项信息项目，其中包括"公允价值变动损益"、"资产减值损失"等项目，在我国是首次将资产减值损失列入利润表中，这是对利润表反映内容的一项改革，便于会计报表使用者全面了解企业的损益构成情况。既然30号准则中规定将资产减值项目列入利润表，那么，作为石油公司将油气资产的减值列入其中则更有助于用户对其损益构成的了解，作出正确的决策。

（二）关于表外信息披露内容的改进

财务报告的表外信息披露的主要形式是附注。附注是对在资产负债表、利润表、现金流量表和所有者权益变动表等报表中列示项目的文字描述或明细资料，以及对未能在这些报表中列示项目的说明等（30号准则第三十一条）。随着会计信息披露及会计核算规范的国际趋同，以及社会经济的发展和会计环境的变化，会计报表使用者更注重会计报表附注披露的信息内容，对表外披露的会计信息的质量及范围有了更高的要求。为了顺应会计信息披露的变化趋势，满足使用者对会计信息及相关企业信息的需求，了解石油公司经营生产活动现状、特征及未来的前景，石油公司的表外披露应当从如下几个方面进行改进：

1. 重视对储量信息的披露

油气储量是石油天然气开采活动进行的基础，也是石油公司得以正常经营的前提。我国现行的会计准则和制度没有披露储量

信息。而在国际财务报告中则要求按照美国 SFAS No. 69 的有关条款披露储量信息，形成了石油公司关键的储量信息国内占90% 股份的投资者得不到，而国外占 10% 股份的投资者则非常了解我国各大石油公司储量信息的怪现象。2007 年实行的 27 号准则第二十五条对企业在附注中披露与石油天然气开采活动有关的信息作了如下规定：

（1）拥有国内和国外的油气储量年初、年末数据。

（2）当期在国内和国外发生的矿区权益的取得、油气勘探和油气开发各项支出的总额。

（3）探明矿区权益、井及相关设施的账面原值、累计折耗和减值准备累计金额及其计提方法；与油气开采活动相关的辅助设备及设施的账面原价，累计折旧和减值准备累计金额及其计提方法。

按照 27 号准则的披露要求，石油公司应于每年披露油气储量，在我国采用什么样的方式进行披露，准则中没有明确，我们建议采用美国 SFAS No. 69 有关储量披露的要求，既报告油气储量数字的变化数，又对探明油气储量未来现金流量进行标准化度量，同国际惯例接轨，降低储量披露的信息转换成本。不过，在国内披露油气储量数量时，最好采用国内人们普遍接受的计量单位如吨、立方米，而不是用桶或立方英尺，以便国内投资者理解。

2. 重视非财务信息的披露

财务报告的发展趋势是增加非财务信息披露，改变现行财务报告中以财务信息为主的现状，非财务信息的披露是一个不断发展的过程，需要根据使用者的要求不断增加披露内容。石油公司应当不断拓展信息披露范围，如管理会计信息、预测信息、企业管理信息、企业经营环境的变化及前景、企业的机遇及挑战、企业面临的风险等，满足各类会计信息使用者的需求，帮助其实施正确的决策。

3. 重视前瞻性信息的披露

石油公司在披露信息时，应重视披露企业未来的预测信息，如企业发展前景，企业合并伙伴及合作前景，企业经营战略调整及发展趋势等，提高会计信息的决策有用性。

4. 重视背景性信息的披露

如企业重大举措实施背景、企业并购的背景、企业经营条件的变化、企业经营的政策背景等。使投资者充分理解企业的经营状况和经营业绩。

5. 重视社会责任信息的披露

石油公司属于国有特大型企业，肩负着重要的社会责任，应该为创造美好的环境和和谐的社会贡献力量，因此，应重视对资源的合理开采、利用，环境的恢复和保护，能源的节约，对社会责任的履行情况等进行披露，树立企业良好的社会形象。

6. 重视分部信息的披露

石油公司按其组织结构分为不同的业务板块，不同的地区公司，应当进一步加强对这部分信息的披露，尤其是国内报告中要拓宽业务板块信息，地区公司信息的披露，按照分部报告的要求，做好分部信息的披露。

总之，经过改进的财务报告，应当是更加符合国际会计惯例，更加符合财务会计目标的要求，符合会计信息的质量特征，满足会计信息使用者不断发展变化的需求，发挥会计报告在企业、国家经济管理中的作用。

第四节　章小结

本章主要论述了会计政策同会计信息披露的关系，石油上市公司会计信息披露政策及其改进。本章的主要观点是：

（1）企业会计政策选择是会计信息使用者的需求、企业管理当局的动机和政府部门管制、社会团体干预等多因素平衡的结果。会计政策选择对会计信息披露的质量有着重要的影响，并且会计信息披露所采用的原则、程序、方法及披露方式本身就是会计政策。因此，会计信息披露必须同会计政策选择相协调。

（2）会计信息披露要求符合会计信息的质量特征。会计信息披露必须执行成本效益原则，但会计信息披露中精确的成本效益分析是不存在的。降低披露成本，政府应强化会计规范，加快国际趋同步伐，降低信息转换成本，企业要遵循"重要性"原则。

（3）石油上市公司信息披露执行国际、美国、国内各项标准，揭示内容复杂。国内信息披露存在相关性差、披露成本大、缺乏可比性、前瞻性信息少等问题。

（4）石油公司信息披露的改进应遵循会计政策改革先行的原则。表内项目改进需要增加与油气资产相关的项目；表外披露重点在于加强储量信息、非财务数据、前瞻性信息、背景性信息及社会责任信息的披露。

第 八 章

结 论

　　本书研究了石油上市公司会计政策的一般理论、国外石油天然气会计发展及基本会计政策，归纳总结了我国油气生产企业会计政策的历史演变过程，以此为基础分析了我国石油上市公司会计政策选择的现状，对石油上市公司组建、运行过程中的具体会计政策进行了探讨，分析了石油上市公司会计信息披露中存在的主要问题，并提出了改进意见。

第一节　主要结论

　　（1）石油生产企业会计政策的择定同石油企业的会计环境密切相关。石油产业在国民经济中的重要地位及石油工业体制变革，国家会计管理体制及规范改革是石油企业会计政策变迁的直接动因，石油企业生产经营的特殊性及优秀的企业文化是促进会计政策变革的重要因素。

　　（2）石油企业会计政策的变迁过程是一个政治过程，会计政策的择定实质是国家和企业及各利益团体博弈的结果，其变迁模式是强制性变迁和诱致性变迁的结合。

　　（3）三大石油公司会计政策基本符合国际、国内财务报告披露的要求，各具特点，但还存在着较大的差异，主要表现在会计政策选择多重标准，导致石油公司必须形成国际、国内多重报告披露体系，信息转换成本大，会计信息相关性差，其改革的出路在于率先实现国际趋同。

（4）石油上市公司信息披露模式应当改进，应遵循会计政策改革先行的原则，增加有关储量、非财务数据信息、前瞻性信息以及企业社会责任履行情况的信息。

（5）石油公司许多会计政策值得其他行业借鉴，尤其是以自然资源为生产对象的采掘业企业借鉴，包括上市组建中的相关政策、纳税筹划政策、资源储量计量政策等。

第二节　研究的局限性

本研究局限性主要体现在两个方面：

（1）本研究采用的方法具有局限性，即本书对石油上市公司现行政策研究采用了实际资料比较的方法，而没有从上市公司价值变动及有关财务指标的变化同会计政策的内在规律方面利用量化分析的方法进行分析，使分析结论受到限制。

（2）本研究内容及视野方面的局限性。石油上市公司会计政策的研究内容非常广泛，涉及整个会计信息系统以及会计以外的许多因素，由于笔者研究视野及知识水平所限，许多问题都没有展开研究。本书的研究比较肤浅，希望能对此项研究的深入起到抛砖引玉之效。

后 记

　　此书是在本人博士学位论文的基础上整理完成的。在掩卷落笔，将书稿移交出版社之际，我不禁思绪万千，心潮澎湃。攻读博士学位过程中的苦与乐，尚待自己慢慢品味，而对老师、同学及朋友们的关心、鼓励和帮助，感恩之心绪如潮涌动，不表达致谢之意，我将永远不安。

　　首先要感谢我的导师郑少锋教授。在几年的研究过程中，从研究方向的确定，研究方法的转变和研究能力的提高，以及对石油特殊行业企业会计政策研究的深入，无不倾注着导师的心血。导师渊博的学识，敏锐的学术洞察力和严格的学术风范是我永远的楷模；导师严谨的治学态度和开拓进取精神是我永远学习的榜样；导师宽厚待人的人格魅力及平易近人的高尚品格使我永远受益，他既是我的导师，又是我的挚友！

　　在校学习期间，有幸聆听王忠贤教授、徐恩波教授、张襄英教授等前辈的学术讲座和教诲是我不浅的造化，他们孜孜以求的治学精神和德高望众的做人风范永远是我等晚辈学习的榜样。西北农林科学大学的罗剑朝教授、霍学喜教授、王礼力教授、陆迁教授、孟全省教授，西安石油大学李志学教授等在本书的研究和写作过程中给予了重要的指导和帮助，提出了许多宝贵的意见和建议，在此表示衷心的感谢。

使我不能忘记的是西安石油大学罗静博士和西北农林科技大学的赵惠艳教授，她们鼓励我定下决心，走上了进一步深造求学之路，因此特别予以感谢。

求学期间，我的学友姚顺波教授、崔永红博士经常与我沟通，既有学术的交流，也有生活的关怀，又是我义务的信息员，特表示感谢。令我引以为荣的是我的室友庞全海博士，虽然我们不是同一专业，但他奋发学习的精神和在动物干细胞领域研究取得的成果令我钦佩，感谢他对我学业的支持和生活上的关照。感谢我的校友和同学王君萍博士，我的学生周发明硕士，他们对本书的出版及书稿的校对整理等提供了重要的支持和帮助；感谢西安石油大学经济管理学院的同事们对我工作的支持和对研究工作的鼓励。

感谢所有关怀、支持、鼓励、帮助我的亲人、朋友、学友们！

赵选民

2008 年 4 月 15 日